Kohlhammer

Der Autor

Prof. Dr. Wolfgang Lenhard studierte Sonderpädagogik und Psychologie und promovierte 2004 zu Technikfolgenabschätzung im Bereich der Pränataldiagnostik. 2012 habilitierte er sich zum Einsatz intelligenter tutorieller Systeme in der Lesekompetenzförderung und erhielt die Venia Legendi im Fach Psychologie. Seine Arbeitsschwerpunkte liegen in den Gebieten Spracherwerb und Sprachentwicklung, Mehrsprachigkeit, Wortschatzerwerb, Schriftspracherwerb, Diagnostik und Intervention schulischer Fertigkeiten, insbesondere im Hinblick auf das Leseverständnis, Determinanten des akademischen Erfolgs, Testkonstruktion und Normwertmodellierung. Zusammen mit seiner Frau Dr. Alexandra Lenhard publizierte er eine Reihe an psychometrischen Testverfahren, Förderprogrammen und statistischen Methoden. Er ist am Institut für Psychologie der Julius-Maximilians-Universität Würzburg tätig und erhielt für seine Lehre 2012 den Preis für exzellente Lehre des Bayerischen Forschungsministeriums.

Wolfgang Lenhard

Erleben, Lernen und Verhalten von Kindern und Jugendlichen

Wie Schule mit Auffälligkeiten umgehen kann

Verlag W. Kohlhammer

Dieses Werk einschließlich aller seiner Teile ist urheberrechtlich geschützt. Jede Verwendung außerhalb der engen Grenzen des Urheberrechts ist ohne Zustimmung des Verlags unzulässig und strafbar. Das gilt insbesondere für Vervielfältigungen, Übersetzungen, Mikroverfilmungen und für die Einspeicherung und Verarbeitung in elektronischen Systemen.

Pharmakologische Daten, d. h. u. a. Angaben von Medikamenten, ihren Dosierungen und Applikationen, verändern sich fortlaufend durch klinische Erfahrung, pharmakologische Forschung und Änderung von Produktionsverfahren. Verlag und Autoren haben große Sorgfalt darauf gelegt, dass alle in diesem Buch gemachten Angaben dem derzeitigen Wissensstand entsprechen. Da jedoch die Medizin als Wissenschaft ständig im Fluss ist, da menschliche Irrtümer und Druckfehler nie völlig auszuschließen sind, können Verlag und Autoren hierfür jedoch keine Gewähr und Haftung übernehmen. Jeder Benutzer ist daher dringend angehalten, die gemachten Angaben, insbesondere in Hinsicht auf Arzneimittelnamen, enthaltene Wirkstoffe, spezifische Anwendungsbereiche und Dosierungen anhand des Medikamentenbeipackzettels und der entsprechenden Fachinformationen zu überprüfen und in eigener Verantwortung im Bereich der Patientenversorgung zu handeln. Aufgrund der Auswahl häufig angewendeter Arzneimittel besteht kein Anspruch auf Vollständigkeit.

Die Wiedergabe von Warenbezeichnungen, Handelsnamen und sonstigen Kennzeichen in diesem Buch berechtigt nicht zu der Annahme, dass diese von jedermann frei benutzt werden dürfen. Vielmehr kann es sich auch dann um eingetragene Warenzeichen oder sonstige geschützte Kennzeichen handeln, wenn sie nicht eigens als solche gekennzeichnet sind.

Es konnten nicht alle Rechtsinhaber von Abbildungen ermittelt werden. Sollte dem Verlag gegenüber der Nachweis der Rechtsinhaberschaft geführt werden, wird das branchenübliche Honorar nachträglich gezahlt.

Dieses Werk enthält Hinweise/Links zu externen Websites Dritter, auf deren Inhalt der Verlag keinen Einfluss hat und die der Haftung der jeweiligen Seitenanbieter oder -betreiber unterliegen. Zum Zeitpunkt der Verlinkung wurden die externen Websites auf mögliche Rechtsverstöße überprüft und dabei keine Rechtsverletzung festgestellt. Ohne konkrete Hinweise auf eine solche Rechtsverletzung ist eine permanente inhaltliche Kontrolle der verlinkten Seiten nicht zumutbar. Sollten jedoch Rechtsverletzungen bekannt werden, werden die betroffenen externen Links soweit möglich unverzüglich entfernt.

1. Auflage 2022

Alle Rechte vorbehalten
© W. Kohlhammer GmbH, Stuttgart
Gesamtherstellung: W. Kohlhammer GmbH, Stuttgart

Print:
ISBN 978-3-17-036294-9

E-Book-Formate:
pdf: ISBN 978-3-17-036295-6
epub: ISBN 978-3-17-036296-3

Geleitwort zur Reihe »Faszinierende Psychologie«

Warum gehen manche Menschen mit Krisen besser um als andere? Wie nehmen wir etwas wahr, wie lernen wir effektiv? Wie können Unterschiede in der Persönlichkeit von Menschen beschrieben, erfasst und verstanden werden? Wie entstehen Vorurteile und Stereotype und was kann man dagegen tun? Antworten auf solche Fragen untersucht die Psychologie – eine faszinierende Wissenschaft, die sich mit dem menschlichen Erleben und Verhalten beschäftigt. Ihr vielfältiges Themenspektrum reicht von Grundlagenthemen (z. B. Entwicklung, Motivation, Persönlichkeit, Lernen) über die großen Anwendungsbereiche Gesundheit und Arbeit bis hin zu Bildung bis hin zu interdisziplinären Themen wie Forensik, künstlicher Intelligenz oder Gerontologie. Ausgangspunkt ist immer der Mensch in seinen Entwicklungsphasen und sozialen Bezügen und unter Berücksichtigung der Situationen, in denen wir uns befinden, da unser Verhalten immer eine Interaktion zwischen uns und unseren Umwelten ist. Jeder Band widmet sich einem eingegrenzten Thema (z. B. Motivation, Klinische Diagnostik, Führung), das für eine breite Leserschaft von Interesse ist, sowohl für das Studium der Psychologie und andere Studiengänge als auch für Anwendungskontexte und interdisziplinäre Arbeit. Eine große Rolle spielen auch die eingesetzten Methoden, von alltagsnahen Beobachtungen über Laborexperimente und Computersimulationen, von Interviews über Tests, Fragebögen und Tagebuchstudien bis hin zum Data Mining und Deep Learning. Die Erkenntnisse werden durch verschiedene Disziplinen gespeist (z. B. durch Pädagogik, Medizin oder Soziologie) und bereichern ihrerseits wiederum andere Fächer.

Die neue Lehrbuchreihe nimmt das Faszinosum Psychologie unter die Lupe: Die Bände greifen spannende Themen auf – theoretisch und empirisch fundiert und dennoch verständlich dargestellt von einschlägigen Expertinnen und Experten. Die Reihe richtet sich insbesondere an Studierende und Lehrende der Psychologie sowie benachbarter Disziplinen (z. B. Medizin, Pädagogik, Wirtschaftswissenschaften, Lehramt etc.). Grundlegendes und aktuelles Wissen wird kompakt und anschaulich vermittelt, sodass die Reihe für eine breite Leserschaft interessant ist.

Die Bände zeichnen sich durch ihr elaboriertes didaktisches Konzept aus. Dieses soll die Arbeit sowohl für die Lernenden als auch die Lehrenden ansprechend und effektiv machen. Jedem Band liegt eine Rahmenstruktur mit detaillierten Strukturierungshilfen zugrunde. Durch die Rahmenstruktur finden die Leserinnen und Leser beim Aufschlagen der Bände viele Elemente, die zum Lesen einladen, wie z. B. Verweise auf Medieninhalte, Praxis- und Fallbeispiele, Internetquellen, Abbildungen, Kästen, Zusammenfassungen, Fragen und mehr. Jeder Band steht für sich und ist weitgehend voraussetzungsfrei zu lesen. Methodische und sonstige Exkurse, die zum Verständnis nötig sind, werden in Kästen eingefügt.

Wir wünschen Ihnen viele Erkenntnisse und Freude bei der Lektüre!

Birgit Spinath, Martin Kersting, Hanna Christiansen

Didaktische Hinweise

Um die Bände optisch aufzulockern und visuelle Anker zu setzen, wird im Buchlayout mit wiederkehrenden Strukturierungshilfen und zugehörigen Piktogrammen aus der untenstehenden Palette gearbeitet. So werden z. B. Definitionen, bedeutsame Studien und Anwendungsbeispiele sowie besonders wichtige Erkenntnisse hervorgehoben.

Zu Beginn der einzelnen Kapitel werden Lernziele formuliert und am Ende jeweils einige Literaturempfehlungen zur Vertiefung der Thematik gegeben. Zur kognitiven Aktivierung und zur Überprüfung des Verstehens werden zwischendurch und am Kapitelende Fragen an die Lesenden gestellt, damit diese ihr Wissen direkt nach der Lektüre überprüfen können.

Piktogramme

- Lernziele
- Definition
- Studie
- Diagnostikum
- Fragen
- Literaturempfehlungen
- Selbststudium
- Anwendungsbeispiel
- Video
- Medienbeispiel
- Mythen und Fehlkonzepte
- Dos and Don'ts
- Unbelievable
- Gut zu wissen
- Rechtliche Aspekte
- Ausblick

Inhalt

Geleitwort zur Reihe »Faszinierende Psychologie« 5

Didaktische Hinweise 7

1 Einführung 13
    1.1 Das Jugendalter – ein gefährlicher Entwicklungsabschnitt? ... 14
    1.2 Internationale Klassifikationsmanuale 17
    1.3 Was ist eine Verhaltensauffälligkeit? 18
    Kurz zusammengefasst 21

2 Lernstörungen und Schulversagen 23
    2.1 Was sind Lernprobleme und Lernbehinderungen? 24
    2.2 Das »Wait-to-fail«-Problem 27
    2.3 Ursachen von Lernproblemen und Lernbehinderungen 28
    2.4 Exkurs: Wie entstehen Normwerte? 32
    2.5 Enger gefasst: Lernstörungen 33
    Kurz zusammengefasst 34

3 Hochbegabung 36
    3.1 Was ist Intelligenz und wie misst man sie? 37
    3.2 Theoretische Modelle zur Hochbegabung 41
    3.3 Diagnose von Hochbegabung 43
    3.4 Entwicklung und Probleme hochbegabter Personen 45
    3.5 Förderung bei Hochbegabung 48
    Kurz zusammengefasst 50

4 Lese-Rechtschreibstörung 52
    4.1 Der reguläre Erwerb der Schriftsprache 53
    4.2 Beschreibung des Störungsbildes 57
    4.3 Ursachen 60
    4.4 Auftretenshäufigkeit, Entwicklung und Prognose 62
    4.5 Prävention und Intervention 65
    4.6 Schulrechtliche Regelungen 66
    Kurz zusammengefasst 68

5 Rechenstörung 70
    5.1 Informationsgehalt von Zahlen 72

	5.2	Vorläuferfertigkeiten mathematischer Kompetenzen	73
		5.2.1 Die Entwicklung des Mengenverständnisses	73
		5.2.2 Der Erwerb der Zahlwortsequenz	75
	5.3	Symptomatik und Auftretenshäufigkeit der Rechenstörung ..	77
	5.4	Ursachen und Formen	81
	5.5	Diagnosestellung...	83
	5.6	Prävention und Intervention	84
	Zusammenfassung		86
6	**Aufmerksamkeitsdefizit-Hyperaktivitätsstörung (ADHS)**		**89**
	6.1	ADHS – Pathologisieren wir unsere Kinder?	89
	6.2	Beschreibung des Störungsbildes und Auftretenshäufigkeit ..	92
	6.3	Diagnostik	96
	6.4	Verlauf der Störung	99
	6.5	Ursachen und Erklärungsmodelle	101
	6.6	Folgeprobleme und Komorbiditäten	104
	6.7	Intervention und Förderung.................................	106
		6.7.1 Didaktik	107
		6.7.2 Interventionsprogramme am Beispiel des THOP	108
		6.7.3 Pharmakotherapie – Pro und Contra	111
	6.8	Zusammenfassung, Mythen und weiterführende Literatur ...	113
7	**Angst**		**117**
	7.1	Facetten, Begriffe und Ebenen	118
	7.2	Wann wird Angst klinisch bedeutsam?	121
	7.3	Angstauslöser im Schulkontext	123
	7.4	Theorien der Angstentstehung...............................	127
	7.5	Spezifische Angststörungen im Fokus	132
		7.5.1 Ängste mit Bezug zu Schulverweigerung: Schulphobie, Schulangst und Absentismus	132
		7.5.2 Prüfungsangst, Leistungsangst und soziale Ängste	134
		7.5.3 Spezifische Phobien...................................	136
	7.6	Umgang mit Ängsten und Reduktion von Angstursachen ...	138
	Zusammenfassung		140
8	**Aggression und schulische Gewalt**		**142**
	8.1	Wie schlimm ist die gegenwärtige Situation?	143
		8.1.1 Kriminalstatistik	143
		8.1.2 Schulische Situation	145
	8.2	Definitionen und Erklärungsmodelle zur Entstehung von Gewalt	147
		8.2.1 Tiefenpsychologie, Ethologie und evolutionspsychologische Erklärungen	149
		8.2.2 Frustration, Erregung und Aggression	150
		8.2.3 Aggression als erlerntes Phänomen	150
		8.2.4 Sozialpsychologische Erklärungsmodelle..............	151

		8.2.5	Soziale Informationsverarbeitung	153
	8.3		Aggressionen auf individueller Ebene: Externalisierende Verhaltensstörungen	154
		8.3.1	Oppositionelles Trotzverhalten	154
		8.3.2	Störung des Sozialverhaltens (SSV)	156
		8.3.3	Intermittierende explosible Störung	157
	8.4		Aggression im schulischen Kontext: Bullying und Mobbing	158
		8.4.1	Prototypische Rollen	158
		8.4.2	Die Rolle der sozialen Umwelt	161
		8.4.3	Cybermobbing und Cyberbullying	162
	8.5		Prävention und Intervention	164
		8.5.1	Externalisierende Verhaltensstörungen auf individueller Ebene	164
		8.5.2	Prävention und Intervention bei schulischer Gewalt	166
	Zusammenfassung			168

Literatur **170**

Stichwortverzeichnis **183**

1 Einführung

Kindheit und Jugend sind schillernde Zeiträume im Leben eines Menschen, voller Wünsche und Träume und gekennzeichnet von einer sehr schnellen Entwicklung. Erwachsene denken oft gerne und mit einem verklärten Blick an diese Zeit zurück und verdrängen nur zu leicht die Schwierigkeiten, denen sie in diesem Lebensabschnitt gegenüberstanden. Der vorliegende Band möchte diese spezifischen Schwierigkeiten aufarbeiten und neben den Grundlagen auch das notwendige Praxiswissen zur Erkennung und zum Umgang mit ihnen vermitteln. Dabei gliedert es sich in die folgenden Themenkomplexe:

a. Kognitive Fähigkeiten und Schulleistung: Hochbegabung, Lese-Rechtschreibstörung und Rechenstörung;
b. Externalisierende Verhaltensprobleme: ADHS, Aggression und schulische Gewalt;
c. Internalisierende Verhaltensprobleme: Angst.

Während also zweifelsohne Fragestellungen und Phänomene der Klinischen Kinder- und Jugendpsychologie im Fokus stehen, erhebt das Buch nicht den Anspruch eines Lehrwerks für die Klinische Psychologie und Psychotherapie, sondern zielt auf den Umgang mit problematischen Entwicklungen und Belastungsfaktoren vordringlich im schulischen Kontext ab. Es hat das Ziel, das Wissen zur Erkennung und zum Verständnis problematischer Entwicklungen und jenseits therapeutischer Herangehensweisen Wege zum Umgang mit diesen Problemen zu vermitteln.

> **Lernziele**
>
> - Überblick über psychische Belastungsfaktoren,
> - Kenntnis der Kriterien zur Definition psychischer Störungen,
> - Kenntnis der Begriffe Prävention, Intervention, Epidemiologie, Komorbidität, Klassifikationsmanuale (ICD und DSM).

1.1 Das Jugendalter – ein gefährlicher Entwicklungsabschnitt?

Betrachtet man beispielhaft für Sekundarschulen in Deutschland die Gymnasien, so hat ein durchschnittliches Gymnasium aktuell etwa 720 Schülerinnen und Schüler (Statistisches Bundesamt, 2018a, S. 38) und bei einem Schnitt von ungefähr 15 Jugendlichen pro Lehrkraft ca. 48 Lehrkräfte. Wendet man die Ergebnisse der epidemiologischen Forschung auf diese Zahlen an, so ergeben sich die folgenden Belastungszahlen:

- 162 haben Lernprobleme (22,5 %; Fischbach et al., 2013).
- 88 verletzen sich regelmäßig selbst (12,25 %, Brunner et al., 2015).
- 29 haben eine dauerhaft andauernde depressive Störung (ca. 4 %; Klasen et al., 2015).
- 72 haben klinisch bedeutsame Ängste (10 %; Ravens-Sieberer et al., 2007).
- 32 sind von ADHS betroffen (4,5 %; Akmatov et al., 2018).
- 72 beteiligen sich regelmäßig an Gewalthandlungen (10 %; Schäfer & Letsch, 2018).
- 29 sind stabil in einer Opferrolle (4 %; Schäfer & Letsch, 2018).
- 158 haben Probleme mit dem Essverhalten (21,9 %; Hölling & Schlack, 2007).

Summiert man diese Zahlen, dann kommt man auf einen Anteil von 88,2 %. Es drängt sich der Eindruck auf, dass fast jede Person von einem psychischen Problem betroffen sei. Glücklicherweise ist das in diesem extremen Ausmaß nicht der Fall und die Mehrheit der Jugendlichen wächst unbeschwert auf. Unglücklicherweise kumulieren sich die Probleme aber bei einzelnen Schülerinnen und Schülern, sodass beispielsweise eine Lernstörung gleichzeitig mit Angststörungen und Depressionen einhergehen kann. Dieses Phänomen des gleichzeitigen Auftretens verschiedener Störungen oder Krankheiten nennt man *Komorbidität* oder *komorbide Störungen*. Die verschiedenen Störungen können miteinander interagieren und einander bedingen oder sie können in einem ursächlichen Zusammenhang stehen. Im Einzelfall zeigen sich allerdings häufig unterschiedliche Problemfelder bei einer Person, ohne dass eine Aussage getroffen werden kann, welche Störung für die Entstehung welcher anderen Störung verantwortlich ist.

Doch auch aufseiten der Lehrkräfte sieht es nicht zwangsläufig viel besser aus, denn von den durchschnittlich 48 Lehrkräften überfordern sich 15 permanent selbst (31 %; Schaarschmidt & Kieschke, 2013), 14 sind Burn-Out-gefährdet und ca. 36 Personen (75 %) werden vor Erreichen der gesetzlichen Regelaltersgrenze aus dem Dienst ausscheiden (Statistisches Bundesamt, 2018b).

Es drängt sich die Frage auf, wieso das Schulsystem so stark von psychischen Störungen belastet ist, aber die Antwort ist letztendlich einfach: Es ist gar nicht besonders massiv betroffen, sondern psychische Probleme sind ein ganz normales Phänomen des menschlichen Lebens. In der Schule fallen die Probleme jedoch häufig erstmals auf und es besteht die berechtigte Hoffnung, in diesem jungen Alter

Veränderungen herbeiführen zu können. Aufgrund der Schulpflicht besuchen zudem alle Kinder und Jugendlichen das Schulsystem und sie bringen auch alle Schwierigkeiten, mit denen sie konfrontiert sind, mit in die Schule. Gleichzeitig sind Probleme zum Teil ein Entwicklungsphänomen, denn die Entwicklung verläuft in diesem Lebensabschnitt rasant und sie geht mit Aufgaben einher, die gelöst werden müssen. Entwicklung ist somit nicht nur faszinierend, komplex und spannend, sondern Probleme können sich auch sehr schnell verschärfen. Doch auch das Schulsystem steht mit seiner begrenzten Differenzierungsfähigkeit vor der Herausforderung, diesen unterschiedlichen Voraussetzungen gerecht zu werden, und durch die Schulpflicht entfällt die Möglichkeit, den Anforderungen und schulischen Konflikten aus dem Weg zu gehen. Hintergrundwissen über die Komplexität der Herausforderungen, denen Kinder und Jugendliche gegenüberstehen, ist deshalb für im Bildungsbereich tätige Personen enorm wichtig.

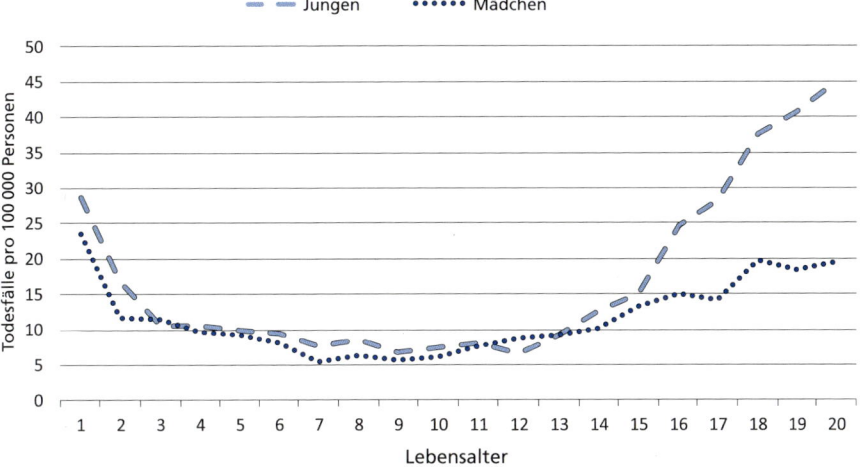

Abb. 1.1: Todesfälle pro 100 000 Personen des gleichen Alters und Geschlechts (Statistisches Bundesamt, 2019)

Betrachtet man die Sterbetafeln des Statistischen Bundesamtes (▶ Abb. 1.1; Statistisches Bundesamt, 2019), so fällt auf, dass das Alter zwischen 2 und 13 Jahren ein relativ behüteter Lebensabschnitt ist. In diesem Altersbereich versterben nur wenige Kinder, auch wenn jeder einzelne Fall ein individuelles, tragisches Schicksal darstellt. Ab dem Alter von 14 Jahren kommt es zu einer generellen Zunahme der Mortalität und vor allem bei den Jungen zeigt sich eine steile Zunahme. Hierfür gibt es viele Gründe. Zum einen tritt im Jugendalter oft eine höhere Risikobereitschaft auf, die beispielsweise zu riskantem Substanzgebrauch und gefährlichem Verhalten im Straßenverkehr führt. Auch Suizidalität spielt eine bedeutsame Rolle: Bis zum Alter von 35 Jahren sind Unfälle und Selbsttötungen die häufigsten Todesursachen und somit Faktoren, die einen starken Bezug zum Verhalten der betreffenden Personen haben. Doch auch jenseits dieser extremen Ereignisse gibt es zahlreiche Belastungsfaktoren im Kindes- und Jugendalter, mit denen umgegangen werden muss, wie z. B. Konflikte mit Gleichaltrigen oder den Eltern, Trennungen, finanzielle Probleme, schulische Leistungsanforderungen, Ausgrenzung und Bullying bzw. generell in diesem Lebensalter auftretende Entwicklungsaufgaben und kritische Lebensereignisse, und es entstehen Belastungen, die sich in Form psychischer Störungen manifestieren können. Viele dieser Störungen treten im Kindes- und Jugendalter erstmalig auf, wie z. B.

- *Lernstörungen:* Diese ergeben sich aus den schulischen Anforderungen ab der Einschulung und sie zeigen sich anhand der zunehmenden Probleme, mit der steigenden Komplexität und Geschwindigkeit der Wissensvermittlung in den folgenden Schuljahren Schritt zu halten.
- *Probleme mit Aufmerksamkeit und Konzentration:* Eine Diagnose erfolgt i. d. R. frühestens ab dem 6. Lebensjahr, mit einem Schwerpunkt in der Grundschule. Auch hier sind die Gründe mit denen der Lernstörungen vergleichbar und es kommen häufig weitere Konflikte im sozialen Verhalten hinzu.
- *Angststörungen:* Während bereits im Vorschulalter verschiedene Phänomene, wie die Angst, allein gelassen zu werden, oder die Angst vor Fremden, zu beobachten sind, werden zu Schulbeginn Trennungsängste und schließlich im Laufe der Schule Prüfungsangst und soziale Angst relevant.
- *Anorexia nervosa, selbstverletzendes und suizidales Verhalten etc.:* Viele Phänomene sind vor dem Eintritt in die Pubertät kaum zu beobachten und stehen somit stark mit den physischen, hormonellen und psychischen Änderungen des Jugendalters im Zusammenhang.

Lehrkräfte äußern häufig die Vermutung, dass Verhalten und Leistung in Kindheit und Jugend sich zunehmend verschlechtern würden. Blickt man in historische Texte zu pädagogischen Themen, dann lässt sich dieser Konflikt zwischen Jugendlichen und Erwachsenen weit zurückverfolgen, wie die zahllosen frustrierten Aussagen verschiedenster Epochen der Menschheitsgeschichte zeigen (Bertet & Keller, 2011, S. 9 ff.):

- »Die heutige Jugend ist von Grund auf verdorben, sie ist böse, gottlos und faul.« (Mesopotamien)
- »Die Jugend achtet das Alter nicht mehr, zeigt bewusst ein ungepflegtes Äußeres, sinnt auf Umsturz, zeigt keine Lernbereitschaft und ist ablehnend gegen übernommene Werte.« (Altes Ägypten)
- »Unsere Jugend ist unerträglich, unverantwortlich und entsetzlich anzusehen.« (Aristoteles)

Auch heute finden sich häufig vergleichbare Aussagen, die sich neben dem Verhalten auf akademische Leistungen (Orthografie, Handschrift …) beziehen. Diskussionsforen unter Onlineartikeln zum Bildungsbereich füllen sich stets mit Nutzerkommentaren, deren Quintessenz ist, dass alles immer schlimmer würde. Auch

Lehrkräfte neigen zu solchen Aussagen und im Laufe der Zeit variieren die hierfür gegebenen Begründungen. Während am Ende des letzten Jahrhunderts noch die Sorge vor schlechtem Einfluss durch überhöhten Fernsehkonsum diskutiert wurde, sind es heute das Internet mit seinen vielfältigen Ablenkungsmöglichkeiten wie Onlinespiele und soziale Medien: »Die Handschrift der Schülerinnen und Schüler habe sich verschlechtert, finden Lehrkräfte bundesweit ... Die weitaus meisten Lehrerinnen und Lehrer (89 Prozent im Primarbereich und 86 Prozent im Sekundarbereich) gaben an, dass es Schülern seit einigen Jahren schwerer falle als früher, eine leserliche Handschrift zu entwickeln... Die Ursachen liegen laut den Lehrkräften in mangelnder Routine, schlechter Motorik und Koordination sowie in Konzentrationsproblemen. Auch empfindet mindestens jeder zweite Lehrer den starken Medienkonsum seiner Schüler als problematisch.« (Spiegel Online, 2019)

Der Blick in die Geschichte zeigt, dass es womöglich nicht per se eine Verschlimmerung der Situation gibt, sondern vermutlich eher einen permanenten Wandel. Das Gefühl fortlaufender Verschlimmerung der Situation könnte folglich Ausdruck einer zunehmenden Diskrepanz und Entfremdung Erwachsener von der jeweils aktuellen Situation Jugendlicher sein. Nur zu leicht werden dabei positive Entwicklungen oder neuartige Kompetenzen übersehen, die statt althergebrachter Fähigkeiten von Kindern und Jugendlichen erworben werden. Anders ausgedrückt: »Nichts ist so beständig wie der Wandel« (Heraklit von Ephesus, 535–475 v. Chr.).

Die gleiche Problematik betrifft auch viele der in den folgenden Kapiteln beschriebenen Phänomene. Zur Gewinnung eines objektiven Bildes ist es deshalb notwendig, zum einen fundierte *epidemiologische* Studien durchzuführen, die Aufschluss über die Entwicklung der Situation erlauben. Die *Epidemiologie* ist jene wissenschaftliche Disziplin, die sich mit dem Verbreitungsgrad von Krankheiten oder Störungen in einer Bevölkerung beschäftigt. Bestimmt wird der Verbreitungsgrad mittels der Kennwerte *Inzidenz* und *Prävalenz*. Die *Inzidenz* beschreibt dabei die Anzahl an Fällen, die innerhalb eines bestimmten Zeitintervalls neu auftritt. Unter *Prävalenz* versteht man den Anteil an betroffenen Personen in einer Stichprobe. Die *Lebenszeitprävalenz* beschreibt dementsprechend denjenigen Anteil an Menschen, die im Laufe ihres Lebens an einer bestimmten Erkrankung oder Störung leiden.

Zum anderen sind präzise Beschreibungen notwendig, die ein Phänomen klar von anderen Phänomenen abgrenzen, da nur eine klare Definition eine eindeutige Erfassung ermöglicht. Hierfür gibt es Klassifikationsmanuale.

1.2 Internationale Klassifikationsmanuale

Es existieren zwei international gebräuchliche Klassifikationssysteme, die möglichst vollständig die relevanten Phänomene beschreiben sollen, zum einen die *International Statistical Classification of Diseases and Related Health Problems* (ICD-11; WHO, 2018), die von der Weltgesundheitsorganisation herausgegeben wird. Psychische Störungen werden dort im Kapitel 6 (»Mental, behavioural or neurodevelopmental disorders«) beschrieben. Das andere, weitverbreitete Klassifikationssystem ist das *Diagnostic and Statistical Manual of Mental Disorders – Fifth Edition* (DSM-5; American Psychiatric Association, 2013). Beide Kompendien sind sich in den letzten Fassungen in ihrer Struktur und der Beschreibung der erfassten Phänomene sehr ähnlich, da beide auf dem aktuellen Forschungsstand basieren. Beide haben das Ziel, psychische Störungen zu beschreiben, z. B. indem klare Kriterien aufgestellt werden, die für eine Diagnosestellung notwendig und hinreichend sind. Unterschiede ergeben sich dagegen im Detailliertheitsgrad, da die relativ neue ICD-11 noch nicht vollständig ausgearbeitet ist. Zum anderen spezifiziert sie bereits psychische Störungen wie die Computerspieleabhängigkeit (»6C51.0 Gaming disorder, predominantly online«), die im DSM-5 noch als »Condition for Future Research« gelistet sind. Trotz dieser Unterschiede gelten beide Manuale international als anerkannt und Beschreibungen der folgenden Kapitel werden sich zum Teil auf diese stützen.

Beide Systeme vermeiden es, ursächliche Erklärungen für die Entstehung dieser Störungen anzugeben, da solche Erklärungen an spezifische Theorien geknüpft sind. Aus diesem Grund werden auch Bezeichnungen vermieden, die sich auf eine spezifische Theorie beziehen. So findet sich beispielsweise der Begriff »Neurose« nicht mehr, da dieser auf dem Erklärungsmodell tiefenpsychologischer Theorien basiert. Dieser Umstand ist vor allem deshalb wichtig, da Diagnosen sehr schnell den Charakter einer ursächlichen Erklärung bekommen, obwohl sie lediglich Beschreibungen sind.

1.3 Was ist eine Verhaltensauffälligkeit?

Die Abgrenzung zwischen dem, was wir als normales Erleben und Verhalten einerseits und als psychische Störung andererseits bezeichnen, ist fließend (American Psychiatric Association, 2013, S. 14; Butcher et al., 2009, S. 5 ff.). Obwohl ein Konsens darüber besteht, welche Phänomene zu den psychischen Störungen gezählt werden, existiert kein Set an notwendigen und hinreichenden Bedingungen, die für eine Grenzziehung verwendet werden könnten. Häufig werden verschiedene Merkmale beschrieben und je mehr dieser Aspekte vorliegen, desto eher wird das betreffende Verhalten als Störung bezeichnet:

1. *Statistische Seltenheit*
   Alle menschlichen Verhaltensweisen weisen in einer Population eine breite Verteilung auf und diese Verteilung folgt sehr oft einer Normalverteilung. Eine Normalverteilung entsteht immer dann, wenn verschiedene Faktoren unabhängig voneinander additiv zusammenwirken. Die Verteilung lässt sich exakt anhand des *Mittelwerts* (= M) und der *Standardabweichung* (= SD; ein Maß für die Streuung der Werte) beschreiben und sie weist den großen Vorteil auf, dass die Fläche unter der Kurve genau bekannt ist. Im Bereich zwischen –1 und +1 Standardabweichungen (▶ Abb. 1.2) befinden sich mehr als zwei Drittel aller Fälle

1.3 Was ist eine Verhaltensauffälligkeit?

und mit steigendem Abstand zum Mittelwert nähert sich die Kurve der x-Achse an. Im Bereich zwischen –2 und –1 SD (= z-Werte) und +1 bis +2 SD befinden sich jeweils 13,6 % der Fälle und außerhalb von + 2 SD befinden sich insgesamt weniger als 4,5 % der Personen. Diese Häufigkeitsinformationen können genutzt werden, um die Außergewöhnlichkeit von Phänomenen einzuschätzen. Zu diesem Zweck werden bei der Konstruktion psychologischer Testverfahren die Werte in sogenannte *Normwerte* umgewandelt, wovon es viele verschiedene Skalen gibt (z. B. z, T, IQ, Prozentrang etc.). Damit man von einer psychischen Besonderheit spricht, wird i. d. R. eine deutliche Abweichung vom Mittelwert gefordert, also beispielsweise Werte kleiner –1.0, –1.5 oder– 2.0 SD vom Mittelwert. Beim IQ ist beispielsweise der Skalenmittelwert auf 100 festgesetzt und die Standardabweichung beträgt 15. Eine Person, die eine Standardabweichung unter dem Durchschnitt liegt, hat dementsprechend einen IQ von 85 (▶ Kap. 2.4). Eine statistische Seltenheit alleine ist aber noch keine Auffälligkeit. Jeder Mensch hat zahlreiche ungewöhnliche Eigenschaften, die nicht weiter klinisch bedeutsam sind, wie z. B. besondere Interessen oder Fähigkeiten.

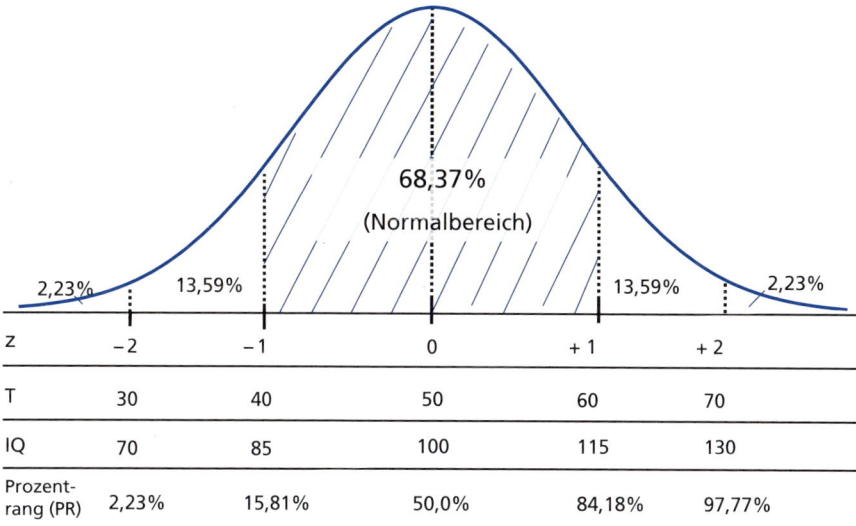

Abb. 1.2: Flächenanteile der Normalverteilung

2. *Verstoß gegen soziale Normen*
Die Frage danach, was als auffällig gilt, hängt sehr stark mit den sozialen Erwartungen und Vorgaben einer Gesellschaft zusammen. Die Einstufung von Auffälligkeiten ist somit kulturabhängig und unterliegt gesellschaftlichen Änderungsprozessen. Die bis zum Jahr 1989 gültige ICD-9 definierte beispielsweise in Kapitel 302 Homosexualität als sexuell deviantes Verhalten – eine Einstufung, die aus heutiger Sicht sehr befremdlich wirkt. Auch technische Entwicklungen können dieses gesellschaftlich definierte Verhalten in der Öffentlichkeit beeinflussen.

Während eine Person, die in der Öffentlichkeit scheinbar mit sich selbst spricht, vor 20 Jahren noch befremdliche Blicke auf sich gezogen hätte, ist es heute üblich, in öffentlichen Lebensbereichen per Smartphone z. B. mit Headset zu telefonieren. Das kann den Eindruck von Selbstgesprächen vermitteln, ohne dass das Umfeld dies als merkwürdig empfinden würde.

3. *Persönliches Leid*
Fast alle Störungen gehen mit Leid einher, entweder aufseiten der betreffenden Person oder im sozialen Umfeld, meist jedoch bei allen Beteiligten. Im Falle einer Angststörung oder Depression ist es unmittelbar einsichtig, dass es der betreffenden Person nicht gut geht. Liegen enge, persönliche Bindungen vor, erkrankt z. B. ein Elternteil oder ein Kind in einer Familie an einer Depression, so wirkt sich das natürlich unmittelbar auf die Lebenssituation der anderen Familienmitglieder aus. Im Falle einer Manie oder bei aggressiven Störungen kann es dagegen sein, dass vor allem das Umfeld leidet, nicht aber die Person selbst. Leid alleine ist dagegen kein Kriterium für das Vorliegen einer psychischen Störung, da beispielsweise persönliche Schicksalsschläge wie der Tod eines geliebten Menschen, Misserfolge in Schule oder Beruf oder andere kritische Lebensereignisse zu intensivem Leid führen können, dies aber einen gewöhnlichen Bestandteil menschlichen Lebens darstellt, insbesondere, da es nicht erwartungswidrig ist.

4. *Behinderung, Dysfunktion oder Maladaptivität*
Psychische Störungen gehen mit Einschränkungen in der Handlungsfreiheit einher oder sie reduzieren zukünftige Entwicklungschancen. Das Vorliegen einer Behinderung alleine ist nicht ausschlaggebend, da beispielsweise viele Menschen mit einer Körperbehinderung ein selbstbestimmtes und erfüllendes Leben führen können und ggf. lediglich in einem spezifischen motorischen Bereich eingeschränkt sind. Eine stark ausgeprägte generalisierte Angststörung kann dagegen dazu führen, dass ein Kind die Wohnung nicht mehr verlassen kann und in der Folge keinen Schulabschluss erwirbt. Bei ansonsten intakten körperlichen und kognitiven Funktionen führt die psychische Störung in diesem Fall zu einer Behinderung der persönlichen Entwicklung und des Handlungsspielraums. Andere psychische Störungen, wie z. B. eine antisoziale Persönlichkeitsstörung, können dagegen mit einem Verhalten einhergehen, das zwar für die Person selbst funktional ist, da es individuell betrachtet zum Ziel führt (z. B. Betrug, Nötigung ...; vgl. Butcher et al., 2009, S. 6), das soziale Umfeld oder die Gesellschaft dagegen schädigt. Das Verhalten wäre somit insgesamt betrachtet ebenfalls maladaptiv.

5. *Erwartungswidrigkeit*
Im Rahmen psychischer Störungen treten Verhaltensweisen oder ein subjektives Erleben auf, das für andere Menschen irrational ist und den Erwartungen widerspricht. Das bedeutet auch, dass das Verhalten von anderen als unvorhersehbar erlebt wird und deshalb Befremden oder Unbehagen auslöst. Es wird von Außenstehenden als irrational oder unerwartet empfunden.

Fallbeispiel: Der »Fußläufer«

2011 kam es in der Teilbibliothek für Chemie und Pharmazie der Universität Würzburg zu einer Serie von Zwischenfällen, die die Universitätsleitung zu einer

Warnung in Form einer Mitteilung veranlasste (und interessanterweise tauchte Mitte 2019 ein völlig identisches Problem erneut auf, wobei es sich um eine andere Person handelte). Ein ca. 30 bis 35 Jahre alter Mann, der vermutlich nicht der Universität zugehörig war, trat über mehrere Wochen hinweg freitagnachmittags und -abends wiederholt in der Bibliothek in Erscheinung. Er sprach ausschließlich weibliche Studierende an und bat sie, sich auf seinen Rücken zu stellen, um diesen wieder einzurenken. Zudem fragte er nach dem Weg zur nächsten Apotheke, wo er sich ein Schmerzmittel besorgen wolle. Nach einer Anzeige bei der Polizei (der Fall wurde unter dem Schlagwort »Fußläufer« geführt) und der Sensibilisierung durch ein Informationsschreiben trat die Person nicht mehr in der Bibliothek in Erscheinung.

Anhand der Verunsicherung, die dieser Fall auslöste, lassen sich die fünf zuvor aufgestellten Kriterien reflektieren. Der Hintergrund des bizarren Verhaltens ist unklar, jedoch handelt sich vermutlich nicht um ein orthopädisches Problem, sondern eher um eine Paraphilie, also eine deutlich von der Norm abweichende sexuelle Neigung. Die Annahme eines sexuellen Motivs für das Verhalten war es vermutlich auch, was die Reaktion der Universitätsleitung nach sich zog. Die Erfüllung des Kriteriums der statistischen Seltenheit liegt auf der Hand, da ein solches Verhalten von den meisten Menschen nicht gezeigt wird. Es verstößt zudem gegen soziale Normen. Zwar ist es legitim, in begründeten Fällen fremde Personen um Hilfe oder Auskunft zu bitten, jedoch würde dies in einer Bibliothek eher am Empfangsschalter passieren und zudem nicht mit dem geäußerten Anliegen. Persönliches Leid kann sowohl aufseiten des betroffenen Mannes vorliegen, der immerhin so weit geht, sich zu exponieren, als auch aufseiten der Studentinnen, deren Privatsphäre durch die ungewöhnliche Anfrage verletzt wird. Zudem ist es angstauslösend, in Lernkabinen angesprochen zu werden, aus denen man kaum entkommen könnte, und der ungewollte Kontakt erfolgte zu Zeiten, in denen nur wenige Personen in der Bibliothek waren – mithin eine Bedrohungssituation, die für das soziale Umfeld (= die anderen Besucher der Bibliothek) belastend ist. Auch das vierte Kriterium ist hinsichtlich der Maladaptivität des Verhaltens gegeben, da dieses weder zur Reduktion von Rückenschmerzen noch hinsichtlich der mutmaßlich vorliegenden sexuellen Motive zu einer Befriedigung führt. Und schlussendlich ist es auch erwartungswidrig, da im Kontext einer Bibliothek und angesichts der fehlenden Bekanntschaft zwischen den beteiligten Personen die Äußerung eines solchen Anliegens der Erwartung widerspricht.

Kurz zusammengefasst

Kindheit und Jugend sind Lebensabschnitte, die durch die schnelle Entwicklung und durch die damit einhergehenden Entwicklungsaufgaben ein erhöhtes Risiko für die Entwicklung von Verhaltensauffälligkeiten aufweisen. Verhaltensauffälligkeiten und

1 Einführung

Belastungen sind in diesen Lebensabschnitten deshalb nichts Ungewöhnliches. Ab wann von einer psychischen Auffälligkeit gesprochen wird, kann nicht eindeutig bestimmt werden, aber es liegen meist in unterschiedlicher Zusammensetzung mehrere der folgenden Kriterien vor: Statistische Seltenheit, Verstoß gegen soziale Normen, persönliches Leid, Behinderung oder Maladiptivität und Erwartungswidrigkeit des Verhaltens. Die *International Classification of Diseases* (ICD) und das *Statistical Manual of Mental Disorders* (DSM) beschreiben, welche Phänomene nach dem Stand der Forschung als psychische Störungen zu werten sind und welche Kriterien dabei herangezogen werden. Mithilfe epidemiologischer Begriffe wie Inzidenz und Prävalenz wird die Häufigkeit des betreffenden Phänomens spezifiziert, und Komorbidität beschrieben, welche anderen Störungen häufig damit einhergehen.

Fragen

a. Welche der folgenden Abkürzungen bezeichnen Diagnosemanuale für psychische Störungen?
   ☐ DIN
   ☐ DSM
   ☐ ICD
   ☐ WHO

b. Der Begriff »Prävalenz« bezeichnet …
   ☐ die Anzahl an Personen, die innerhalb eines bestimmten Zeitraums neu erkrankt.
   ☐ jene Störungen oder Erkrankungen, die häufig gleichzeitig auftreten.
   ☐ den Anteil an Personen einer Population, die von einem Phänomen betroffen sind.
   ☐ den durchschnittlichen Schweregrad einer psychischen Störung.

c. Die kognitive Leistungsfähigkeit einer Person liegt 1.2 Standardabweichungen über dem Durchschnitt der Normgruppe. Welchem IQ entspricht diese Leistung? Bitte berechnen Sie den exakten Wert.

2 Lernstörungen und Schulversagen

Beim Thema Lernstörungen und Schulversagen stellt sich zunächst die Frage, welche Bedingungen gegeben sein müssen, damit eine Person in der Schule erfolgreich ist. Hierzu gibt es unzählige Untersuchungen, denn es ist seit Jahrzehnten das klassische Thema der Pädagogischen Psychologie und der Bildungsforschung. Ein bekanntes Modell aus der Literatur hierzu ist das INVO-Modell von Hasselhorn und Gold (2013, S. 68; ▶ Abb. 2.1). Das Modell listet einige der Bedingungsfaktoren auf individueller Ebene auf, die beim Lernen eine Rolle spielen.

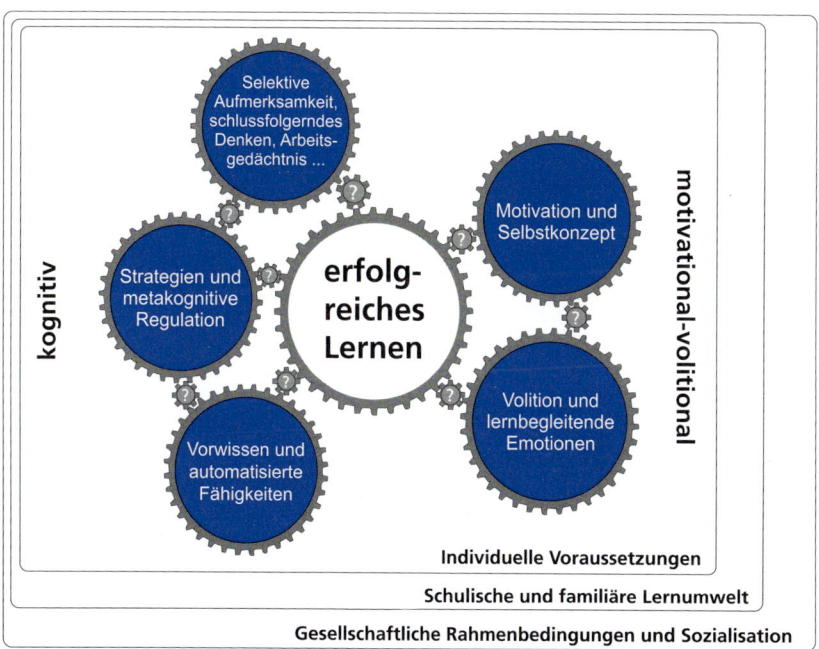

Abb. 2.1: Modifiziertes Modell individueller Bedingungen erfolgreichen Lernens (adaptiert nach Hasselhorn & Gold, 2013, S. 68). Das Modell wurde inhaltlich ergänzt und so erweitert, dass die Zahnräder sich nicht blockieren, indem Zwischenglieder eingefügt wurden, die das z. T. unbekannte Zusammenspiel der Faktoren symbolisieren. Zudem findet schulisches Lernen nicht nur auf individueller Ebene statt, sondern es ist eingebettet in die schulische und familiäre Lernumwelt und wird von gesellschaftlichen Faktoren wie der Organisation des Schulsystems beeinflusst.

Auf individueller Ebene lassen sich kognitive Faktoren auf der einen und motivational-volitionale Faktoren auf der anderen Seite unterscheiden. Zu den kognitiven Faktoren gehören alle Aspekte, die mit Informationsaufnahme, -verarbeitung und -speicherung zu tun haben, also beispielsweise das Vorwissen einer Person, die Fähigkeit, den Lernprozess zu steuern, die Fähigkeit, Informationen mental zu repräsentieren und aus diesen zu lernen. Motivational-volitionale Aspekte spezifizieren, ob jemand bereit ist zu lernen und den Willen hat, Arbeit zu investieren. Damit gehen im günstigen Fall spezifische Emotionen einher, wie beispielsweise die Freude an einem Inhaltsbereich und das Gefühl, eine Sache gut zu beherrschen. Ist das Lernen dagegen von Angst, beispielsweise vor dem Versagen, begleitet, so wirkt dies wiederum auf den Lernprozess zurück.

Das Modell listet wichtige, bei weitem aber nicht alle Aspekte erfolgreichen Lernens auf, da auf individueller Ebene weitere Faktoren wie zusätzliche Intelligenzfacetten und Persönlichkeitsmerkmale (z. B. Gewissenhaftigkeit) eine große Rolle spielen. Auch Umweltfaktoren, wie beispielsweise didaktische Fähigkeiten der Lehrkraft, Lernklima in der Klasse, Unterstützung zu Hause usw., sind nicht enthalten. Zudem ist keineswegs immer klar, wie die Faktoren zusammenspielen. So ist es denkbar, dass eine leichte Angst vor einer Prüfungssituation Jugendliche eines hohen Fähigkeitsniveaus zum Lernen anspornt, wohingegen Personen, die bereits vielfältige Misserfolgserlebnisse gemacht haben, hierdurch im Lernen blockiert werden. Diese Unsicherheit im Zusammenwirken der Faktoren ist im Modell durch Fragezeichen veranschaulicht und diese Wechselwirkungen sind Gegenstand der sog. *Aptitude-Treatment-Forschung* (ATI; s. Hasselhorn & Gold, 2013, S. 254 ff.). Letztendlich ergibt sich in der Folge ein sehr individuelles Zusammenspiel der Faktoren, das von Person zu Person unterschiedlich sein kann.

> **Lernziele**
>
> - Kenntnis individueller und institutioneller Bedingungen für schulisches Scheitern,
> - Fähigkeit, Lernbehinderung von Lernstörungen abzugrenzen und diese zu definieren,
> - Wissen über allgemeine Ansätze kognitiver Förderung.

2.1 Was sind Lernprobleme und Lernbehinderungen?

Aufgrund der vielfältigen Voraussetzungen erfolgreichen Lernens kann dieses scheitern und dabei zeigen sich unterschiedliche Phänomene, entweder mit Bezug zu spezifischen Inhaltsbereichen – man spricht in diesem Fall von Lernstörungen wie

2.1 Was sind Lernprobleme und Lernbehinderungen?

z. B. der Rechenstörung – oder bereichsübergreifend, also einer umfassenden Lernbehinderung. Zudem sind manche der Probleme vorübergehend oder aber sehr stabil. Darüber hinaus gibt es in der Literatur sehr viele Begriffe, die sich mit Lernproblemen beschäftigen und die je nach Disziplin variieren: Lernschwäche, Lernbehinderung, Lernbeeinträchtigung, Lernstörungen und noch viele weitere, wie beispielsweise medizinisch geprägte Begriffe, die entweder Einschränkungen eines Fähigkeitsbereichs andeuten (*Dys*lexie, *Dys*kalkulie ...) oder deren völliges Fehlen (*A*phasie, *A*lexie, *A*gnosie ...). In bildungswissenschaftlichen Disziplinen wird häufig der Begriff *Schwäche*, *Behinderung* oder *Beeinträchtigung* verwendet, wodurch eher auf ein Kompetenz- oder Fähigkeitsdefizit hingewiesen wird, das es zu kompensieren gilt. In der Psychologie ist dagegen der Störungsbegriff vorherrschend, der eher auf ein gestörtes Zusammenspiel von Teilkomponenten oder ein nicht funktionierendes Gesamtsystem abzielt. In der Folge gilt es, die Gründe für diese Blockade zu finden und zu beheben. ICD und DSM bezeichnen diesem Grundgedanken entsprechend spezifische Lernprobleme als Lesestörung, Rechtschreibstörung usw. (Sammelbegriff »Lernstörungen«). Während diese enger gefassten Begriffe klar definiert und deren Häufigkeiten relativ sicher bekannt sind (z. B. Fischbach et al., 2013), gibt es im deutschen Schulsystem aufgrund des föderalen Bildungssystems der BRD und der damit verbundenen länderspezifischen Verwaltungsregelungen dagegen eine enorme Heterogenität der Definitionen von sonderpädagogischem Förderbedarf und Ausgleichsregelungen bei spezifischen Lernproblemen. In der Folge variiert die Rate an Schülerinnen und Schülern, die entweder in Förderschulen oder inklusiv unterrichtet werden. Hinzu kommen noch jene Schülerinnen und Schüler, die keinen sonderpädagogischen Förderbedarf attestiert bekommen und deren Lernprobleme durch spezifische Verwaltungserlasse adressiert werden. Diese Personen werden meist nicht gesondert statistisch erfasst. Diese inhomogene Datenlage lässt sich am Anteil von Schülerinnen und Schülern mit sonderpädagogischem Förderbedarf illustrieren, der beispielsweise 2016/2017 erheblich zwischen den Bundesländern variierte und von 4,2 % im Saarland bis 9,8 % in Mecklenburg-Vorpommern reichte. Er nahm von 6,0 % im Schuljahr 2008/2009 auf 7,1 % zu (Klemm, 2018; Tab. A1 & A2). Ca. 40 % der Schülerinnen und Schüler mit sonderpädagogischem Förderbedarf entfallen auf den Förderschwerpunkt »Lernen« (Klemm, 2018, Tab. A5). Etwa 40 % der Schülerinnen und Schüler wurde 2016/2017 inklusiv, d. h. in Regelschulen, unterrichtet, mit einer enormen Spannbreite der Anteile zwischen den Bundesländern. Zu diesen Anteilen kommen jene Fälle in Regelschulen hinzu, die »still integriert« werden, d. h., die trotz umfänglicher Probleme keine spezifische Unterstützung erhalten.

Die enorme Variation der Anteile sonderpädagogischen Förderbedarfs nach Bundesland lässt sich auch dadurch erklären, dass je nach Verwaltungserlass unterschiedlich progressiv diagnostiziert wird. Zudem gibt es regionale Unterschiede hinsichtlich soziodemografischer Variablen, wie z. B. Arbeitslosigkeit oder Strukturwandel, die ihre Spuren in der Schülerschaft hinterlassen. Insgesamt sind die großen Unterschiede jedoch wenig plausibel, sodass die Einschätzung dessen, was als förderbedürftig eingestuft wird, nicht vollständig objektiv geklärt werden kann. Festhalten lässt sich jedoch, dass Lernprobleme mit weitem Abstand der häufigste Anlass für sonderpädagogische Maßnahmen darstellen.

Betrachtet man die Regelungen in den Diagnosemanualen, so tragen diese leider nur begrenzt zu einer Schärfung der Begrifflichkeiten bei: Zwar enthalten DSM-5 und ICD-11 Sektionen zu spezifischen Lernproblemen des Lesens, Schreibens und Rechnens, Spezifikationen zu unterschiedlichen Graden geistiger Behinderung, Sprachproblemen etc., aber nicht zu allgemein unterdurchschnittlicher Lernleistung, die im deutschen Schulsystem unter dem Begriff Lernbehinderung zusammengefasst wird. Eingrenzungen anhand von IQ-Bereichen, wie z. B. der Bereich zwischen IQ 60 und 85, erweisen sich als wenig zielführend, da ein solcher Anteil ca. 15 % der Bevölkerung umfasst. Der Gruppe der Schülerinnen und Schüler mit sonderpädagogischem Förderbedarf ist jedoch deutlich kleiner, sodass es nicht ausreichen kann, lediglich den IQ zu messen. Daten eigener Untersuchungen (A. Lenhard & Lenhard, 2011) zeigen zudem, dass an Förderschulen mit dem Schwerpunkt Lernen auch Kinder unterrichtet werden, die hinsichtlich des IQs (über-)durchschnittlich sind, dennoch aber massive Schulleistungsprobleme aufweisen, die beispielsweise aus Aufmerksamkeitsproblemen oder anderen Verhaltensstörungen resultieren. Während die Intelligenz als eine der bewährtesten Informationsquellen zur Vorhersage der generellen Leistungsentwicklung gilt, ist ihre Aussagekraft in spezifischen Personengruppen unter Umständen eingeschränkt, beispielsweise, da es sehr starke Ausfälle in einzelnen Intelligenzbereichen gibt.

Hasselhorn und Gold (2013, S. 177) versuchen, die Unsicherheiten in der Definition von Lernbehinderung mittels IQ-Definitionen zu reduzieren, indem neben einem IQ < 85 zusätzlich Probleme im Lesen, Schreiben und Rechnen auftreten müssen. Neben diesem Operationalisierungsversuch existieren jedoch noch zahlreiche andere Ansätze, wie beispielsweise von Vaughn und Fuchs (2003). Diese gehen vom schulischen Leistungsniveau aus und schlagen vor, jene Kinder als lernbehindert einzustufen, die a) ein niedriges Ausgangsniveau schulischer Leistungen aufweisen und b) über einen längeren Untersuchungszeitraum hinweg keine Fortschritte machen. Lernbehindert sind somit jene Personen, die nicht von Instruktion profitieren, also im eigentlichen Sinn im Lernen behindert sind, da sie keine Fortschritte machen. Diese Definition deckt sich mit älteren Definitionsversuchen aus dem pädagogischen Bereich: »Als lernbehindert gelten Kinder und Jugendliche, die ein chronisch und durchgehend erniedrigtes schulisches Lernniveau haben, bzw. permanent und relativ umfassend beeinträchtigte schulische Aneignungsprozesse aufweisen« (Kobi, 2004). Neuere Definitionen versuchen dagegen, gesellschaftliche Normvorstellungen und institutionelle Rahmenbedingungen zu berücksichtigen: »Lernbehinderung wird vielmehr verstanden als eine derart ausgeprägte, verschärfte Situation negativer Abweichung im schulischen Lernen, dass die allgemeine Schule, so wie sie im deutschen Bildungssystem existiert, sie nach ihrem Verständnis und Auftrag mit ihren Mitteln und Möglichkeiten (einschließlich zusätzlich aufgewandter Förderung) nicht mehr auf ein erträgliches Ausmaß reduzieren kann und zu tolerieren bereit ist« (Schröder, 2005, S. 95). Im Gegensatz zu den bisherigen Erklärungen, wird in dieser Definition der Schwerpunkt auf die entsprechenden Schulen verlagert, welche mit ihren Mitteln in der Lage sein müssen, dem Förderbedarf nachzukommen. Sollten sie es nicht sein, so gilt das entsprechende Kind als lernbehindert. Weinert und Zielinski (1977) fokussieren auf die Belastungen, die mit der Überwindung von Lernbehinderungen einhergehen: »Lernschwierigkeiten liegen vor, [...] wenn die Leistungen eines Schülers unterhalb der tolerierbaren Abweichung von verbindlichen institutionellen, sozialen und individuellen Bezugsnormen liegen [und] wenn das Erreichen (bzw. das Verfehlen) von Standards mit Belastungen verbunden ist, die zu unerwünschten Nebenwirkungen im Verhalten, Erleben oder in der Persönlichkeitsentwicklung des Lernenden führen«. Eine Lernbehinderung liegt also gemäß dieser Definition vor, wenn die Schule überfordert ist, das soziale Umfeld es nicht auffangen kann, und das Kind für sich selbst unterhalb der erwünschten Leistungen liegt. Außerdem ist der Lernprozess mit Belastungen verbunden, welche zu Nebenwirkungen im Leben oder in der Persönlichkeitsentwicklung führen. Basierend auf diesen Definitionsversuchen lässt sich also zusammenfassend festhalten, dass eine *Lernbehinderung* folgendermaßen gekennzeichnet ist:

> **Synthese der Definitionen zum Begriff »Lernbehinderung«**
>
> 1. Es handelt sich um ein dauerhaftes Unterschreiten einer Leistungsnorm.
> 2. Diese Leistungsnorm ist von der Gesellschaft definiert.
> 3. Das Schulversagen ist abhängig von:
>   a. individuellen Faktoren
>   b. institutionellen Rahmenbedingungen
>   c. gesellschaftlichen und politischen Zielvorstellungen
> 4. Die Erreichung der Leistungsnorm wäre nur unter enormen Belastungen möglich
>   d. persönlich
>   e. institutionell

2.2 Das »Wait-to-fail«-Problem

Das Thema Lernstörungen spielt in allen Schulformen und allen Altersbereichen eine Rolle. Diese basieren einerseits auf individuellen Faktoren (▶ Kap. 4 und ▶ Kap. 5). Andererseits trägt aber auch die Organisation des Schulsystems in gewisser Weise dazu bei. In der Grundschule sind sie vielleicht am deutlichsten sichtbar, da diese Schülerschaft noch nicht stark selektiert ist und eine große Heterogenität aufweist. Je nach Organisation des Schulsystems (ein- versus dreigliedrig) reduziert sich diese Heterogenität ab der Sekundarstufe zum Teil, jedoch bleibt trotzdem eine große Leistungsvariabilität innerhalb der betreffenden Gruppen bestehen, selbst wenn man so stark ausgewählte Stichproben wie z. B. Hochbegabtenklassen betrachtet. Zudem ist die Regelschule immer auch durch inklusive Beschulung mit dem Themengebiet Lernstörungen konfrontiert. In einer großen epidemiologischen Untersuchung stellten Fischbach et al. (2013) beispielsweise fest, dass in Regelschulen 23,3 % der Schülerschaft von Lernproblemen im Bereich Lesen, Schreiben,

Rechnen oder einer Kombination betroffen ist. Unter Einbezug von Kindern mit unterdurchschnittlicher Intelligenz steigt dieser Anteil auf 32,8 %. Selbst wenn man eine Diskrepanz zur Intelligenz und ein mindestens durchschnittliches Intelligenzniveau voraussetzt, so beträgt dieser Anteil immer noch 13,3 % der Kinder. In Regelschulen ist somit in einer Klasse von 25 Kindern oder Jugendlichen davon auszugehen, dass zwischen 3 und 8 Schülerinnen und Schüler massive Lernprobleme aufweisen.

Wie kommt es zu so hohen Werten bereits bei so basalen Fähigkeiten wie den Kulturtechniken? In der angloamerikanischen »*Response to Intervention*«-(RTI)-Tradition wird dieses Phänomen als *Wait-to-Fail-Problem bezeichnet* (Reynolds & Shaywitz, 2009): Werden Kinder von der schulischen Leistungsentwicklung langsam abgehängt, so entwickelt sich ein Problem, das bei frühzeitiger Erkennung und Intervention möglicherweise gar nicht entstanden wäre. Das Problem muss aber erst eine gewisse Intensität aufweisen, bevor es bemerkt wird. Erst dann setzt i. d. R. eine Diagnostik ein, die zu einer Gutachtenerstellung und Etikettierung des Kindes und zur Gewährung von Unterstützungsmaßnahmen führt. Mit etwas Glück und hohem Aufwand lässt sich das Lernproblem wieder auf ein erträgliches Maß reduzieren, aber unter Umständen ist viel Zeit verstrichen und Lernrückstände können nicht mehr aufgeholt werden. Psychologisch-pädagogische Maßnahmen werden meist erst dann gewährt, wenn Kinder gescheitert sind. Man wartet also bei zumindest zum Teil vermeidbaren Problemen, bis die Kinder scheitern, um dann spezifisch tätig zu werden. Wünschenswert wäre stattdessen, wenn die sich entwickelnde Problemlage frühzeitig erkannt und präventiv eingeschritten würde, da den Kindern problematische Entwicklungen und Misserfolgserlebnisse erspart bleiben und eine Etikettierung sich damit erübrigen würde. Das Scheitern von Kindern ist also in gewisser Weise systemimmanent. Eine wichtige Aufgabe für Lehrkräfte besteht demnach darin, aufmerksam zu sein, Probleme nicht zu ignorieren, die Leistungsentwicklung der Schülerinnen und Schüler zu vergleichen, Auffälligkeiten anzugehen und im Kollegium und mit den Eltern zu kommunizieren.

2.3 Ursachen von Lernproblemen und Lernbehinderungen

Die Ursachen von Lernstörungen sind vielfältig und sie können bei unterschiedlicher Zusammensetzung letztlich zu ähnlichen Problemen führen. Es gibt viele soziale, individuelle und institutionelle Faktoren, die zudem ungünstig wechselwirken können (vgl. Gold, 2018, Kap. 3). Bezogen auf spezifische Lernstörungen werden die Ursachen in den folgenden Kapiteln genauer erörtert. Bei übergreifenden Lernbehinderungen finden sich deutliche Unterschiede zu normal begabten Kindern auf kognitiver und affektiv-motivationaler Ebene sowie hinsichtlich sozialer Risiken:

- *Lernregulation*: Menschen mit Lernbehinderungen weisen deutliche Probleme bei der Steuerung ihrer Lernprozesse und der Kontrolle der Lernergebnisse auf. Das Lernen ist ungünstig organisiert oder es werden wenig effektive oder keine Strategien eingesetzt (vgl. Reid et al., 2013). Selbst bei intensivem Lernen bleibt hierdurch der gewünschte Lernerfolg aus.
- *Lernmotivation, Selbstkonzept und Angst*: Lernschwierigkeiten haben oft negative Auswirkungen auf Lernmotivation, Volition und Lernfreude. Letztlich bevorzugen Menschen jene Tätigkeiten, die ihnen leichtfallen bzw. wo sie das Gefühl von Kompetenz erleben können. Die Vermeidung subjektiv schwieriger Tätigkeiten verhindert den Erwerb der betreffenden Fähigkeiten und das kann wiederum zukünftige Lernergebnisse beeinträchtigen (Ning & Downing, 2010). Die Betroffenen erreichen nicht die akademischen Leistungen, die bei ihren kognitiven Fähigkeiten erwartet werden und die sie eigentlich erreichen könnten – ein Phänomen, das als *Underachievement* bezeichnet wird (Preckel et al., 2006). Die Beziehung zwischen der kognitiven, motivationalen und affektiven Seite des Lernens ist wechselseitig und kann zu einer Abwärtsspirale aus akademischem Versagen, Motivationsproblemen, reduziertem Selbstkonzept, Angst und Frustration führen.
- *Kausalattribution*: Personen mit häufigen Misserfolgserlebnissen neigen dazu, das Leistungsversagen internal und stabil zu attribuieren. Das bedeutet, sie suchen den Grund in fehlender Begabung und erwarten, auch in Zukunft zu scheitern (Gold, 2018, S. 42). In der Folge sinkt die Leistungsbereitschaft und Leistungssituationen werden vermieden. Während günstige Attributionsmuster günstigere Leistungsentwicklungen voraussagen, lässt sich der beschriebene Teufelskreislauf jedoch nicht durchgängig nachweisen (Kistner et al., 1988).
- *Externalisierende Verhaltensstörungen*: Frühe Verhaltensprobleme, insbesondere oppositionelles Verhalten, spielen bei der Entstehung von Lernschwierigkeiten eine bedeutsame Rolle und sie sind eine Determinante späterer Underachievements (Timmermans et al., 2009).
- *Kumulierung von Vorwissensdefiziten*: Das Vorwissen gehört zu den stärksten Prädiktoren schulischen Erfolgs (exemplarisch: SCHOLASTIK-Studie; Schneider & Bullock, 2009). Menschen mit hoher Expertise verfügen nicht nur quantitativ über mehr Wissen, sondern sie lernen anders, da sie schneller Zusammenhänge erkennen, Wichtiges von Unwichtigem unterscheiden und Wissen organisieren können. Die Anhäufung von Vorwissensdefiziten über die Zeit bedingt nicht nur die Notwendigkeit, mit hohem Aufwand die Lücken zu schließen, sondern sie reduziert gleichzeitig auch den aktuellen Lernerfolg und Wissenserwerb. Dieses Phänomen wird in Anlehnung an das Matthäus-Evangelium (Kap. 25,29: »Denn wer da hat, dem wird gegeben, dass er die Fülle habe; wer aber nicht hat, dem wird auch das genommen, was er hat.«) als *Matthäus-Effekt* bezeichnet.
- *Funktionelle Kapazität des Arbeitsgedächtnisses und Aufmerksamkeitsprozesse*: Das Arbeitsgedächtnis umfasst alle Prozesse der kurzfristigen Speicherung und Transformation von Informationen. Neben der zentralen Exekutive, die für die Aufrechterhaltung der Aufmerksamkeit und der Unterdrückung von störenden Informationen verantwortlich ist, gibt es Gedächtnissysteme zur Speicherung serieller und bildhaft-räumlicher Informationen. Kinder und Erwachsene mit

Lernproblemen zeigen häufig eine reduzierte Kapazität der Speichersysteme und gleichzeitig auch Probleme beim Unterdrücken irrelevanter Informationen (Swanson, 2016; Swanson & Alloway, 2012). Kinder mit spezifischen Lese- und Rechtschreibproblemen haben im Durchschnitt kognitive Profile mit einer deutlich reduzierten phonologischen Gedächtnisspanne. Arithmetische Probleme scheinen dagegen häufiger mit Beeinträchtigungen des visuellen Arbeitsgedächtnisses einherzugehen (Maehler & Schuchardt, 2016).

- *Informationsverarbeitungsgeschwindigkeit*: Die Fähigkeit zur schnellen Verarbeitung eingehender Informationen steht mit Aufmerksamkeitsprozessen in Verbindung und sie kann einen Flaschenhals für Lernprozesse darstellen (Trainin & Swanson, 2005). Als biologisches Korrelat einer herabgesetzten Informationsverarbeitungsgeschwindigkeit wird eine fehlende funktionale Spezialisierung des Gehirns oder auch eine geringere Myelinisierung diskutiert (Miller, 1994), jedoch ist bei solchen biologischen bzw. neurologischen Erklärungsmodellen von Lernprozessen häufig Vorsicht geboten, wie der folgende Fall zeigt.

Feuillet et al. (2007) berichten vom Fall eines Postangestellten der mittleren Beamtenlaufbahn, der aufgrund einer zweiwöchigen Schwäche im linken Bein eine Klinik aufsucht. Als Kind war bei ihm ein Hydrozephalus behandelt worden. Landläufig wird dieser als »Wasserkopf« bezeichnet und er entsteht bei Kindern als Folge fehlenden Druckausgleichs von Hirnflüssigkeit. Das Problem wurde mittels eines sog. Shunts korrigiert, also dem Einsetzen eines Schlauchsystems, das Hirnflüssigkeit ableitet. Davon abgesehen verlief seine Entwicklung normal. Er war verheiratet und Vater zweier Kinder. Eine neuropsychologische Untersuchung ergab einen unterdurchschnittlichen IQ, mit einer relativen Stärke in verbalen Fähigkeiten. Eine MRI-Untersuchung zeigte extrem vergrößerte Ventrikel seines Gehirns (normal vorkommende, flüssigkeitsgefüllte Leerräume), sodass das Gehirn selbst lediglich aus einer sehr dünnen Schicht grauer Zellen bestand. Die geschätzte Gesamtmasse des Gehirns betrug lediglich 25 % bis 50 % der eines erwachsenen Mannes. Diese dünne Schicht reichte offensichtlich aus, um ein relativ normales, unauffälliges Leben zu führen. Nach einer erneuten Shunt-Operation zur Reduktion des Hirndrucks verschwand auch das Taubheitsgefühl im linken Bein. Der Fall zeigt, dass selbst großflächige Schädigungen des Gehirns unter Umständen gut kompensierbar sind. Winzige Verletzungen an kritischen Stellen können dagegen zu massiven Behinderungen oder zum Tod führen. Einfache neurologische Erklärungen greifen bei der Betrachtung komplexer Lernprozesse meist zu kurz.

Doch es sind nicht nur die individuellen Faktoren, die eine Rolle spielen, sondern es existieren auch sehr starke Zusammenhänge zwischen dem sozialen Hintergrund und der akademischen Entwicklung. Etwa 80 % bis 90 % der als lernbehindert eingestuften Kinder stammen aus stark unterprivilegierten sozialen Milieus (Klauer & Lauth, 1997) und auch das Risiko der Entwicklung einer Lernbehinderung ist bei Zugehörigkeit zu diesen Sozialschichten stark erhöht. Neben genetischen Einflussfaktoren und der Wechselwirkung von Genen und Umwelt ergeben sich für diese Familien Schwierigkeiten in der Passung zwischen dem eigenen Bildungsweg und dem Werdegang der Kinder. Eltern, die selbst keine höhere Bildungslaufbahn durchlaufen haben, finden selbst nur schwer Zugang zu akademischen Settings und können ihre Kinder nicht in dem Maße auf ein Studium vorbereiten wie Eltern mit akademischem Hintergrund. Die betreffenden Kinder erfahren weniger Unterstützung im Sinne einer Propagierung hoher Leistungsziele, der Wertschätzung schulischen Erfolgs, der Anregung und Gewährung von Selbstständigkeit und der Unterstützung in schulischen Belangen. Den Eltern fällt es schwer, eine bildungsaffine häusliche Lernumgebung zur Verfügung zu stellen, entstehende Leistungsschwierigkeiten zu erkennen und ihren Kindern zu helfen. In PISA 2015 (Müller & Ehmke, 2016) klärte der soziale Hintergrund 13 % der interindividuellen Leistungsvarianz naturwissenschaftlicher Kompetenzen auf, ein Wert, der dem sogenannten sozialen Gradienten in der Lesekompetenz entspricht und der als großer Effekt bezeichnet werden kann (▶ Abb. 2.2).

Und nicht zuletzt stehen die verschiedenen Risikofaktoren nicht isoliert nebeneinander, sondern sie interagieren miteinander. Zeskind und Ramey (1981) führten eine Interventionsstudie bei Kindern sozioökonomisch benachteiligter Familien durch, von denen ein Teil der Kinder ein zusätzliches biologisches Risiko hatte (Frühgeburt, medizinische Komplikationen, fötale Unterernährung, Verzögerung der mentalen Entwicklung etc.). Im Alter von 24 Monaten wurden die Kinder hinsichtlich ihrer kognitiven Fähigkeiten mit dem Stanford-Binet-Intelligenztest untersucht und 50 Wochen lang in einer Kindertagesstätte fünfmal in der Woche gefördert. Zusätzlich erhielten die Kinder medizinische Unterstützung und Verpflegung. Eine zweite Gruppe erhielt dagegen keine Förderung – ein Umstand, der unseren heutigen ethischen Standards widerspricht. Im Alter von 36 Monaten wurden die Kinder erneut untersucht. Die Kinder der Interventionsgruppe wiesen im Schnitt einen durchschnittlichen kognitiven Entwicklungsstand auf. Die Kinder der Kontrollgruppe fielen deutlich dahinter zurück und jene Kinder, die neben dem sozialen auch ein biologisches Risiko aufwiesen, befanden sich an der Grenze zur kognitiven Minderbegabung (▶ Abb. 2.2). Auch wenn viele Punkte der Studie hinterfragt werden können, insbesondere der frühe Zeitpunkt einer Intelligenzdiagnostik, die ethischen Probleme des Studiendesigns etc., zeigt das Beispiel deutlich, wie stark sich Risiken aufaddieren können. Gleichzeitig unterstreicht die Studie eindrucksvoll die Bedeutung früher Förderung von Kindern.

2 Lernstörungen und Schulversagen

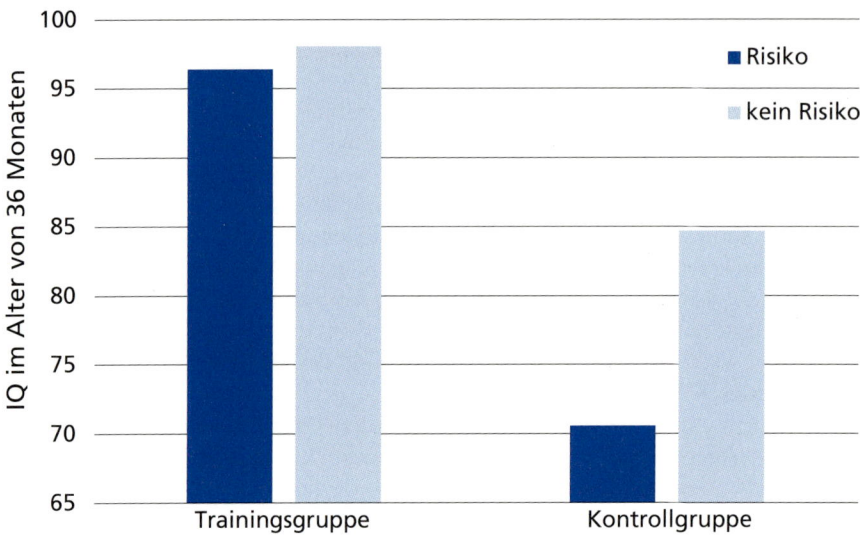

Abb. 2.2: Vorschulisches Training kognitiver Fertigkeiten bei Kindern aus sozial benachteiligten Familien (Zeskind & Ramey, 1981). Die negativen Auswirkungen sozialer und biologischer Risiken addieren sich nicht nur (Kontrollgruppe), sondern sie können durch eine frühe intensive Förderung zumindest teilweise kompensiert werden.

2.4 Exkurs: Wie entstehen Normwerte?

Normwerte dienen der Einschätzung der relativen Stellung einer Person in Bezug auf eine Vergleichspopulation. Bezogen auf kognitive Fähigkeiten sind sie gleichzeitig ein Schätzer für die altersspezifische Ausprägung latenter Eigenschaften wie Intelligenz, Lesefähigkeit, Rechenfähigkeit etc. (A. Lenhard et al., 2019), die normalerweise eine Normalverteilung aufweisen. Wie kommt das zustande?

Ein Gedankenexperiment: Nehmen Sie eine Münze und werfen Sie diese zehnmal. Bilden Sie eine Summe und zählen Sie immer dann, wenn Sie Kopf erhalten, einen Punkt hinzu, bei Zahl ziehen Sie einen Punkt ab. Sie können die Wahrscheinlichkeit des spezifischen Ausgangs genau berechnen. Dies geschieht durch eine Bernoulli-Kette auf der Basis eines Binomialprozesses. Es ist dabei unwahrscheinlich, dass Sie einen extremen Wert erhalten, also beispielsweise immer nur Kopf oder immer nur Zahl werfen. Dementsprechend ist es sehr unwahrscheinlich, dass Sie plus oder minus zehn erhalten, doch je näher Sie sich der Null nähern, desto wahrscheinlicher wird das Ergebnis. Im konkreten Fall erhalten Sie in 25 % der Fälle eine 0. Erhöht man nun die Anzahl der Würfe auf 100 und führt das Experiment sehr häufig durch, dann nähert sich diese Kurve immer stärker einer Normalverteilung an. Wenn also viele Ereignisse unabhängig voneinander additiv zusammenwirken und ein solches Experiment sehr häufig durchgeführt wird, dann ergibt sich eine Normalverteilung.

Dieser Vorgang lässt sich nun auch auf komplexe menschliche Fähigkeiten anwenden. Immer dann, wenn unterschiedliche Faktoren sich aufsummieren und eine große Anzahl an Personen gegeben ist, dann wird die Verteilung einer Normalverteilung folgen. Wenn man diese Eigenschaft bei einer repräsentativen Stichprobe misst und das Messinstrument (z. B. ein standardisierter psychologischer Test) gut in allen Bereichen differenziert, dann wird sich auch hier eine Normalverteilung ergeben, die durch ihren Mittelwert und die sog. Standardabweichung (Wurzel des Durchschnitts des quadrierten Abstands der einzelnen Fälle vom Mittelwert) beschrieben werden kann. Kennt man diesen Mittelwert und die Standardabweichung, dann lassen sich in der Folge Normwerte, wie z. B. die IQ-Skala oder die T-Wert-Skala, berechnen und es lässt sich einschätzen, wie extrem ein Ergebnis ist. Um den Mittelwert, also +/– eine Standardabweichung, liegen mehr als 68 % der Personen (▶ Abb. 1.2) und man definiert diesen Bereich als den unauffälligen Normalbereich. Ein IQ zwischen 85 und 115 ist dementsprechend eine durchschnittliche Begabung. Je extremer der Abstand zum Mittelwert wird, desto weniger Fälle befinden sich in der Stichprobe. Oberhalb von +2 Standardabweichungen sind es noch 2,28 % und das Gleiche gilt auch für den Bereich ≤ –2 Standardabweichungen. Im ersten Fall spricht man von einer kognitiven Hochbegabung, im letzteren von einer kognitiven Minderbegabung.

Dies lässt sich nun nicht nur auf die Einschätzung eines individuellen Ergebnisses anwenden, sondern auch auf größere Gruppen. Bei einer Einwohnerzahl von 83 Millionen Menschen könnte man bei Normalverteilung des IQs davon ausgehen, dass sich in Deutschland 1,89 Millionen Menschen mit Hochbegabung und ebenso viele Menschen mit einer Minderbegabung befinden. Hochbegabungen und Minderbegabungen sind also zwar seltene Fälle, aber sie betreffen bei einer hinreichend großen Stichprobe dennoch sehr viele Menschen.

2.5 Enger gefasst: Lernstörungen

Lernstörungen sind definitorisch wesentlich präziser gefasst als allgemeine Lernschwächen. Es gibt sowohl im DSM-5 als auch in ICD-10 und ICD-11 spezifische Kriterien, ab wann von einer Lernstörung gesprochen werden kann. Alle Klassifikationsmanuale zählen Probleme im Lesen und Leseverständnis, im schriftlichen Ausdruck und dem Rechtschreiben und in mathematischen Fähigkeiten zu den Lernstörungen (▶ Kap. 4 und ▶ Kap. 5). Die Probleme müssen bei Lernstörungen folglich anders als bei einer Lernbehinderung auf spezifische Funktionsbereiche begrenzt sein. Als allgemein akzeptiert gelten die folgenden (Ausschluss-)Kriterien (ICD-11, »6A03 Developmental learning disorder«):

Spezifische Lernstörungen sind Probleme beim Lesen, (Recht-)Schreiben oder arithmetische Fähigkeiten, die sich durch eine stark unterdurchschnittliche Leistung im Vergleich zu gleichaltrigen Personen auszeichnen, zu einer deutlichen Einschränkung im Erwerb akademischer Fähigkeiten oder im Beruf führen und nicht durch eine der folgenden Ursachen erklärt werden können:

- kognitive Minderbegabung,
- Sinnesbehinderungen im Bereich Sehen und/oder Hören,
- Störungen der Motorik und neurologische Störungen,
- mangelnde Beschulung,
- mangelnde Sprachbeherrschung in der Unterrichtssprache,
- schwierige psychosoziale Lebensumstände.

In Deutschland legen die beteiligten wissenschaftlichen Fachgesellschaften auf der Basis der Klassifikationsmanuale und des aktuellen wissenschaftlichen Kenntnisstands die genaueren Kriterien fest, wie eine Lernstörungen diagnostiziert wird, und sie empfehlen Behandlungsstrategien (DGKJP, 2015, 2018).

Kurz zusammengefasst

Schulischer Erfolg hat viele Voraussetzungen, sowohl auf individueller Ebene (kognitive Aspekte: Intelligenz, Arbeitsgedächtnis, Aufmerksamkeitssteuerung, Vorwissen, Lernregulation; affektive Aspekte: Motivation, lernbegleitende Emotionen), aber auch auf sozialer und institutioneller Ebene (Unterstützung durch Eltern und Lehrkräfte, sozialer Hintergrund etc.). Lernprobleme können ihren Ursprung in allen diesen Aspekten haben. Man unterscheidet übergreifende, dauerhafte Leistungsprobleme (= Lernbehinderung) und spezifische Lernprobleme (= Lernstörungen). Eine Abgrenzung von Lernproblemen zum normalen Leistungsbereich ist nicht einfach, da die Diagnosekriterien zum Teil nicht kohärent sind und die Grenzziehung auch immer diskutiert werden kann.

Weiterführende Literatur

Wong, B. & Butler, D. L. (2012). *Learning About Learning Disabilities*. Amsterdam: Elsevier.
Gold, A. (2018). *Lernschwierigkeiten: Ursachen, Diagnostik, Intervention*. Stuttgart: Kohlhammer.
Hasselhorn, M. & Gold, A. (2013). *Pädagogische Psychologie: Erfolgreiches Lernen und Lehren*. Stuttgart: Kohlhammer.

Fragen

Welche Bedingungen führen zu einem Ausschluss der Diagnose einer Lernstörung?

- ☐ Die Leistung des Kindes weist einen Prozentrang von 25 auf.
- ☐ Das Kind hat nicht nur Probleme im Rechnen, sondern auch in der Rechtschreibung.
- ☐ Das Kind hat eine rasche Auffassungsgabe bei mündlichen Aufgabenstellungen, scheitert aber beim Lesen eines Textes.
- ☐ Es liegen Sinnesbehinderungen vor.

Auf welche Weise unterscheiden sich Lernbehinderungen von Lernstörungen?

- ☐ Eine Lernbehinderung wird nur dann diagnostiziert, wenn die Intelligenz mindestens im Normalbereich ist.
- ☐ Lernstörungen beziehen sich auf Schwierigkeiten in eng umgrenzten Fähigkeitsbereichen wie dem Lesen, dem Schreiben und dem Rechnen, wohingegen eine Lernbehinderung umfassend ist.
- ☐ Lernstörungen gehen schnell vorüber, Lernbehinderungen bleiben lange bestehen.
- ☐ Lernbehinderungen betreffen Kinder aus schwierigen sozialen Milieus, Lernstörungen dagegen die soziale Mittel- und Oberschicht.

3 Hochbegabung

Intelligenz und Hochbegabung sind schillernde Themengebiete, die im alltäglichen Sprachgebrauch von vielfältigen Fehlkonzepten und Mythen überlagert sind. Intelligenz gilt als äußerst erstrebenswerte Eigenschaft und viele Menschen vermuten bei sich oder wünschen sich selbst oder ihren Kindern eine möglichst hohe Ausprägung dieser Persönlichkeitseigenschaft. Gerade der häufige alltägliche Gebrauch führt zu einer Unschärfe und macht eine exakte wissenschaftliche Definition notwendig, erschwert diese aber zugleich. In dieses Buch aufgenommen wurde das Themengebiet, da es einerseits eine Besonderheit bei Kindern und Jugendlichen darstellt und andererseits mit spezifischen Bedürfnissen einhergehen kann. Während Probleme beim Lernen seit langer Zeit als Gegenstand spezieller pädagogischer Maßnahmen anerkannt sind, galt das Thema Hochbegabung – anders als im angloamerikanischen Bereich – in Deutschland nicht als Anlass für eine besondere Förderung. Dem lag möglicherweise die Überzeugung zugrunde, dass Hochbegabte ohnehin privilegiert seien und deshalb nicht auch noch besonders gefördert werden sollten (vgl. Stumpf, 2012, S. 12). Seit der Jahrtausendwende hat sich diese Einstellung gewandelt und Begabtenförderung ist heute ein selbstverständliches Element des deutschen Bildungssystems geworden.

Besondere Aufmerksamkeit für das Thema erwecken gelegentlich in den Medien erscheinende Wunderkinder (engl. »Prodigies«), bei denen es sich um Beispiele extrem beschleunigter Entwicklung handelt. Ein Beispiel hierzu ist Michel Kearney (geb. 18.01.1984 in Honolulu, Hawaii; vgl. Leal et al., 1995). Michael begann seine ersten Wörter bereits im Alter von 4 Monaten zu sprechen. Er verfügte mit 6 Monaten über einen komplexen Sprachausdruck (»Ich habe eine Infektion des linken Ohres« bei einer kinderärztlichen Untersuchung) und er begann mit 10 Monaten lesen zu lernen. Im Alter von 6 Jahren schloss er die High School ab, mit 8 Jahren ein Studium der Geologie und er galt lange Zeit als jüngste Person mit einem Hochschuldiplom. Im Alter von 16 Jahren schloss er sein erstes (Biochemie) und mit 18 sein zweites Masterstudium (Informatik) ab. Zu dieser Zeit trat er in diversen Gameshows auf, wo er hohe Preise (darunter 1 Million $ in der Sendung »Gold Rush«) gewann. Im Alter von 22 Jahren promovierte er in Chemie. Es ist schwer, den weiteren Lebensweg zu recherchieren, aber vermutlich beendete Michael anschließend seine wissenschaftliche Karriere. Er versuchte, von Rabattmarkensystemen und Gameshows zu leben, und er spielte zum Zeitpunkt der Erstellung dieses Buches in Improvisationstheatern in Nashville/Tennessee.

Sind solch extreme Beschleunigungen der Entwicklung, spektakuläre Bildungsabschlüsse und kuriose Biografien für Menschen mit Hochbegabung repräsentativ? Das

Kapitel stellt zunächst grundlegende Theorien und Ergebnisse zum Thema Intelligenz dar und fokussiert anschließend auf die besonderen Aspekte des Themengebiets Hochbegabung.

> **Lernziele**
>
> - Wissen über die Struktur von Intelligenz und die Aussagekraft des IQ,
> - Kenntnis der Definition von Hochbegabung,
> - Wissen über die besonderen Eigenschaften und Bedürfnisse hochbegabter Menschen,
> - Kenntnis von Fördermaßnahmen und -ansätzen.

3.1 Was ist Intelligenz und wie misst man sie?

Intelligenz ist keine direkt beobachtbare Eigenschaft, sondern ein Leistungspotenzial. Dieses Potenzial muss aus dem Verhalten einer Person erschlossen werden, beispielsweise darüber, wie schnell neues Wissen und neue Fertigkeiten erlernt werden, ob unbekannte Aufgabenstellungen gelöst werden können usw. Dies macht es sehr schwierig, eine klare, allgemein anerkannte Definition zu entwickeln, und bis heute gibt es unterschiedlichste Sichtweisen auf das Thema. Eine weithin akzeptierte Definition, die stellvertretend für die vielen anderen Definitionsversuche aufgeführt werden soll, stammt von David Wechsler, dem Begründer der Wechsler-Intelligenztestreihe: »Intelligence is the aggregate or global capacity of the individual to act purposefully, to think rationally and to deal effectively with his environment« (Wechsler, 1939, zitiert nach Wasserman, 2018, S. 38). Ähnlich schwierig wie die Einigung auf eine Definition ist die Operationalisierung des Konstrukts. Was bedeutet rationales und zielgerichtetes Handeln? Wodurch zeigt sich, dass eine Person sich effektiv mit der Umwelt auseinandersetzen kann?

Die Geschichte der Intelligenzforschung ist eng verbunden mit der Entwicklung des Fachs Psychologie an sich. Sie ist vielschichtig, kontrovers und aktuell noch nicht abgeschlossen und sie wurde von spannenden Persönlichkeiten geprägt. Die Wurzeln der Intelligenzforschung reichen bis in die zweite Hälfte des 19. Jahrhunderts zurück und der wissenschaftliche Diskurs drehte sich lange Zeit um die Frage, ob Intelligenz eine einheitliche Fähigkeit sei (bezeichnet als Generalfaktor »g«) oder ob es unterschiedliche und voneinander unabhängige Faktoren gebe. Heute herrscht ein breiter Konsens, dass beide Ansichten richtige Aspekte beinhalten und nicht miteinander im Widerspruch stehen. Das derzeit am breitesten akzeptierte sog. CHC-Modell (Synthese der verschiedenen Intelligenzmodelle der Autoren Carroll, Horn und Cattell), auf dem auch die bedeutendsten aktuellen Intelligenztests beruhen, integriert beide Annahmen auf unterschiedlichen Ebenen (vgl. W. J. Schneider & McGrew, 2018). Das Modell basiert auf der statistischen Analyse der Struktur der

Zusammenhänge von Teilleistungen vieler Millionen Menschen und weist eine hierarchische Struktur mit drei Ebenen (genannt Strata) auf: Auf Stratum I befinden sich die Ergebnisse der einzelnen Testskalen zu allen möglichen, denkbaren Einzelleistungen (Zahlen nachsprechen, Wörter erklären, Objekte in der Vorstellung rotieren, Zusammenhänge in Zahlenreihen erkennen ...). Basierend auf den Korrelationen zwischen den Einzelleistungen werden diese in Faktoren gruppiert (Stratum II), von denen es mindestens 8 gibt (fluide Intelligenz, kristalline Intelligenz, Arbeitsgedächtnis, visuelle Wahrnehmungsverarbeitung, auditive Wahrnehmungsverarbeitung, Abruf aus dem Langzeitgedächtnis, Verarbeitungsgeschwindigkeit und Reaktionszeit). Auch diese Faktoren korrelieren positiv miteinander und die Überlappung zwischen den Faktoren lässt sich zu einem Generalfaktor »g« der Intelligenz zusammenfassen (= Stratum I, ▶ Abb 3.1).

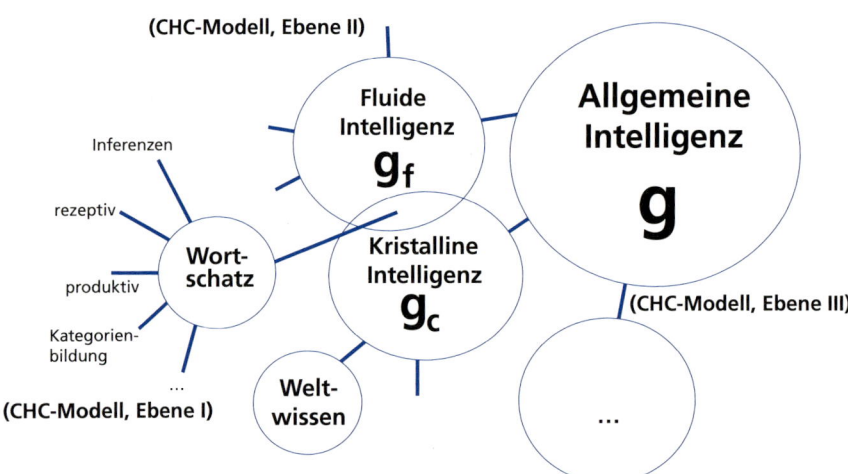

Abb. 3.1: Das CHC-Rahmenmodell definiert Intelligenz als hierarchische Struktur, mit den konkreten Einzelleistungen auf Ebene 1, die sich zu Intelligenzfaktoren auf Ebene 2 gruppieren. Die allgemeine Intelligenz (Ebene 3) ist der gemeinsame Anteil, der sich aus den Intelligenzfaktoren extrahieren lässt. Manche Teilleistungen, wie z. B. Operationen zum Wortschatz, können verschiedene Faktoren vorhersagen, wie z. B. kristalline Intelligenz (erworbene Fähigkeiten und Wissen) und fluide Intelligenz (»flüssiges« Denken, z. B. schlussfolgerndes Denken).

Die erste Publikation des CHC-Modells (Carroll, 1993) basierte auf 69 Einzelleistungen. Eine solche Vielzahl würde einen enormen Aufwand für eine Intelligenzmessung bedeuten. Glücklicherweise ist es nicht notwendig, alle diese Informationen zu erheben, um die Intelligenz einer Person zu bestimmen. Es ist einerseits bekannt, welche Leistungen am höchsten auf einem Intelligenzfaktor auf Stratum II laden (d. h. diesen am stärksten vorhersagen), und auch die Ladungen der Faktoren auf dem Generalfaktor sind bekannt. Ein Beispiel hierfür wäre der Wortschatz und die Fähigkeit, Wortbedeutungen zu erklären, was einerseits Erlerntes und somit die kristalline Intelligenz und andererseits den flexiblen Umgang mit erlerntem Material und somit die fluide Intelligenz vorhersagt. Auf diese Weise lassen sich bereits mit einer kleineren Anzahl an Skalen die Intelligenzfaktoren und die allgemeine Intelligenz hinreichend genau bestimmen. Beispielsweise umfassen die Wechsler Intelligence Scales for Children – Version V (WISC5; dt. Herausgeber: Petermann, 2017) fünf Intelligenzfaktoren, die jeweils durch 2 Untertests gemessen werden. Andere Tests wie der KABC-II (Melchers & Melchers, 2015) verwenden andere Zusammensetzungen an Intelligenzfaktoren und Untertests, lassen sich aber über das CHC-Rahmenmodell in die gleiche Struktur einpassen. Da verschiedene, auf dem aktuellen Stand der Forschung konstruierte Intelligenztests zu ähnlichen Ergebnissen kommen, lässt sich zudem eine weitere althergebrachte Aussage (Boring, 1923) entkräften: Intelligenz ist nicht alleine das, was der Intelligenztest misst, sondern es ist eine Persönlichkeitseigenschaft, die unabhängig von der konkreten Ausgestaltung von Testverfahren existiert und die zukünftige Leistungen vorhersagen kann.

Da die Ergebnisse von Skalen und Intelligenztests aufgrund der unterschiedlichen Anzahl und Schwierigkeit von Aufgaben und der Verteilungsunterschiede in den Ergebnissen nicht direkt verglichen werden können, müssen die erzielten Rohwerte in Normwerte transformiert werden. Im Bereich der Intelligenzmessung ist der Intelligenzquotient (IQ) die am häufigsten verwendete Skala, aber es finden sich auch verschiedene andere Metriken, wie Prozent-, T-, Standardwerte etc. In der Frühzeit der Intelligenzmessung versuchte man zunächst, die Höhe der Leistung in Intelligenztests einem bestimmten Lebensalter zuzuordnen, wie z. B. Binet in Form von Mentallevels oder Stern mit der ursprünglichen Fassung des Intelligenzquotienten (IQ) als Quotient aus Intelligenzalter/Lebensalter × 100 (vgl. Wasserman, 2018). Da sich die Leistung nicht linear entwickelt und sich im Erwachsenenalter später sogar umkehrt und da nichts über die Verteilungsbreite in einem Altersbereich ausgesagt werden kann, wurden diese Altersdefinitionen weitgehend aufgegeben. Die heutige Definition des IQ als Normwert geht auf Wechsler (1939) zurück und repräsentiert unter Annahme einer Normalverteilung den Abstand eines Individuums vom Mittelwert in Standardabweichungen. Wie in Kapitel 2.4 (▶ Kap. 2.4) und Abbildung 1.2 (▶ Abb. 1.2) dargestellt, hat der IQ einen Mittelwert von 100 und eine Standardabweichung von 15 Punkten. Er erlaubt eine Wahrscheinlichkeitsaussage darüber, wie häufig ein Phänomen in einer Gesellschaft beobachtet werden kann. Theoretisch ist der IQ unbegrenzt, da die Normalverteilung von $-\infty$ bis $+\infty$ definiert ist. In der Realität lässt er sich nur im Bereich von 55 bis 145 zuverlässig bestimmen und in den Randbereichen auch nur mit großen Ungenauigkeiten, da die notwendige Normierungsstichprobe sehr groß sein müsste:

IQ 200 – ganz schön schlau! Oder eher nicht?

Nehmen wir an, wir könnten alle Personen eines Jahrgangs in Deutschland mit einem Test untersuchen, der beliebig feine Abstufungen erlaubt und keine Boden- und Deckeneffekte aufweist. Vergeben wir nun jeder Person einen Rangplatz und weisen der Person mit dem niedrigsten Ergebnis den Wert 0 zu und dem höchsten Ergebnis den Rang 699 999. Ermitteln wir anschließend den höchsten relativen Rang, indem wir 699 999 durch 700 000 teilen. Wir erhalten einen Wert von 0,99999857. Dies ist der Prozentrang der leistungsfähigsten Person. Um nun einen

IQ zu erhalten, müssen wir eine sog. inverse kumulative Normalverteilung anwenden und den erhaltenen z-Wert in einen IQ-Wert (M = 100, SD = 15: IQ = z × 15 + 100) umwandeln. Wir erhalten einen IQ von 162,7. Das ist theoretisch der höchste erreichbare Wert bei einer bundesdeutschen Stichprobe. Treiben wir das Gedankenspiel noch einen Schritt weiter und legen einen extremeren Wert zugrunde. Gehen wir beispielsweise davon aus, dass wir alle 7 Milliarden Menschen weltweit mit einem Test untersuchen könnten, so ergäbe sich bei der gleichen Vorgehensweise ein Wert von 176,98. Zuweilen finden sich in populärwissenschaftlichen Medien Angaben über den IQ historischer oder lebender Personen, die bei 200 oder darüber liegen. Um einen solchen Wert erreichen zu können, wären die Daten von ca. 10 Billionen Individuen notwendig, ein Wert, der es erfordern würde, neben unserem Planeten noch eine ganze Reihe weiterer Sonnensysteme mit intelligentem Leben zu untersuchen.

Fazit: Wird für eine Person ein IQ-Wert über 160 angegeben, so handelt es sich mit an Sicherheit grenzender Wahrscheinlichkeit um eine sozial geschickte, aber wissenschaftlich sehr wenig fundierte Einschätzung. Solche Ergebnisse können de facto nicht erreicht werden und entsprechende Aussagen sind unsinnig.

Eine weitere Einschränkung liegt im Altersbereich, ab dem die Intelligenz sinnvollerweise gemessen werden kann. Da sich die absolute Intelligenzleistung im Laufe des Lebens kontinuierlich verändert, geht es dabei nicht um die absolute Höhe der Leistung (im Sinne von in einem Test erzielten Rohpunkten), sondern die Frage bezieht sich einerseits auf die Präzision der Messung und andererseits darauf, ab wann der Rangplatz einer Person in einer Bevölkerung und die Struktur der Intelligenz hinreichend stabil ist. Was die Struktur des Intelligenzkonstrukts angeht, kann ab dem 7. Lebensjahr von einer hinreichend guten und ab 8 bis 10 Jahren von einer hohen Stabilität ausgegangen werden (Rost, 2013, S. 412), sodass langfristige Prognosen prinzipiell möglich sind. Hinsichtlich der Rangstabilität sind frühestens ab dem Alter von 5 Jahren hinreichend genaue Aussagen möglich (Rost, 2013, Kap. 8.3). Eine Intelligenzuntersuchung im Vorschulalter ist dementsprechend wenig verlässlich und erlaubt nicht die Prognose der Entwicklung oder die im Erwachsenenalter erreichte Höhe des IQ. Untersuchungen bei Kindern bieten sich dementsprechend frühestens zur Einschulung oder im Grundschulalter an und auch hier gilt wiederum: Sensationsmeldungen über hochbegabte Klein- und Vorschulkinder sollten mit Vorsicht aufgenommen werden. Viele Vorschulkinder sind in der Lage, einen hohen Grad an Expertise in ganz bestimmten Wissensbereichen zu erwerben. Möglicherweise liegt eine Hochbegabung vor, aber eine definitive Aussage lässt sich vor dem Schuleintritt kaum machen.

> Fazit: Aus heutiger Sicht ist Intelligenz die gemeinsame Essenz kognitiver Leistungen, also das, was alle verschiedenen Leistungen gemeinsam haben. Die allgemeine Intelligenz (g-Faktor) ist das beste allgemeine Maß zur Vorhersage der allgemeinen Leistungsfähigkeit. Die Messung der Intelligenz erfolgt i. d. R. auf der IQ-Skala, deren Werte sich in der Realität maximal zwischen 40 und 160 bewegen können. Eine Messung des IQ und eine Vorhersage der späteren Entwicklung ist erst ab dem Grundschulalter hinreichend genau möglich.

3.2 Theoretische Modelle zur Hochbegabung

Ähnlich wie im Bereich Intelligenz existieren in Bezug auf den Begriff Hochbegabung viele Alltagstheorien und Überzeugungen, was eine Person mit Hochbegabung ausmacht (für eine Übersicht über Modelle s. Preckel & Vock, 2013, Kap. 1). In der Literatur existieren gleichermaßen viele unterschiedliche und mitunter unscharfe Definitionen (vgl. Rost, 2013, S. 229), sodass eine quantitative Abgrenzung über den IQ den bislang brauchbarsten Ansatz darstellt. Eine solche Festlegung eines Schwellwerts bei einer kontinuierlich verteilten Eigenschaft wie dem IQ stellt immer auch eine willkürliche Grenzziehung dar, deren Validität zudem von der Messunsicherheit reduziert wird. So weisen Messergebnisse selbst bei qualitativ hochwertigen Tests ein Unsicherheitsintervall von 10 bis 15 IQ-Punkten auf. Es stellt sich deshalb die Frage, ob es wirklich gerechtfertigt ist, eine Person mit IQ 130 als hochbegabt zu bezeichnen, einer Person mit geringfügig niedrigerem IQ trotz des minimalen Unterschieds ein solches Label aber vorzuenthalten. Trotz dieser Kritikpunkte gilt ein IQ ≥ 130 (bzw. ein Prozentrang ≥ 97,8) als das derzeit allgemein akzeptierteste Kriterium zur Feststellung einer Hochbegabung, aber man sollte sich in jedem Fall dessen bewusst sein, dass es bei diesem Wert keinen qualitativen Sprung gibt und die Unterschiede nur graduell sind. Wenn es um Förderentscheidungen geht, spielt das Kriterium ohnehin eine untergeordnete Rolle.

Wesentlich wichtiger dagegen ist die Unterscheidung zwischen hoher Leistung auf der einen und hoher Begabung auf der anderen Seite. Aus Sicht der Lehrkräfte liegt es nahe, Schülerinnen und Schüler mit hoher Leistung als hochbegabt einzustufen, jedoch ist es keineswegs sicher, dass Kinder und Jugendliche ihr Leistungspotenzial auch tatsächlich ausschöpfen können. Würde eine Entscheidung ausschließlich post hoc anhand der tatsächlichen akademischen Leistung getroffen, so wären per Definition alle Personen nicht begabt, wenn sie hinter ihrem Leistungspotenzial zurückbleiben. Die Durchführung eines IQ-Tests stellt dementsprechend eine unverzichtbare Informationsquelle dar, wenn es um die Feststellung einer Hochbegabung geht.

Über diese sehr einfach gehaltene Definition anhand des IQ hinaus gibt es jedoch noch eine Reihe an Modellen, die Hochbegabung von theoretischer Seite zu erklären versuchen und nicht ausschließlich auf Intelligenzmodelle zurückgreifen. Zwei dieser Modelle sollen kurz beleuchtet werden: Das sehr populäre Modell von Renzulli (1978) definiert beispielsweise Hochbegabung als Schnittmenge aus hoher Motivation, hoher Kreativität und hoher Intelligenz (▶ Abb. 3.2).

Während das Modell unmittelbar plausibel erscheint, ergeben sich eine Reihe an Schwierigkeiten, die unter anderem aus der unscharfen Definition resultieren. Renzulli (1978) definierte nicht, wie diese Faktoren zusammenwirken. Wie ist es beispielsweise zu sehen, wenn Jugendliche mit hohen intellektuellen Fähigkeiten unmotiviert sind? Dem Modell entsprechend läge in diesen Fällen keine Hochbegabung vor, auch wenn die Personen ein hohes Potenzial aufweisen. Es ist zudem schwer, auf der Basis des Modells konkrete Entscheidungen zu treffen, da nicht klar ist, wie Kreativität definiert ist und man sie diagnostizieren könnte. Generell scheint es sich

3 Hochbegabung

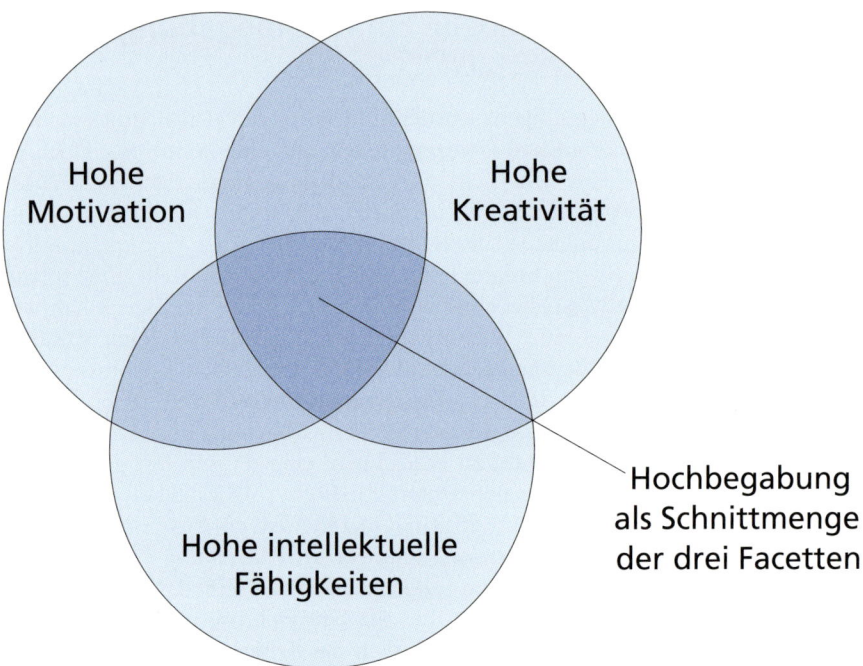

Abb. 3.2: Das Modell der Hochbegabung nach Renzulli (1978) sieht Hochbegabung als Schnittmenge hoher intellektueller Fähigkeiten, hoher Motivation und hoher Kreativität.

eher um ein Modell zu handeln, das hohe Leistung beschreibt, aber Phänomene wie »Underachievement« nicht erklären kann. Umwelteinflüsse werden zudem nicht thematisiert.

Ein multifaktorielles Modell, das den Unterschied zwischen Begabung und Leistung herausarbeitet, ist das Münchener Hochbegabungsmodell nach Heller (2006). Es definiert drei wesentliche Bereiche, die Leistung bedingen und die miteinander in Wechselwirkung stehen: die Begabungsfaktoren, nicht kognitive Persönlichkeitsmerkmale und Umweltfaktoren (▶ Abb. 3.3). Das Modell gehört zu den prominentesten Hochbegabungsmodellen, da es die Probleme des Renzulli-Ansatzes überwindet und Hochbegabung sehr breit definiert. So gehören zu den Begabungsfaktoren neben intellektuellen auch soziale oder musische Fähigkeiten. Auf Leistungsseite finden sich auch nicht kognitive Leistungen wie Sport, kreative Produkte oder soziale Beziehungen. Hierin liegen aber auch große Kritikpunkte, da viele dieser Aspekte nicht gut gemessen werden können, und zum anderen ist es fraglich, ob beispielsweise soziale Beziehungen unter einem Leistungsaspekt gesehen werden können. Was ist eine gute und was ist eine schlechte Beziehungsentscheidung? Mit dem Renzulli-Modell teilt es den Nachteil, dass die Wechselwirkung der Faktoren unklar bleibt. Insgesamt betrachtet ist es eine Modellvorstellung von großem heuristischen, aber begrenztem empirischen Wert, dessen Stärke darin liegt, Potenzial und Leistung klar voneinander abzugrenzen.

3.3 Diagnose von Hochbegabung

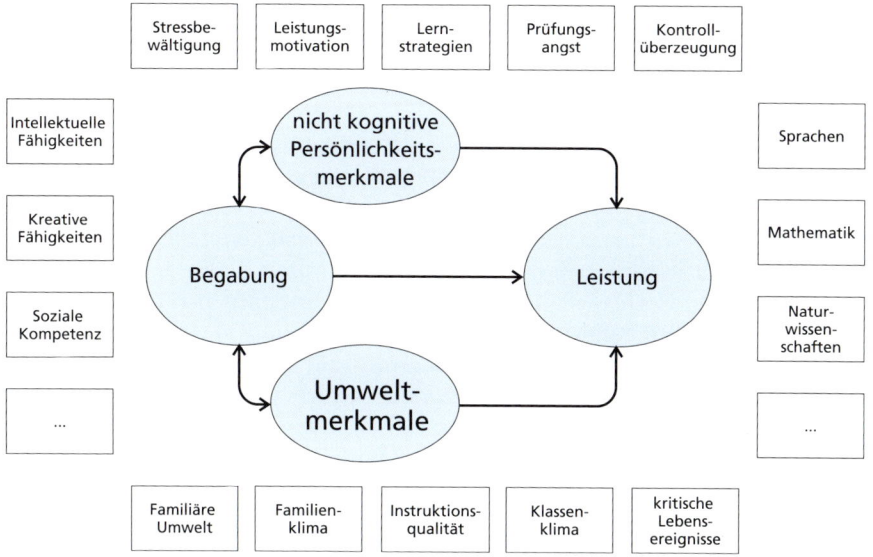

Abb. 3.3: Das Münchener Hochbegabungsmodell definiert als Bedingungsfaktoren hoher Leistung die individuellen Begabungsfaktoren, nicht kognitive Merkmale und Umweltbedingungen.

> Als Fazit lassen sich die folgenden Punkte festhalten:
>
> - Eine Hochbegabung ist die Fähigkeit, hohe Bildung zu erwerben und hohe Leistung zu erbringen.
> - Ob es gelingt, das Leistungspotenzial in Leistung umzusetzen, hängt von der sozialen Unterstützung (z. B. Qualität des Unterrichts) und nicht kognitiven Merkmalen (z. B. Leistungsmotivation) ab.
> - Werden Kinder optimal, d. h. gemäß ihrem individuellen Potenzial, gefördert, dann entwickeln sie sich mit unterschiedlichem Tempo. Die Schere zwischen leistungsstärkeren und leistungsschwächeren Kindern einer Klasse wird bei optimaler Förderung über die Zeit nicht kleiner, sondern größer!

3.3 Diagnose von Hochbegabung

Für die Diagnose von Hochbegabung können verschiedene Informationsquellen herangezogen werden, die jedoch unterschiedlich belastbare Informationen liefern. Erschwert wird die Diagnose zudem durch unterschiedliche Modellvorstellungen und damit einhergehend stellt sich die Frage, ob eine Hochbegabung in erster Linie als hohe kognitive Fähigkeit zu verstehen ist oder auch kreative und motorische Leistungen umfasst. In der Praxis kommen die folgenden Informationsquellen zur Anwendung:

- *Selbsteinschätzungen und Einschätzungen durch Gleichaltrige und Eltern:* Selbstzuschreibungen von Hochbegabung stimmen nur wenig mit psychometrischen Ergebnissen überein (vgl. Preckel & Vock, 2013, S. 134). Auch Einschätzungen durch Gleichaltrige und Eltern unterliegen Verzerrungen und sind vermutlich wenig valide. Eltern neigen insbesondere dazu, die Fähigkeiten ihrer Kinder zu überschätzen, sodass sie zwar Hochbegabungen recht zuverlässig erkennen, darüber hinaus auch jedoch viele andere Kinder ohne herausragende Begabung so eingeschätzt werden (jeweils im Vergleich zu psychometrisch gemessener Intelligenz). Auf Elternurteile sollte deshalb vor allem dann zurückgegriffen werden, wenn keine weiteren Daten verfügbar sind, beispielsweise bei retrospektiven Untersuchungen der Entwicklung in frühen Entwicklungsabschnitten (Rost & Buch, 2018, S. 232).
- *Urteil der Lehrkraft*: In der Marburger Längsschnittstudie untersuchten Rost und Hanses (1997), wie gut Lehrkräfte im Grundschulbereich Kinder mit Hochbegabung erkennen können. Sie unterschieden dabei hochbegabte Kinder, die eine Schulleistung erbrachten, die ihrem Potenzial entsprach (sog. »Achiever«), und jene Kinder, die hinter ihrem Potenzial zurückblieben (sog. »Underachiever«). Als Begabungskriterium wurden verschieden strenge Definitionen verwendet, nämlich zu den 4 % (entspricht IQ ≥ 126), 8 % (entspricht IQ ≥ 121) und 24 % (entspricht IQ ≥ 110) der Intelligentesten gehörend (▶ Tab. 3.1). Je strenger das Intelligenzkriterium war, desto geringer fiel der Anteil der korrekt erkannten Kinder aus und hiervon waren vor allem die Underachiever betroffen. Lehrkräfte diagnostizieren folglich basierend auf der tatsächlich erbrachten Leistung, sodass hochbegabte Underachiever mit hoher Wahrscheinlichkeit nicht erkannt werden. Natürlich variiert die diagnostische Kompetenz von Person zu Person, aber das Urteil der Lehrkräfte weist insgesamt systematische Verzerrungen auf (Preckel & Vock, 2013, S. 131). So wird beispielsweise bei Jungen deutlich häufiger von Lehrkräften eine Hochbegabung vermutet als bei Mädchen, da hohe Leistungen bei Jungen eher auf Fähigkeit, bei Mädchen dagegen stärker auf Anstrengung zurückgeführt werden (z. B. Räty et al., 2002).

Tab. 3.1: Klassifikation hochbegabter Schülerinnen und Schüler durch Lehrkräfte der Grundschule

Anteil korrekt identifizierter Kinder	streng (4 %; IQ ≥ 125)	mäßig streng (8 %; IQ ≥ 121)	weich (24 %; IQ ≥ 110)
Underachiever	0 %	10 %	30 %
Achiever	41 %	57 %	92 %

Anmerkung: Underachiever, deren schulische Leistungen deutlich hinter ihrem kognitiven Potenzial zurückbleiben, werden nur selten erkannt (Daten basierend auf Rost & Hanses, 1997; s. auch Rost & Buch, 2018, S. 233). Je nach Strenge des Auswahlkriteriums (z. B. »gehört zu den 4 % intelligentesten Schülern«) ist diese Fehleinschätzung besonders stark.

- *Checklisten*: Da das Urteil von Lehrkräften und Eltern begrenzt aussagekräftig ist, wurden viele Checklisten erstellt, die die Erkennung hochbegabter Kinder und Jugendlicher verbessern sollen. Leider sind viele dieser Fragebögen nicht valide, da sie Merkmale enthalten, die für Hochbegabte nicht typisch sind und in denen die Bewertung sehr subjektiv gefärbt ist. Ihr Nutzen zur Verbesserung der Einschätzung durch Eltern und Lehrkräfte ist deshalb leider sehr begrenzt (Preckel & Vock, 2013, S. 133).
- *Intelligenztests:* Die pragmatischste und zugleich verlässlichste Informationsquelle für die Diagnose einer Hochbegabung stellen zur Zeit Intelligenztests dar. Es empfiehlt sich die Verwendung eines etablierten Verfahrens mit einer breiten Intelligenzkonzeption und einer guten Differenzierungsfähigkeit in allen Leistungsbereichen. Dies ist beispielsweise bei den Testverfahren der Wechsler-Intelligenztestreihe gegeben (z. B. für den Kinder- und Jugendbereich der WISC-V). Durch die Breite des abgedeckten Konstrukts lässt sich in diesem Fall nicht nur die absolute Leistungshöhe im Sinne des g-Faktors ermitteln, sondern auch Begabungen in Teilbereichen und ggf. vorhandene Schwächen, die einen limitierenden Faktor darstellen und bei der Ermittlung von Gründen für Underachievement helfen können. Typischerweise wird als Grenzwert ein IQ von 130 festgelegt, jedoch sollte angesichts der zu berücksichtigenden Unsicherheit von Testergebnissen und der nur kleinen, graduellen Unterschiede bei Differenzen von wenigen IQ-Punkten dieser Wert nicht zu streng gehandhabt werden.

3.4 Entwicklung und Probleme hochbegabter Personen

Es ranken sich zahlreiche Mythen um Verhaltensprobleme bei hochbegabten Personen. Per Definition verfügen sie über eine hohe Intelligenz, sodass dieser Punkt unstrittig ist, aber dagegen hält sich hartnäckig die Ansicht, dass im Gegenzug soziale Fähigkeiten gering ausgeprägt sind oder die Personen durch schulische Leistungsprobleme oder durch anstrengendes Verhalten auffallen (Stumpf, 2012, S. 55 ff.). In der Tat kann es eine Diskrepanz zwischen dem Leistungspotenzial und der eigentlichen Leistung geben (sog. »Underachievement«), wobei es sich dabei um eine erwartungswidrige Minderleistung handelt. Die Frage nach der langfristigen Entwicklung von Menschen mit Hochbegabung nicht nur im kognitiven, sondern auch im sozialemotionalen und physischen Bereich stand in der Tat auch bereits in den ersten großen Längsschnittstudien im Zentrum, von denen die Terman-Studie sicher die bekannteste ist.

3 Hochbegabung

> **Die »Terman-Studie«**
>
> Lewis M. Terman startete im Jahr 1921 mit der Untersuchung (Terman & Oden, 1959) einer Kohorte von Schülerinnen und Schülern, die von Lehrkräften als hochbegabt benannt wurden und deren hoher IQ (> 140) durch eine Testung des damals neuen Stanford-Binet-Intelligenztests bestätigt wurde. Es handelte sich also um eine methodisch nicht ganz einwandfreie Auswahl basierend auf einer selektiven Stichprobe, aus der zudem die späteren Nobelpreisträger James Watson und Richard Feynman aufgrund zu niedriger IQ-Ergebnisse ausgeschlossen worden waren. Die verbliebenen 1 521 Personen wurden bis ins Jahr 1995 untersucht, als diese im Schnitt 85 Jahre alt waren, um Stabilität der Intelligenz, Persönlichkeitsentwicklung und physische Entwicklung, Berufskarrieren etc. über die Lebensspanne zu erfassen. Es zeigte sich eine hohe Stabilität des IQ über die Zeit hinweg und ein starker Zusammenhang von IQ und Berufserfolg. Andererseits führte ein hoher IQ nicht zwangsläufig zu überragenden Karrieren. Besonders leistungsstarke Jugendliche (»high achievers«) neigten zwar dazu, in den frühen Perioden ihrer beruflichen Laufbahn erfolgreich zu sein, jedoch flachte die Geschwindigkeit der beruflichen Entwicklung ab, sodass die meisten Personen später nicht mehr deutlich aus der berufstätigen Bevölkerung herausstachen (Subotnik & Arnold, 1994). Eine Einschränkung ergibt sich aus der Selektion der Stichprobe: Da die Gruppe hinsichtlich des IQ eine extreme Auswahl darstellte und somit alle Teilnehmenden gleichermaßen über eine weit überdurchschnittliche Intelligenz verfügten, ist es wenig verwunderlich, dass in dieser Gruppe nicht-kognitive Variablen wie Motivation, Konzentration und Ausdauer, Unterstützung durch die Eltern und die Bildungsinstitutionen für spätere beständig herausragende Leistungen verantwortlich waren. Über den Vergleich innerhalb der Studiengruppe hinaus zeigten sich zudem auch hinsichtlich der körperlichen und psychischen Gesundheit eher günstigere Befunde bei Hochbegabten im Vergleich zur Normalbevölkerung.

Zahlreiche Studien zur Entwicklung von Hochbegabten (s. Stumpf, 2012, S. 61 ff., für einen Literaturüberblick) zeigen, dass diese Personen in der Regel nicht häufiger psychisch auffällig sind als normal begabte Menschen, sondern dagegen eher psychisch und physisch gesünder leben als die Normalbevölkerung. Sofern überhaupt Unterschiede nachgewiesen werden können, fallen diese i. d. R. zugunsten der Hochbegabten aus. Dies äußert sich in besserer psychosozialer Anpassung, niedrigeren Angstwerten und höherer intrinsischer Motivation. Anders ausgedrückt liegt der vornehmliche Unterschied zwischen Menschen mit hoher und normaler Begabung in den besonderen kognitiven Fähigkeiten der Hochbegabten, ohne dass hierdurch systematisch negative Effekte in anderen Bereichen entstehen.

Trotz dieser insgesamt sehr positiven Ausgangslage gibt es verschiedene Herausforderungen, vor denen Menschen mit überdurchschnittlicher oder hoher Begabung stehen können (vgl. Preckel & Vock, 2013, S. 88 ff.). Es handelt sich dabei wohlgemerkt um potenzielle Probleme im Einzelfall und nicht um Aspekte, die zwangsläufig auftreten müssen:

- *Asynchrone Entwicklung/Differenzen zwischen Entwicklungsbereichen*: Kinder können frustriert werden, da ihnen die Umsetzungsmöglichkeiten für Ideen fehlen, zu denen sie kognitiv bereits in der Lage sind. Hierdurch kann es bei Gleichaltrigen oder den Lehrkräften zu Missverständnissen kommen, da die Begabung nicht erkannt wird, da das Gesamtbild inhomogen ist. Auf diese Weise werden Potenzial und Fähigkeiten des Kindes unterschätzt.
- *Dauerhafte schulische Unterforderung*: Orientiert sich die Beschulung am chronologischen Alter und nicht an der Fähigkeit oder werden keine Möglichkeiten der Differenzierung gegeben, so kann der Unterricht dauerhaft unterfordernd sein und sich negativ auf die Motivation auswirken. Es entsteht Langeweile, da der Unterricht als bloße Wiederholung erlebt wird. Die für andere Kinder notwendigen Übungsphasen könnten für hochbegabte Kinder deutlich verkürzt werden. Als Folge der Unterforderung kann es bei einzelnen Kindern zur mangelhaften Erlernung von Arbeitstechniken kommen, da diese die Aufgaben auf der Basis ihrer kognitiven Fähigkeiten lösen können und in der Folge die Techniken nicht erlernen. Bei der später steigenden Komplexität der Inhalte werden diese jedoch notwendig werden und fehlen dann.
- *Maladaptiver Perfektionismus* (seltener): Kindern fällt es unter Umständen schwer zu begreifen, dass andere nicht die gleiche Leistungsfähigkeit haben oder Konzepte, die für sie einfach sind, nur schwer verstehen können. Es besteht eine Fehlerintoleranz gegenüber anderen und in Verbindung mit hohen Leistungsmotiven möglicherweise auch ein überhöhter Leistungsdruck sich selbst gegenüber.
- *Identitätsbildung und Furcht vor Stereotypen und Stigmatisierung*: Kinder und Jugendliche haben ein starkes Anschlussmotiv, dem das Herausstechen durch besondere Leistungen diametral entgegensteht. Es besteht ein Konflikt zwischen Leistung und Dazugehören, der besonders von Mädchen als unvereinbar erlebt wird. Sebastian (11 Jahre, 5. Klasse) bringt diese Entscheidung zwischen Isolation und Underachievement folgendermaßen auf den Punkt: »Entweder man schreibt gute Noten und wird als Streber bezeichnet, oder man schreibt schlechte Noten, um dazuzugehören. Aber dann sind manche schadenfroh. Dabei muss ich viel weniger lernen als andere. Die Streber sind also eigentlich die anderen.« Zudem wird von Hochbegabten eine hohe Leistung, aber gleichzeitig eine gute soziale Anpassung gefordert (»Be smart, but not too smart«; »Compete, but be nice«) – ein Konflikt, der in diesem Alter nur schwer lösbar ist.
- *Hochbegabung als Stressor für die Familie*: Entgegen der landläufigen Meinung sind es meist nicht die Eltern, die das Kind »pushen« wollen. Stattdessen treten Hochbegabungen meist auf, ohne dass Eltern besondere Fähigkeiten bei ihren Kindern forcieren würden, und stellen die Familie vor besondere Fragen. Hier geht es beispielsweise um Fragen wie den Zeitpunkt der Einschulung, das Überspringen von Klassen usw. Eltern, die selbst keine hohe Bildung genossen oder keine vergleichbaren kognitiven Fähigkeiten haben, sind u. U. mit diesen Aufgaben überfordert.
- *»Twice Exceptional Children«*: Weist das Kind verschiedene besondere Merkmale auf, wie z. B. die Zugehörigkeit zu stark unterprivilegierten Schichten, das Vorliegen einer ADHS oder von Lernstörungen bei gleichzeitiger Hochbegabung, so

können daraus besondere Identifikationsprobleme entstehen, die für das Kind schwer zu lösen sind. Große Diskrepanzen im Leistungsprofil sind zwar sehr selten, aber gleichzeitig auch besonders belastend, da die unterdurchschnittlichen Fähigkeitsbereiche für die Entwicklung wie ein Flaschenhals wirken können.

3.5 Förderung bei Hochbegabung

Die meisten hochbegabten Kinder und Jugendlichen durchlaufen ihre Schullaufbahn ohne größere Probleme und sie wissen oft auch nichts von ihrer besonderen Begabung. Es stellt sich also die Frage, ob es wirklich eine dezidierte Förderung von Kindern und Jugendlichen mit Hochbegabung braucht. Dafür spricht das im deutschen Grundgesetz (Art. 2) fixierte fundamentale Recht auf freie Entfaltung der Persönlichkeit. Bezogen auf das Bildungssystem bedeutet dies, das jedes Kind seinem Potenzial entsprechende Förderung erhalten sollte, unabhängig vom Begabungslevel der Person. Zudem wäre es schade, auf den gesellschaftlichen Nutzen besonderer Begabungen zu verzichten und nicht zuletzt sollten Gefahren ungünstiger Entwicklungen (▶ Kap. 3.4) abgewendet werden:

> »Die siebenjährige Ivon hat gehört, dass ihre acht Jahre ältere Schwester eine Hausarbeit schreiben soll. Von ihrer Mutter lässt sie sich erklären, was das ist ›eine Hausarbeit‹, und was man dafür machen muss. Begeistert macht sich Ivon in ihren Ferien daran, auch eine Hausarbeit zu schreiben. Sie leiht sich Bücher in der Bibliothek aus und schreibt per Computer eine gut gegliederte, reich bebilderte und ausführliche Arbeit über Seepferdchen, ihre Lieblingstiere. Als sie nach den Ferien ihrer Lehrerin glücklich das Werk überreicht, reagiert diese völlig überfordert: ›Das nimm erstmal wieder mit nach Hause, das ist noch nicht dran‹, und schenkt der Arbeit weiter keine Beachtung. Ivon ist tief gekränkt.« (Preckel & Vock, 2013, S. 149)

Es ist fraglich, ob das Mädchen Ivon aus dem Beispiel so schnell wieder Freude an der Erstellung von Hausarbeiten finden wird. Es ist schade, dass es der Lehrerin in dieser konkreten Situation nicht gelungen ist, das Geschenk zu würdigen. Ein pädagogischer Schlüsselmoment wurde verpasst und ein Kind frustriert, wo doch ein wenig Lob und Zuwendung bereits ausgereicht hätten, Ivon zur weiteren Vertiefung ihrer Fähigkeiten zu motivieren.

Die Fördermaßnahmen lassen sich in drei, nicht streng zu trennende Bereiche unterteilen (▶ Abb. 3.4; für eine vertiefte Darstellung s. Preckel & Vock, 2013, Kap. 5), nämlich der Anreicherung der schulischen Inhalte, der inneren und äußeren Leistungsgruppierung und dem beschleunigten Durchlaufen der Schullaufbahn.

Enrichment, also Anreicherung, zielt auf die Vermittlung tieferen und breiteren Wissens mittels inner-, vor allem aber außerschulischer Angebote. Hierzu gehören beispielsweise die individuelle Förderung durch Expertinnen und Experten, Ferienlager und Sommerschulen, Schülerakademie (z. B. in Form ganzjähriger Ergänzungskurse), ein Gasthörerstatus an Hochschulen (sog. »Frühstudium«), die Teilnahme an Wettbewerben (z. B. »Jugend forscht«) etc. Ziel dieser Maßnahmen ist dabei weniger,

3.5 Förderung bei Hochbegabung

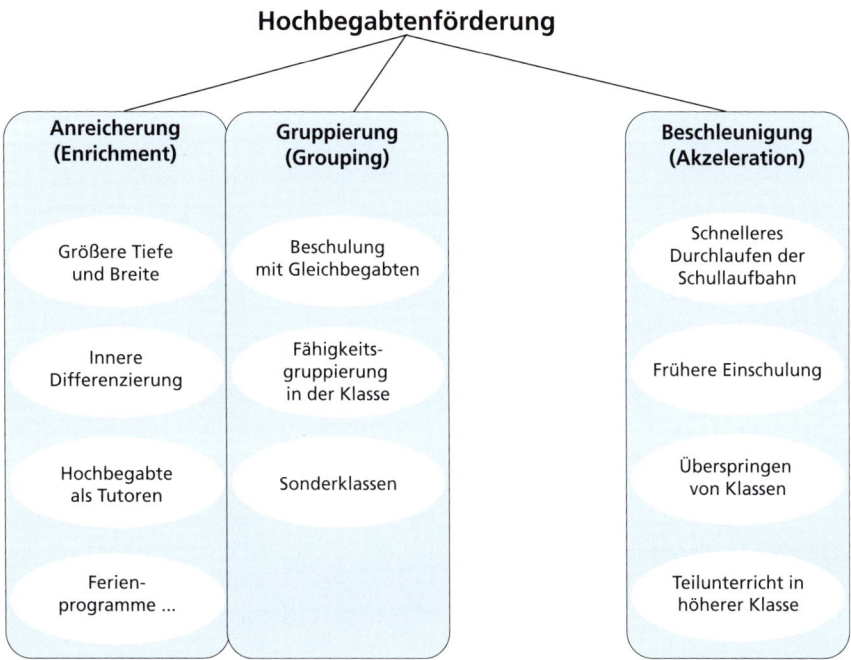

Abb. 3.4: Maßnahmen zur Förderung hochbegabter Schülerinnen und Schüler. Maßnahmen zur Anreicherung und Gruppierung überschneiden sich zum Teil und sie sind aus diesem Grund hier nahe beieinander dargestellt.

die schulischen Inhalte schneller zu durchlaufen, sondern durch anspruchsvollere Lerninhalte und höhere Stoffdichte eine bessere Passung des Unterrichts mit dem Fähigkeitsniveau zu erreichen. Nach derzeitiger Befundlage sind die Ergebnisse solcher Maßnahmen durchweg positiv, nicht nur im Hinblick auf die kognitive, sondern auch auf die sozioemotionale Entwicklung der Schülerinnen und Schüler (Kim, 2016).

Die Unterrichtung in homogenen Leistungsgruppen (sog. *Grouping*) kann sowohl als innerschulische Maßnahme im Rahmen von Differenzierung und Individualisierung im Unterricht erfolgen als auch durch Bildung eigener Klassen und Schulen für Kinder und Jugendliche mit Hochbegabung. Während die innere Differenzierung aufgrund der Leistungsheterogenität in den Klassen ein unerlässliches didaktisches Prinzip ist, kann diese durch den großen Abstand Hochbegabter zum Klassendurchschnitt schnell an praktische Grenzen kommen. Der Gedanke, die betreffenden Kinder und Jugendlichen in eigene Klassen und Schulen zu separieren, liegt also nahe. Während sich diese Formen von Sonderbeschulung hinsichtlich der Leistungsentwicklung insgesamt bewährt haben (Preckel & Vock, 2013, S. 177), stehen dem jedoch verschiedene Nachteile gegenüber. Zum einen widerspricht die gesonderte Beschulung dem Prinzip der Inklusion, zum anderen entstehen Nachteile hinsichtlich des Selbstkonzepts. Schülerinnen und Schüler, die zuvor aufgrund ihrer überragenden Leistung eine privilegierte Stellung im Klassenverband innehatten, erleben sich in Hochbegabtenklassen nur noch als durchschnittlich – ein

Effekt, der *Big-Fish-Little-Pond-Effekt (BFLPE)* genannt wird. Ein ähnlicher Effekt ist übrigens zu beobachten, wenn ein Kind aus einer Förderschule zur Lernförderung in die Regelschule wechselt. Zudem ist auch in Hochbegabtenklassen eine sehr große Leistungsheterogenität zu finden, sodass auch hier weiterhin eine innere Differenzierung notwendig ist. Aus diesen Gründen plädiere ich dafür, vor einer Sonderbeschulung in jedem Fall zuerst Maßnahmen aus dem Bereich Enrichment und Akzeleration zu prüfen, bevor Kinder aus dem Regelschulsystem ausgegliedert werden.

Die *Akzeleration* schließlich bezeichnet das schnellere Durchlaufen des Schulsystems, beispielsweise indem Kinder früher eingeschult werden oder Klassen überspringen. Während es zum früheren Einschulen kaum wissenschaftliche Untersuchungen gibt und vor allem Probleme im Arbeitsverhalten und der Motorik sehr früh eingeschulter Kinder gesehen werden, gilt das Überspringen von Klassen generell als eine sehr einfache und gut funktionierende Maßnahme, hochbegabten Schülerinnen und Schülern eine fähigkeitsspezifische Beschulung zu ermöglichen. Hinsichtlich der Leistungsentwicklung stellt sich die Befundlage als sehr positiv dar (Steenbergen-Hu & Moon, 2011), nicht nur im Hinblick auf die kurz- und mittelfristigen Effekte in der Schule, sondern auch in Bezug auf spätere akademische Karrieren in der Hochschule. Auch in sozioemotionaler Hinsicht profitieren beschleunigt beschulte Personen im Vergleich zu Personen, die die Schule normal durchlaufen. Als Voraussetzung für ein erfolgreiches Überspringen von Klassenstufen sehen Preckel und Vock (2013, S. 163) weit über dem Durchschnitt liegende Leistungen in Deutsch und Mathematik, in höheren Jahrgängen aber auch in weiteren Sachfächern, eine hohe Motivation, dem Überspringen von Klassen gegenüber aufgeschlossene Lehrkräfte, gute soziale Fähigkeiten und eine hohe Selbstständigkeit. Da gerade bei Underachievern einige dieser Punkte nicht gegeben sind (z. B. überdurchschnittliche Leistung), sollte im Einzelfall geprüft werden, ob ein Überspringen auch bei suboptimalen Voraussetzungen dennoch sinnvoll ist.

Zusammenfassend lässt sich festhalten, dass es gute Hinweise auf die Wirksamkeit von Maßnahmen aus dem Spektrum aller drei Ansätze gibt und eine reiche Palette an Möglichkeiten zur Begabtenförderung verfügbar ist.

Kurz zusammengefasst

Das Persönlichkeitsmerkmal Intelligenz ist der gemeinsame Überlappungsbereich bzw. die Essenz aller kognitiven Leistungen und man bezeichnet diesen gemeinsamen Kern als g-Faktor. Er ist der beste allgemeine Prädiktor zukünftiger Leistungen. Von diesem allgemeinen g-Faktor lassen sich spezifischere Leistungen abgrenzen, die für spezifische Vorhersagen besser geeignet sind. Ab einem IQ von 130 wird aus psychometrischer Sicht von Hochbegabung gesprochen. Dies betrifft ca. 2,25 % der Menschen einer Population. Eine hohe Begabung hat das Potenzial zu hoher Leistung, führt aber nicht zwangsläufig zu hoher Leistung. Lehrkräfte erkennen in der Schule Hochleister sehr zuverlässig, nicht jedoch Kinder und Jugendliche, die ihr

Leistungspotenzial nicht ausschöpfen (sog. Underachiever). Intelligenztests können dabei helfen, betreffende Personen zu identifizieren. Hochbegabte kommen in der Regel im Schulsystem sehr gut zurecht. Die Förderangebote beziehen sich auf die Anreicherung von Inhalten (= *Enrichment*), das beschleunigte Durchlaufen der Schullaufbahn (= *Akzeleration*) oder die Bildung spezieller Klassen oder Beschulung in speziellen Schulen (= *Grouping*).

Weiterführende Literatur

Preckel, F. & Vock, M. (2013). *Hochbegabung: Ein Lehrbuch zu Grundlagen, Diagnostik und Fördermöglichkeiten.* Göttingen: Hogrefe.
Rost, D. H. (2013). *Handbuch Intelligenz.* Weinheim: Beltz.
Stumpf, E. (2012). *Förderung bei Hochbegabung.* Stuttgart: Kohlhammer.

> **Fragen**
>
> Nach Asendorpf (2004, S. 191) ist Hochbegabung die Fähigkeit zu hoher Bildung. Was meint er damit? (Single Choice)
>
> ☐ Hochbegabte Kinder und Jugendliche erwerben Wissen wesentlich schneller und entwickeln sich deshalb zu Menschen mit einem sehr breiten Wissen.
> ☐ Hochbegabte können eine hohe Bildung erwerben, müssen es aber nicht.
> ☐ Im Bildungsbereich tätige Menschen verfügen sowohl über einen hohen IQ als auch über eine gute Vorwissensbasis.
>
> Welche der folgenden Aussagen zum CHC-Modell sind zutreffend (Multiple Choice)?
>
> ☐ Das Modell postuliert 9 voneinander unabhängige Primärfaktoren.
> ☐ Es gilt mittlerweile als veraltet (Stand 2019).
> ☐ Es handelt sich um ein modifiziertes Cattell-Modell mit drei Hierarchieebenen.
> ☐ Das Modell enthält einen Generalfaktor der Intelligenz.
> ☐ Da es keine darauf aufbauenden IQ-Tests gibt, ist es vordringlich für die Theorie interessant.
>
> Eltern kommen zu Ihnen in die Beratung. Es ist Mai und die Eltern überlegen, ihr Kind im kommenden Schuljahr einzuschulen, da es ihrer Meinung nach hochbegabt ist. Kurz vor dem Beginn des Schuljahres wird das Kind seinen fünften Geburtstag feiern. Wie bewerten Sie die Aussage der Eltern aus psychometrischer Sicht? Welche Informationen würden Sie einholen, um zu entscheiden, ob eine vorzeitige Einschulung sinnvoll ist?

4 Lese-Rechtschreibstörung

Die Erfindung der Schriftsprache zählt ohne Zweifel zu den größten Errungenschaften der Menschheit und ohne sie wäre unsere heutige Zivilisation undenkbar. Diese Erfindung war so spektakulär, dass sie nur wenige Male in der Menschheitsgeschichte unabhängig voneinander gelang. Der Eintritt einer Gesellschaft in eine Epoche mit schriftlich verfügbaren Dokumenten markiert die Zeitenwende zwischen der Vorgeschichte und dem Beginn der Geschichtsschreibung. Auch für das Individuum bedeutet der Erwerb dieser Kulturtechnik einen unumkehrbaren Schritt. Für geübte Leserinnen und Leser fällt es mitunter sehr schwer, sich vorzustellen, wie es war, als sie als Kind noch nicht lesen konnten. Durch den Erwerb und die Automatisierung dieser Fähigkeit verändert sich die Wahrnehmungsverarbeitung unserer schriftsprachlich geprägten Umwelt und diese Änderung ist so fundamental, dass sie sogar als veränderte Aktivierung in unserem Gehirn nachweisbar ist (s. z. B. Dehaene, 2012).

Gerade aufgrund dieser enormen Bedeutung der Schriftsprache sind Einschränkungen im Erwerb des Lesens und Schreibens mit sehr weitreichenden Konsequenzen für schulischen und akademischen Erfolg, kulturelle Teilhabe und Lebensperspektiven verbunden. Der Schulalltag kann für die betreffenden Kinder zu einer Tortur werden. Die Einschränkungen reichen sehr schnell über den eigentlichen Schriftspracherwerb hinaus und strahlen auch auf andere Fächer aus, führen zu einer Begrenzung im Erwerb neuen, schriftsprachlich kodierten Wissens und sie belasten Selbstkonzept und Lernmotivation der betreffenden Kinder.

Lernziele

- Wissen über Vorläuferfähigkeiten (insbesondere phonologische Bewusstheit und anderer Determinanten) und den normalen Erwerb der Schriftsprache,
- Fähigkeit, das Phänomen Lese-Rechtschreibstörung (LRS) zu definieren,
- Fähigkeit, die Auftretenshäufigkeit einzuschätzen,
- Kenntnis von Fördermaßnahmen und schulrechtlichen Aspekten.

4.1 Der reguläre Erwerb der Schriftsprache

Zum Verständnis potenzieller Probleme im schulischen Schriftspracherwerb ist es wichtig, sich die Voraussetzungen für dessen Gelingen bewusst zu machen. Der schulische Schriftspracherwerb stellt nicht die »Stunde Null« dar, sondern er baut auf bereits vorschulisch erworbenen sprachlichen Kompetenzen und spezifischen Vorwissensinhalten auf. Zu den unmittelbar relevanten Aspekten gehören neben der allgemeinen Sprachentwicklung der Umfang des Wortschatzes, die phonologische Informationsverarbeitung (Kapazität des phonologischen Arbeitsgedächtnisses, phonologische Bewusstheit, Schnelligkeit der sprachlichen Informationsverarbeitung) und ggf. bereits vorhandenes schriftsprachliches Wissen wie z. B. die Kenntnis einiger Buchstaben (s. auch Marx, 2007, Kap. 2.2). Ein kleiner Teil der Kinder von etwa 2 % verfügt beim Schuleintritt sogar bereits über schriftsprachliche Kenntnisse, die zum Lesen einfacher Texte ausreichen (sog. »Frühleser«; Schneider, 2017, Kap. 5.1). Besonders intensiv beforscht wurde die phonologische Informationsverarbeitung, da sie sich als eine zentrale vorschulische Voraussetzung für den Einstieg in den Schriftspracherwerb herauskristallisierte. Das Fähigkeitsbündel untergliedert sich in die folgenden Aspekte:

1. *Kapazität des phonologischen Arbeitsgedächtnisses*: Sie spezifiziert, wie viele Einheiten gleichzeitig im seriellen Arbeitsgedächtnis behalten werden können, also beispielsweise die Menge an Einzellauten, Silben oder Wörtern. Gerade bei Leseanfängern spielt dieser Aspekt eine sehr große Rolle, da das Lesen nicht automatisiert ist und beim mühsamen, buchstabenweisen Rekodieren von Buchstaben in Laute eine hohe Gedächtnisbelastung entsteht.
2. *Phonologische Bewusstheit*: Sie umfasst die Fähigkeit, vom semantischen Gehalt von Sprache zu abstrahieren und die Lautstruktur analysieren und verändern zu können (Wagner & Torgesen, 1987). Sie wird weiter in phonologische Bewusstheit im weiteren Sinn unterteilt (Schneider & Näslund, 1999), wozu die Fähigkeit, Sprache in Wörter und Wörter in Silben zu zerlegen, Silben zu Wörtern zusammenzufügen und Silben austauschen zu können, gezählt wird. Zum anderen gibt es die phonologische Bewusstheit im engeren Sinn. Hierzu zählt die Fähigkeit zum Umgang mit Einzellauten, also beispielsweise die Erkennung des Anfangslautes eines Wortes oder die Fähigkeit, Laute in Wörtern austauschen zu können. Die phonologische Bewusstheit gilt als Steigbügelhalter für den Eintritt in den Schriftspracherwerb, da die Fähigkeit zum Umgang mit der Lautstruktur der Sprache für den Erwerb des alphabetischen Prinzips sehr wichtig ist. Zudem gilt sie als sehr gut förderbar, sodass über lange Zeit für die Prävention schriftsprachlicher Probleme ein starker Fokus auf die vorschulische Förderung der phonologischen Bewusstheit gelegt wurde.
3. *Geschwindigkeit der sprachlichen Informationsverarbeitung*: Die Geschwindigkeit ist ein Indikator für die Effizienz sprachlicher Verarbeitung und sie wird häufig über die Artikulationsgeschwindigkeit erfasst, beispielsweise, indem Kinder innerhalb einer kurzen Zeit möglichst viele Bilder benennen müssen. Die Benennungsgeschwindigkeit gilt als guter Indikator für die Entwicklung der Lesefähigkeiten.

4 Lese-Rechtschreibstörung

Mit Hilfe der phonologischen Informationsverarbeitung, den sprachlichen Kompetenzen (Wortschatz und syntaktische Fähigkeiten) und der Intelligenz lässt sich die Schriftsprachentwicklung im Laufe der Grundschulzeit bereits vor Schulbeginn relativ genau vorhersagen (▶ Abb. 4.1).

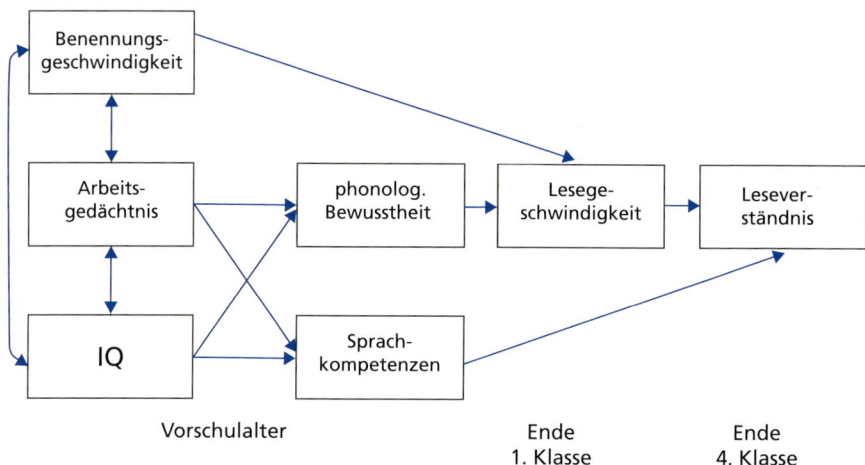

Abb. 4.1: Kausalmodell der Entwicklung von Lesegeschwindigkeit und Leseverständnis nach Ennemoser et al. (2012)

Nicht nur hinsichtlich der Prädiktoren, sondern auch in Bezug auf Entwicklungsabschnitte ist der Schriftspracherwerb sehr gut erforscht. Unter den vielen verfügbaren Modellen greife ich auf das weitverbreitete Frith/Günther-Modell zurück (ursprünglich durch Utah Frith für das Englische postuliert und im Deutschen durch Klaus Günther weiterentwickelt). Diesem Modell entsprechend existieren zumindest drei wesentliche Phasen im Schriftspracherwerb, nämlich die logographemische, die alphabetische und die orthografische Phase (▶ Abb. 4.2), die der Reihe nach durchlaufen werden:

1. Die *logographemische Phase* ist durch eine sehr frühe, ganzheitliche Worterkennung geprägt. Kinder beginnen vorschulisch mit Schrift zu experimentieren und sie erkennen Wörter anhand herausragender Eigenschaften. Es kann sich dabei um markante Firmenlogos handeln oder um den eigenen Namen. Es findet dabei noch nicht die für alphabetische Sprachen übliche Umwandlung von Buchstaben in Laute statt, sondern Wörter haben einen Symbolcharakter, ähnlich wie dies bei den Icons und Emoticons bei digitalen Bedienoberflächen für geübte Leser der Fall ist oder bei Straßenschildern, Wegweisern (Toilettensymbol, Haltestellenzeichen) usw. (auch Abkürzungen wie »usw.« fallen in diese Kategorie).
2. Die *alphabetische Phase* ist für die meisten Kinder schwerpunktmäßig mit dem Beginn des schulischen Schriftspracherwerbs verknüpft. Die Kinder erlernen die Zuordnung von bedeutungsunterscheidenden Lauten (Phonemen) zu Schrift-

zeichen (= Graphemen). Um den Lernprozess zu vereinfachen, werden typischerweise Buchstaben in dieser Phase nicht mit ihrem Buchstabennamen benannt, sondern nach ihren Phonemen, also »L« statt »ELL« für den Buchstaben L. Kinder versuchen, Wörter lauttreu zu verschriftlichen, und so produzieren sie Wörter, wie *Kompjuta* oder *Farat*, die rein phonetisch betrachtet korrekt sind, aber natürlich orthografischen Regeln widersprechen. Ebenfalls typisch für diese Phase ist es, dass Kinder in der Grundschule oftmals beim stillen Lesen die Worte mitflüstern, um durch die Koartikulation motorisch den Leseprozess zu unterstützen. Interessanterweise kann man dieses Phänomen oft auch beobachten, wenn Erwachsene versuchen, etwas Spiegelverkehrtes zu lesen. In diesem Fall ist kein Zugriff auf abgespeicherte Wortbilder möglich und es muss auf die alphabetische Strategie zurückgegriffen werden, um jeden Laut einzeln zu identifizieren. Auch viele Erwachsene beginnen dann leise mitzuflüstern.
3. Die Einschränkungen in der Rechtschreibung werden erst in der *orthografischen Phase* überwunden, in welcher Rechtschreib- und Satzbauregeln erlernt werden. Ein typischer Fehler für diese Phase ist die Übergeneralisierung, wie beispielsweise die Verschriftlichung von »a« (z. B. bei »Mama« und »Papa«) am Wortende durch »er«, da die Kinder gelernt haben, dass eine unbetonte Endsilbe wie »a« klingen kann, dann aber letztlich durch »er« verschriftet wird. Der Prozess des Erwerbs orthografischer Regeln und der Automatisierung zieht sich noch mindestens bis zum Ende des Grundschulalters hin und genau genommen erwerben wir als Erwachsene immer noch fortlaufend neue Wörter für unseren Sichtwortschatz. Dies gilt beispielsweise für neu eingewanderte Lehnwörter, die wir nicht anhand der Rechtschreibregeln des Deutschen verschriften können. Als Beispiel sei hier das Wort »downgeloaded« bzw. »gedownloadet« herausgegriffen, was gleichzeitig die enorme Flexibilität des deutschen Sprachsystems zur syntaktischen Integration eingewanderter Wörter veranschaulicht.

Geübten Leserinnen und Lesern stehen schließlich im Wesentlichen zwei Strategien zur Verfügung (▶ Abb. 4.3, Dual-Route-Cascaded-Model nach Coltheart et al., 2001): Wir erkennen Wörter sehr schnell mittels direkter Zuordnung von Schrift, Lautstruktur und Wortbedeutung (sog. direkte, lexikalische Route). Nach der Analyse des visuellen Inputs wird das Wort automatisch einem Eintrag im mentalen Lexikon zugeordnet und es erschließt sich unmittelbar der damit verknüpfte Bedeutungsgehalt. Über diese Zuordnung greifen wir ebenfalls auf unser phonologisches Lexikon zu, aus welchem wir die Aussprache des Wortes schöpfen. Wenn uns diese direkte Route nicht zur Verfügung steht, beispielsweise weil das Wort unbekannt oder der Leseprozess nicht automatisiert ist, dann bleibt uns zum anderen lediglich die mühsame indirekte Route über die Graphem-Phonem-Zuordnung. Die Wörter werden dann mühsam buchstabenweise rekodiert (sog. indirekte oder nicht-lexikalische Route).

Zwar handelt es sich beim Deutschen um eine sog. *seichte Orthografie* mit einer relativ konsistenten Zuordnung von Schriftzeichen zu Lauten bei gleichzeitig relativ komplexer Silbenstruktur (Seymour et al., 2003), jedoch ist der umgekehrte Weg, also die Verschriftung von Wörtern keineswegs so leicht und konsistent möglich, da meist viele verschiedene Varianten denkbar sind. Hierzu eine kleine Übung:

4 Lese-Rechtschreibstörung

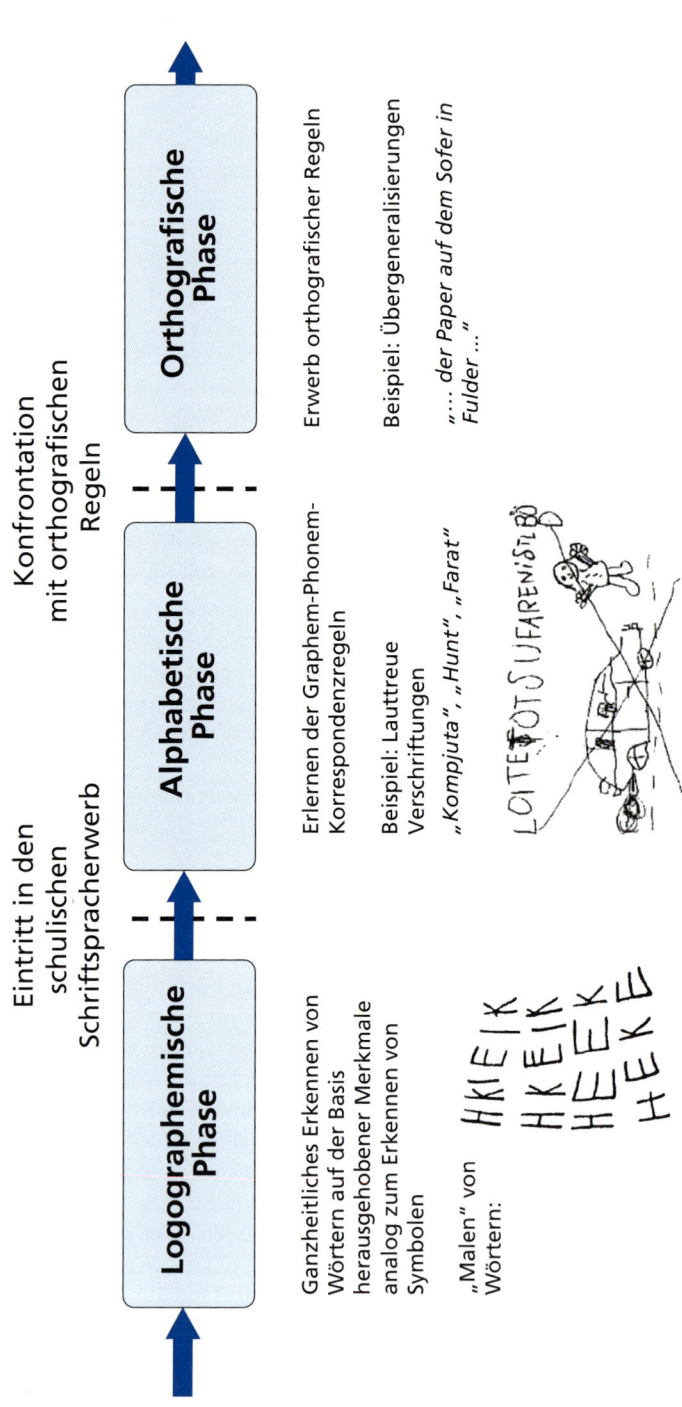

Abb. 4.2: Phasen des Schriftspracherwerbs nach Frith und Günther. Während in der logographemischen Stufe die Bestandteile von Wörtern noch nicht differenziert werden und spielerisch mit Schriftzeichen experimentiert wird (s. Namensschreibversuch von Heike im Alter von 4 Jahren, 10 Monaten; vgl. Twiehaus, 1979, zitiert nach Günther, 2004), beginnen die Kinder beim Schuleintritt Laute Buchstaben zuzuordnen. In diesem Alter verschriften Kinder unter Umständen die Lautstruktur der Sprache entsprechend, ohne dass sie bereits die Rechtschreibregeln kennen. Es schließt sich der Erwerb der Rechtschreibregeln, der Aufbau eines Sichtwortschatzes an und Kinder erwerben Wissen über Ausnahmen von den Regeln (»Merkwörter«), wie beispielsweise auch im Fall von Lehnwörtern.

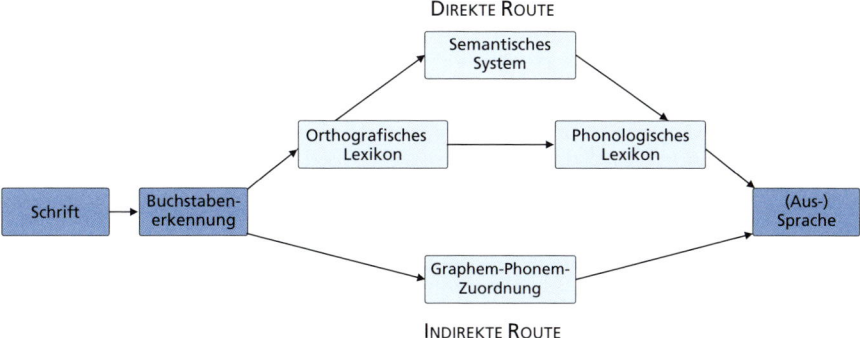

Abb. 4.3: Das Dual-Route-Cascaded-Model nach Coltheart et al. (2001) charakterisiert zwei wesentliche Wege beim Lesen. Beide Strategien werden gleichzeitig beim Lesen aktiviert, jedoch kommt die direkte Route bei der Worterkennung meist schneller zum Ergebnis und unterdrückt auf diese Weise die Aktivität der indirekten Route. Da Leseanfänger noch über kein großes Lexikon verfügen, müssen sie auf die indirekte Route zugreifen. Kinder mit mangelnden Vorläuferfertigkeiten wie der Fähigkeit zur Wortsegmentation haben hierbei große Probleme und in der Folge fällt auch die Automatisierung schwer.

1. Bitte überlegen Sie, auf welche Weise ein gesprochenes [i] (in allen seinen Varianten) verschriftet werden kann.
2. Bitte überlegen Sie, auf welche Weise ein geschriebenes <e> ausgesprochen werden kann.

(Lösung siehe Ende des Kapitels)

4.2 Beschreibung des Störungsbildes

Die erste bekannte Beschreibung einer Lese-Rechtschreibstörung (LRS; veraltet: Legasthenie) geht auf den englischen Augenarzt Morgan zurück, der 1896 eine Fallstudie über einen Jungen mit ausgeprägten Problemen beim Erwerb der Schriftsprache veröffentlichte (Morgan, 1896). Fälle erworbener Dyslexie aufgrund von Hirnschädigungen im Erwachsenenalter waren etwa 20 Jahre früher erstmals durch die Augenärzte Kussmaul und Berlin in Deutschland beschrieben worden, jedoch war das unerwartete Scheitern des Schriftspracherwerbs eines Kindes ohne Sinnesbehinderungen zuvor unbekannt:

> »A case of congenital word blindness
> PERCY F. – a well-grown lad, aged 14 – is the eldest son of intelligent parents, the second child of a family of seven. He has always been a bright and intelligent boy, quick at games, and in no way inferior to others of his age. His great difficulty has been – and is now – his

inability to learn to read. This inability is so remarkable, and so pronounced, that I have no doubt it is due to some congenital defect. He has been at school or under tutors since he was 7 years old, and the greatest efforts have been made to teach him to read, but, in spite of this laborious and persistent training, he can only with difficulty spell out words of one syllable …

I may add that the boy is bright and of average intelligence in conversation. His eyes are normal, there is no hemianopsia, and his eyesight is good. The schoolmaster who has taught him for some years says that he would be the smartest lad in the school if the instruction were entirely oral. It will be interesting to see what effect further training will have on his condition. His father informs me that the greatest difficulty was found in teaching the boy his letters, and they thought he never would learn them …« (Morgan, 1896, S. 1378)

Morgan (1896) machte eine Reihe an Annahmen, die in der Folge die weitere Forschung in diesem Bereich maßgeblich prägten. Es finden sich bereits alle Merkmale, die für Lernstörungen auch heute noch als verbindlich angesehen werden, nämlich der Ausschluss extremer Minderbegabung, das Vorliegen normaler Sehleistung, hinreichende Beschulung und somit das erwartungswidrige Scheitern beim Erwerb der Schriftsprache. Morgan nahm zudem eine genetische Ursache an (*angeborene Wortblindheit*), deren Erforschung bis heute Teil der Arbeit auf diesem Gebiet ist.

Lange Zeit war es stark umstritten, welche Kriterien für LRS maßgeblich sind, welche Störungsfacetten es gibt und selbst die Begrifflichkeit war sehr unscharf gefasst. Heute sind die Diagnosekriterien dagegen weitgehend vereinheitlicht. Sowohl ICD-11 wie auch DSM-5 haben sich in ihren Beschreibungen des Störungsbilds sehr stark angenähert (► Abb. 4.4): Beide Manuale unterscheiden die isolierte Lesestörung, die isolierte Rechtschreibstörung und die Kombination beider Phänomene. Die Probleme betreffen sowohl die Genauigkeit des Lesens und Schreibens als auch die Effizienz der Verarbeitung von schriftlichem Material. Zudem würde eine Störung auch dann diagnostiziert, wenn basale Prozesse zwar intakt, komplexere Leistungen wie das Leseverständnis oder die Organisation der Gedanken beim Schreiben jedoch betroffen sind.

Zur Diagnostik machen die Manuale unterschiedliche Aussagen. Während die ICD-11 keine konkrete Spezifikation vornimmt, sondern feststellt, dass die Leistung im Lesen und/oder Schreiben deutlich unter dem Niveau liegen muss, welches aufgrund des Alters oder der allgemeinen Fähigkeit der Person zu erwarten ist, konkretisiert das DSM-5, dass die Leistung zu den 7 % schwächsten Leistungen der Vergleichsgruppe gehören muss. Für die diagnostische Praxis und Behandlung im deutschsprachigen Bereich existieren sog. Leitlinien, in denen alle an dem Thema beteiligten Fachgesellschaften sich auf konkrete Vorgehensweisen geeinigt haben (Deutsche Gesellschaft für Kinder- und Jugendpsychiatrie, Psychosomatik und Psychotherapie, 2015). Diese Leitlinien folgen im Wesentlichen der DSM-5-Definition, ermöglichen aber auch dann eine Diagnose, wenn die Ergebnisse zu den 15,8 % niedrigsten Ergebnissen gehören (statt zu den 7 % niedrigsten Leistungen), sofern gleichzeitig eine deutliche Diskrepanz zum IQ von 1,5 Standardabweichungen vorliegt. Existiert weitere klinische Evidenz, so kann auch diese Diskrepanz geringer ausfallen.

Anders als in der pädagogischen Praxis gelegentlich kolportiert, existieren keine spezifischen »Legasthenie-Fehler« anhand derer man eine LRS bei einem Kind diagnostizieren könnte – eine Fehlvorstellung, die auf frühe Ursachenmodelle zur

4.2 Beschreibung des Störungsbildes

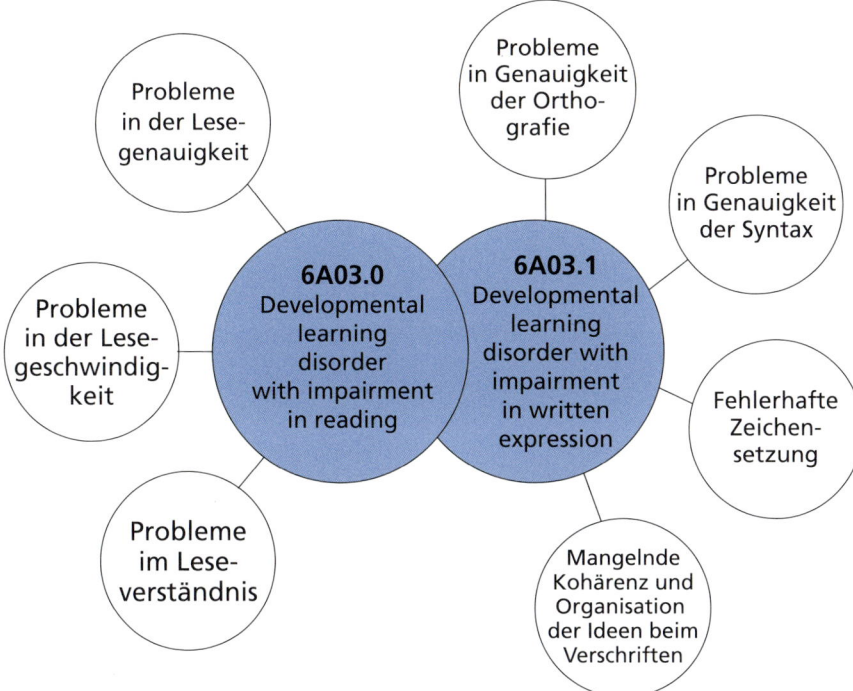

Abb. 4.4: Merkmale der Lese-Rechtschreibstörung (LRS) nach ICD-11. Probleme beim Lesen und Schreiben werden getrennt voneinander diagnostiziert und es gelten die Ausschlusskriterien für die Diagnose von Lernstörungen, also ein stark unterdurchschnittlicher IQ, mangelnde Beschulung, Sinnesbehinderungen, neurologische Störungen oder psychosozial stark belastende Situationen. Zudem wird erst dann von einer Störung gesprochen, wenn das Problem erheblich negative Auswirkungen auf die schulische oder akademische Entwicklung hat.

LRS zurückgeht, die primäre Probleme in der visuellen Wahrnehmung vermuteten (Orton, 1925). Stattdessen machen alle Kinder zu Beginn des Schriftspracherwerbs die gleichen Fehler, aber bei Kindern mit LRS bleiben die Fehler viel länger bestehen und die fehlerhaften Schreibungen weisen eine höhere Inkonstanz auf. Kinder mit LRS erwerben die Schriftsprache also langsamer, die Automatisierung zieht sich viel länger hin und das Lesen und Schreiben kostet viel mehr Anstrengung und ist erheblich fehleranfälliger. Auch wenn es keine spezifischen Fehlertypen gibt, so empfiehlt es sich nichtsdestotrotz, die Fehler genauer zu betrachten, da die Fehlerschwerpunkte Hinweise auf Förderansätze geben können. Es existiert eine Reihe an eher linguistisch (Thomé & Thomé, 2014a, 2014b) oder therapeutisch (Moll & Landerl, 2010; Reuter-Liehr, 2008) orientierten Fehlerkategorien, die man auf freie Verschriftungen oder Diktate anwenden kann. Grundlegend ist diesen Kategoriensystemen gemein, dass Fehler unterschiedlich detailliert in die folgenden Bereiche eingeteilt werden:

a. *Phonemfehler*: Verstöße gegen die Lautstruktur der Sprache (Phonem-Graphem-Zuordnungsprobleme sowie Probleme bei der Wortdurchgliederung: Auslassungen, Reversionen, Hinzufügungen);
b. *Regelfehler*: Verstöße gegen die regelhaften Abweichungen von der lautgetreuen Schreibung (schwerpunktmäßig Ableitungsfehler, Groß-/Kleinschreibungsfehler, Dopplung und Schärfung);
c. *Speicher-, Merk- und Restfehler*: Verstöße gegen die regelhaften Abweichungen von den orthografischen Regeln (Ausnahmen wie z. B. das stumme »h«, Doppelvokale und »v«), Zeichensetzung, Lehnwörter, Großschreibung substantivierter Verben und Adjektive und sonstige Aspekte, die schlicht auswendig gelernt werden müssen, da sie keiner Regelhaftigkeit folgen.

Je nach Fehlerschwerpunkt sollte entweder an der Sprachwahrnehmung und -durchgliederung (Phonemfehler) angesetzt werden, oder falls dies von den Kindern bereits beherrscht wird, am Regelerwerb und am Aufbau eines Merkwortschatzes. Typisch für Kinder mit LRS ist die Anwendung von erlernten Rechtschreibregeln, ohne dass eine sichere phonemische Basis vorhanden ist – eine Folge langwierigen Übens von Regeln, ohne dass sichere Sprachanalysefähigkeiten gegeben sind. Es empfiehlt sich in diesem Fall, einen Schritt zurückzugehen und erst an den grundlegenden Fähigkeiten zu arbeiten und zu versuchen, den Anteil an Phonemfehlern zu reduzieren. Erst wenn Unsicherheiten im phonemischen Bereich ausgeräumt sind, sollte mit orthografischen Regeln begonnen werden.

Ein weiteres Fehlkonzept, das sich in der Praxis findet, ist die veraltete Unterscheidung zwischen allgemein lese-rechtschreibschwachen Kindern ohne Diskrepanz zwischen Intelligenz und Lese-Rechtschreibleistung und LRS, bei der eine Diskrepanz zur Intelligenz vorliegt (Stanovich, 2005; Weber et al., 2002). Über lange Zeit wurde die Diskrepanz zur Intelligenz für die Diagnose einer LRS vorausgesetzt und auf diese Weise wurde vielen Kindern Förderung vorenthalten. Da aber beide Gruppen gleichermaßen von Fördermaßnahmen profitieren und beide die gleichen Fehler machen, ist eine solche Unterscheidung nicht haltbar. Glücklicherweise wurde sie mittlerweile stark relativiert oder sogar ganz fallen gelassen. Gemäß den aktuellen Leitlinien (DGKJP, 2015) würde auch bei jenen Kindern ohne Diskrepanz eine Störung diagnostiziert, die zu den leistungsschwächsten 7 % gehören – sofern die weiteren Ausschlusskriterien nicht gegeben sind.

4.3 Ursachen

Eine LRS ist ein komplexes Phänomen, an dem sehr viele Faktoren beteiligt sein können und in deren Zusammenhang sich Risiken aufsummieren. Neben genetisch-neurologischen Faktoren (Erblichkeitsstudien und Genetik, Neuropsychologie) stehen Sprachentwicklung und spezifische Vorläuferfähigkeiten im Fokus der Forschung. Weitere Einflüsse liegen in der didaktischen Herangehensweise im Schriftspracherwerb und in der häuslichen Schriftsprachsozialisation.

Zwillings- und Adoptionsstudien weisen auf eine beträchtliche Erblichkeit schriftsprachlicher Probleme hin. Durch den Vergleich eineiiger Zwillinge mit zweieiigen Zwillingen, Geschwistern und Eltern lässt sich der Varianzanteil ermitteln, der auf genetische Faktoren zurückführbar ist. Die Erblichkeitsschätzungen aus großen Zwillingsstudien belaufen sich für das Auftreten der Störung auf 50 % bis 65 % (Grigorenko, 2004) und sie fallen besonders hoch für einzelne Teilkompetenzen aus, wie für die phonologischen Fähigkeiten. Die Genorte, die mit der Störung in Verbindung gebracht werden, verteilen sich besonders auf die Chromosomen 2, 3, 15 und 18 (Peterson & Pennington, 2012), welche mit der Migration von Nervenzellen in der pränatalen Gehirnentwicklung und der Sprachentwicklung in Zusammenhang gebracht werden. Zwischen diesen Genorten und dem Auftreten der Störung lässt sich jedoch kein linearer, kausaler Zusammenhang herstellen, da viele der betroffenen Gene vor allem mit spezifischen familiären Häufungen in Verbindung gebracht werden können, aber nur etwa 10 % der gesamten Erblichkeit auf diese Gene zurückgeführt werden kann. Bei der Entstehung der Störung scheint es eine Beteiligung sehr vieler Gene zu geben, die auf komplexe Weise miteinander, mit der neurologischen Entwicklung und den Umgebungsbedingungen des Kindes wechselwirken.

Während man vor allem in den 70er- und 80er-Jahren die Ursache für die Entstehung einer LRS in der peripheren Wahrnehmungsverarbeitung (Figur-Grund-Unterscheidung, Spiegelungen von Buchstaben ...) suchte und später die Steuerung von Blickbewegungen und die zeitliche Auflösung der auditiven Verarbeitung thematisierte (Stein, 2001), werden Schriftsprachprobleme heute vorwiegend auf Probleme der Sprachverarbeitung zurückgeführt (Goswami, 2015). Dementsprechend sind desorganisierte Blicksprünge beim Lesen nicht auf Wahrnehmungsprobleme, sondern auf Probleme bei der Segmentierung der Wörter und der phonetischen Entschlüsselung zurückzuführen. Bildgebende Verfahren zeigen, dass beim geübten Leser Hirnareale der linken Hirnhälfte während des Lesens sehr spezialisiert aktiviert werden. Neben der primären und sekundären Seh- und Hörrinde im Hinterhaupt- und im Schläfenlappen, in denen Seheindrücke beim Lesen bzw. Sprache beim Schreiben analysiert werden, spielen insbesondere das Wernicke-Zentrum (Sprachbedeutung) und das Broca-Areal (motorisches Sprachzentrum) eine große Rolle (vgl. Breitenbach & Lenhard, 2001). Es existiert zudem ein Lesezentrum im sog. Gyrus angularis (ungefähr in Höhe des oberen Randes des linken Ohrs). Kinder mit einer Lesestörung zeigen in diesen Bereichen abweichende Aktivierungsmuster und stattdessen eine starke Aktivierung des Frontalkortex, was als Korrelat einer hohen Anstrengung und fehlenden Automatisierung bei der Verarbeitung von Schriftsprache gedeutet werden kann. Interessanterweise entsprechen diese Befunde der Situation von Menschen mit erworbener Dyslexie (beispielsweise durch Hirntumore, Schlaganfälle oder traumatische Verletzungen). Treten Verletzungen im Bereich des Gyrus angularis auf, so verlieren die betroffenen Menschen ihre bereits erworbenen Lesefähigkeiten.

Veränderungen in der Sprachwahrnehmung lassen sich aber nicht erst im Schulalter feststellen, sondern bereits Neugeborene aus Risikofamilien zeigen veränderte Hirnstrommuster bei der akustischen Darbietung von Silben (Guttorm et al., 2001).

Diese Unterschiede setzen sich über die gesamte Sprachentwicklung fort und münden in geringer ausgeprägten vorschulischen Vorläuferfähigkeiten für den Erwerb der Schriftsprache (Lyytinen et al., 2004; Torppa et al., 2010) und sie betreffen alle Komponenten der phonologischen Informationsverarbeitung. Bereits ab dem Alter von 2 Jahren zeigen sich deutliche Unterschiede hinsichtlich expressiver und rezeptiver Sprache, Morphologie, phonologischer Bewusstheit und Benenngeschwindigkeit, sodass zum Zeitpunkt der Einschulung sehr unterschiedliche Sprachkompetenzen vorliegen. Es ist deshalb nicht verwunderlich, dass es manchen Kindern schwerer fällt, die Schriftsprache zu erwerben, und es kommt an dieser Stelle darauf an, einen geeigneten Zugang für die betroffenen Kinder zu finden. Leider erreichen entsprechende Screenings erst im letzten Jahr vor Schuleintritt hinreichende Präzision (Thompson et al., 2015), sodass eine frühere, gezielte Intervention aufgrund der mangelnden Identifizierbarkeit von Risikokindern nicht möglich ist. In diesem Alter ist es allerdings immer möglich, im Sinne universeller Prävention alle Kinder mit vorschulischen Bildungsmaßnahmen (dialogisches Lesen, Sprachspiele …) zu fördern. Im letzten Jahr vor dem Schuleintritt ist die Identifikation von Kindern mit einem Risiko für die Entwicklung einer LRS hinreichend genau möglich, um im Sinne sekundärer Prävention fördernd tätig zu werden (Endlich et al., 2019).

4.4 Auftretenshäufigkeit, Entwicklung und Prognose

Betrachtet man Entwicklung und Stabilität schriftsprachlicher Leistungen, so offenbaren sich ernüchternd stabile Entwicklungsverläufe:

Die Wiener Längsschnittstudie

Klicpera und Schabmann (1993) untersuchten längsschnittlich die Entwicklung der Lese- und Rechtschreibfähigkeiten einer Stichprobe von 458 Kindern von der ersten bis zur achten Klasse. Am Ende der ersten Klasse wurden auf der Basis der schriftsprachlichen Leistungen (Schnelligkeit und Genauigkeit beim Vorlesen von Wortlisten, Rechtschreibung) Fähigkeitsgruppen gebildet, deren Entwicklung anschließend weiterverfolgt wurden (▶ Abb. 4.5). Die leistungsstarke Gruppe war bereits zu Beginn der zweiten Klasse in der Lage, etwa 80 Wörter pro Minute korrekt vorzulesen, und dies steigerte sich bis zur achten Klasse auf etwa 180 Wörter pro Minute. Die leistungsschwächste Gruppe startete bei etwa 20 Wörtern pro Minute und erreichte in der achten Klasse, also 6 Jahre später, etwa das Niveau, das die leistungsstarken Kinder bereits in der zweiten Klasse erreicht hatten. Die Gruppenzuordnung erwies sich zudem als erstaunlich stabil. Die Kinder entwickelten sich annähernd parallel in positiver Richtung, aber die Rangreihe und der Abstand der Leistungen blieb weitgehend unverändert.

4.4 Auftretenshäufigkeit, Entwicklung und Prognose

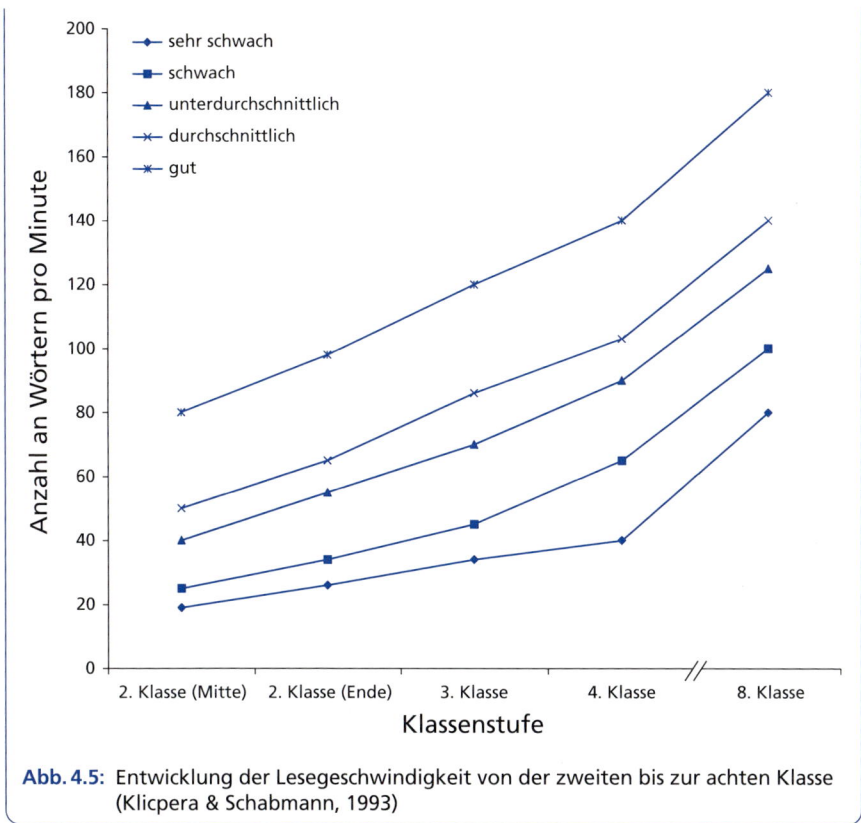

Abb. 4.5: Entwicklung der Lesegeschwindigkeit von der zweiten bis zur achten Klasse (Klicpera & Schabmann, 1993)

Das Beispiel der Wiener Längsschnittstudie zeigt einerseits eine enorme Leistungsbreite schriftsprachlicher Leistungen und andererseits eine hohe Stabilität der relativen Position der Kinder in ihren Bezugsgruppen. Diese Daten zeigen sehr deutlich die Anforderungen an Lehrkräfte, die die große Heterogenität der individuellen Voraussetzungen in ihrem Unterricht berücksichtigen und gleichzeitig dafür sorgen müssen, dass leistungsschwache Kinder nicht weiter abgehängt werden. Wenn nicht frühzeitig versucht wird, Leistungsdefizite der Kinder zu kompensieren, dann ergeben sich langfristig stabil ungünstige Entwicklungen. Zudem fehlen den betreffenden Kindern die schriftsprachlichen Voraussetzungen für den Wissenserwerb. Es droht die Gefahr, dass die schriftsprachlichen Defizite die Entwicklung in anderen Bereichen rasch negativ beeinflussen.

Die Prävalenz von LRS ist eng an die Definition der Störung und an die Diagnoserichtlinien gebunden, die jedoch im Hinblick auf die konkrete diagnostische Vorgehensweise einigen Raum für Interpretationen lassen. DSM-5 und die Diagnoserichtlinien (DGKJP, 2015) grenzen das Phänomen auf die schwächsten 7 % der Leistungen ein. In der diagnostischen Praxis kann bei Vorliegen weiterer Indizien auch eine weniger strenge Definition angelegt werden. Es reicht dann die Zugehörigkeit zu den 16 % leistungsschwächsten Personen. Zudem ist es möglich, Lesestörungen und Rechtschreibstörungen getrennt zu diagnostizieren, wobei zwischen beiden Phänomenen eine deutliche Überlappung vorliegt. Daneben müssen verschiedene Ausschlusskriterien angelegt werden, wie beispielsweise der Ausschluss von Sinnesbehinderungen. Angesichts der Überlappung aller dieser Faktoren und der z. T. willkürlich gesetzten Schwellen, ist es nicht leicht, die Prävalenz exakt zu beziffern. Das DSM-5 (American Psychiatric Association, 2013, S. 70) schätzt im Kindes- und Jugendalter die Auftretenshäufigkeit auf 5 % bis 15 % und im Erwachsenenalter auf ca. 4 %. Epidemiologische Studien auf der Basis der ICD-10-Definition (Fischbach et al., 2013) ermittelten in einer deutschsprachigen schulischen Stichprobe der dritten und vierten Klasse die Anteile von 2,1 % (Lese-Rechtschreibstörungen), 2,6 % (isolierte Lesestörung), 4,0 % (isolierte Rechtschreibstörungen) und 2,0 % (kombinierte Lernstörung; also die Kombination schriftsprachlicher und mathematischer Probleme). Der Anteil an Kindern mit schriftsprachlichen Problemen lag dementsprechend bei 10,7 % und das Geschlechtsverhältnis war bei allen Störungen mit Ausnahme der kombinierten Störung schulischer Fertigkeiten leicht zuungunsten der Jungen ausgeprägt (1 zu 1,38 bei der isolierten Rechtschreibstörung bis 1 zu 2.36 bei der Lese-Rechtschreibstörung; s. auch Peterson & Pennington, 2015).

Das Störungsprofil ändert sich im Laufe der Schulzeit bis hin zum Erwachsenenalter. Während zu Beginn Probleme in der Analyse der Lautsprache starke Auswirkungen auf das Lesen und das Schreiben haben und die Kinder sich generell langsamer entwickeln, erreicht zumindest das Lesen im Verlauf der Jugend ohne spezifische Förderung ein hinreichend hohes Niveau, um Wörter entschlüsseln zu können. Andererseits bleiben Leseprozesse weniger effizient, sodass das Lesen längerer Texte anstrengender ist oder ganz vermieden wird (s. auch American Psychiatric Association, 2013, S. 71 f.; Klicpera et al., 2017, Kap. 7). Schwierigkeiten im Leseverständnis bleiben auf diese Weise lange bestehen. Probleme im Bereich der Orthografie sind ebenfalls sehr stabil und Rechtschreibfehler fallen zudem schneller ins Auge als Probleme im Leseverständnis. Für eine fundierte Bewertung der Entwicklung fehlen jedoch aussagekräftige Längsschnittstudien (Marx, 2007, S. 146) und aufgrund der Sozialnormorientierung in der Diagnostik ist es schwer, die Leistungsentwicklung in Form absoluter Kriterien beschreiben zu können.

Hinsichtlich der weiteren psychosozialen Entwicklung weisen Kinder mit LRS ungünstige Entwicklungen auf. Esser, Wyschkon und Schmidt (2002) untersuchten Kinder, die im Alter von 8 Jahren von einer LRS betroffen waren, Kinder mit unspezifischer Entwicklungsstörung und normal begabte Kinder mehrfach im Abstand mehrerer Jahre und zuletzt im Alter von 25 Jahren. Trotz gleicher Intelligenz hatte keines der Kinder mit LRS bis zum Alter von 25 Jahren einen Hochschulabschluss erreicht. In der Gruppe der normal begabten Kinder waren dies immerhin 8,5 %. Auch der Anteil noch im Studium befindlicher Personen war bei LRS erheblich kleiner. Stattdessen war ein Viertel der Personen mit LRS von Arbeitslosigkeit betroffen und fast ebenso viele hatten keinen Berufsabschluss. Kinder mit LRS hatten ein deutlich erhöhtes Risiko für Substanzabhängigkeiten, selbstverletzendes und dissoziales Verhalten (allerdings ohne dabei häufiger strafrechtlich auffällig zu werden). Sie hatten eine deutlich niedrigere Lebenszufriedenheit und ein schlechteres Selbstbild. An dieser Stelle muss angemerkt werden, dass es seit den 90er-Jahren erhebliche Anstrengungen im Schulsystem gab, negative Entwicklungen aufzufangen, sodass heute nicht zwangsläufig die gleichen Belastungen entstehen. Allerdings wird auch aktuell zumindest von selektierten Stichproben von Kindern, die eine Lerntherapie in Anspruch nehmen, hohe Belastungen berichtet (Huck & Schröder, 2016). Die Ergebnisse unterstreichen in jedem Fall, wie wichtig Prävention, Förderung und schulische Ausgleichsmaßnahmen sind, um den betroffenen Kindern Perspektiven auf eine weitgehend normale schulische und persönliche Entwicklung zu ermöglichen.

4.5 Prävention und Intervention

Viele Faktoren tragen zum Gelingen des Schriftspracherwerbs bei, sodass in der vorschulischen Prävention viele pädagogischen Maßnahmen möglich sind, um Kindern gute Startchancen für die Schule zu geben. Hierzu gehört allgemein die Vorerfahrung mit Schrift und die Lesesozialisation, die z. B. im Rahmen dialogischen Vorlesens vermittelt werden kann, und auch gute sprachliche Voraussetzungen (Wortschatz und Syntax). Eine fokussierte Maßnahme stellt die Förderung der phonologischen Bewusstheit dar (Küspert & Schneider, 2010), ggf. kombiniert mit der Anbahnung des alphabetischen Prinzips (Plume & Schneider, 2004). Bei diesen Programmen wird versucht, Kindern im Vorschulalter im letzten Jahr vor dem Schuleintritt spielerisch Sprache näherzubringen. Die Erzieherin oder der Erzieher macht mit den Kindern Sprachspiele in Form von Lauschspielen, Zergliederung von Sätzen in Wörter, Wörtern in Silben, Reimaufgaben, Lautsegmentation, Erkennen von Anlauten und Lautsynthese. Der zweite Teil des Programms implementiert bereits das alphabetische Prinzip und sollte als Vorbereitung auf die Schule im letzten Kindergartenhalbjahr durchgeführt werden, indem bereits erste Grapheme erworben und mit Lauten in Verbindung gesetzt werden.

Interventionsansätze sind effektiv, sofern sie primär an den Lese- und Rechtschreibproblemen ansetzen (Ise, Engel & Schulte-Körne, 2012). Die Effekte bewegen sich für Lese-, Rechtschreib- oder kombinierte Interventionen im mittleren bis hohen Bereich. Nicht effektiv sind dagegen Funktions- und Wahrnehmungstrainings. Auch verlieren Trainings der phonologischen Bewusstheit mit dem Einsetzen des Erstleseunterrichts schnell ihre Effektivität. Die Dauer und Intensität der Förderung beeinflussen maßgeblich die Wirksamkeit: Therapien sollten mindestens 20 Wochen umfassen, eine kontinuierliche Förderung und lerntherapeutische Elemente enthalten, also beispielsweise die Verstärkung mittels Tokens. Die schulische Förderung durch die Lehrkraft im Einzel- oder Kleingruppensetting ist zudem eine effektive Interventionsform. Die Leitlinien (DGKJP, 2015) empfehlen dementsprechend die Förderung von Graphem-Phonem-Korrespondenzregeln, Segmentierung von Wörtern in Silben, Phoneme und Morpheme und das Verbinden von Phonemen zu Wörtern. Die Übungen sollen sich auf einzelne Wörter und größere Texteinheiten beziehen, die Vermittlung von Rechtschreibregeln beinhalten und nicht ausschließlich der Ganzwortmethode folgen. Visuelle und auditive Wahrnehmungstrainings, neuropsychologische Maßnahmen, Aufmerksamkeitstrainings, Einsatz von Farbfolien oder spezielle Linsen und Prismenbrillen sowie alternativmedizinische Ansätze sind dagegen nicht zu empfehlen. Zusätzlich zu Therapiemaßnahmen können weitere unterstützende Maßnahmen wie spezielle Hilfsmittel, eine Veränderung von Schriftgröße und Textgestaltung hilfreich sein, aber sie setzen nicht direkt an der Störung an und können diese nicht direkt verbessern.

Es existiert eine Reihe gut funktionierender Trainings wie beispielsweise das Training nach Reuter-Liehr (2008), das sehr systematisch den Schriftspracherwerb neu aufbaut und dabei beginnend von Wörtern mit einfacher Lautstruktur und hoher Lauttreue sukzessive komplexere Strukturen der Schriftsprache einführt. Unterstützend werden dabei Ansätze zur Wortsegmentierung (Silbenbögen, Silbenschreiten), überdeutliche Artikulation und gedehntes Sprechen (»Pilotsprache«) und Lautgebärden eingesetzt. Ein anderes Programm, das *Würzburger orthografische Training* (WorT, Berger et al., 2016), ist modular aufgebaut und beinhaltet die Möglichkeit, gezielt Teilbereiche wie Phonem-Graphem-Zuordnung, Silbenanalyse, Wortstämme und spezielle Rechtschreibregeln zu thematisieren. Es enthält jeweils eine Eingangsdiagnostik für jedes Modul, die zugehörigen Übungen und eine Abschlussdiagnostik und es kann im schulischen Unterricht im Rahmen von Fördergruppen eingesetzt werden.

Im Hinblick auf die potenziellen Folgeprobleme einer LRS muss je nach Lage des individuellen Falles auch auf weitere Probleme des betroffenen Kindes eingegangen werden. Hierzu zählen zunächst Aspekte, die mit dem Lernverhalten in Verbindung stehen, also beispielsweise Abbau leistungsbezogener Ängste und Aufbau günstiger Kausalattribution, Vermittlung von Lernregulation und Lernstrategien, Aufbau von Lernmotivation, Einübung von Konzentrations- und Entspannungstechniken etc. Bei komorbiden Störungen wie ADHS oder Sprachentwicklungsstörungen sind diese ebenfalls zu thematisieren, wie weitere ggf. auftretende Probleme wie z. B. Schulangst. Da die Leistungsprobleme sehr stabil sind, sollten zudem Maßnahmen ergriffen werden, um die schulische Laufbahn und den schulischen Wissens- und Fähigkeitserwerb nicht zu behindern (s. folgender Abschnitt).

4.6 Schulrechtliche Regelungen

Alle Bundesländer der BRD haben in ihren länderspezifischen Schulgesetzen Regelungen zum Umgang mit schriftsprachlichen Problemen bzw. LRS im Unterricht erlassen. Betroffenenverbände wie beispielsweise der Bundesverband Legasthenie und Dyskalkulie e. V. (BVL) stellen auf ihren Homepages aktuelle Listen und Links zur Verfügung, die die jeweils geltenden Regelungen deutlich machen. Ziel der Maßnahmen ist es, zumindest vorübergehend Belastungen für die Kinder zu reduzieren und Leistungsprüfungen zu ermöglichen, die auf eine validere Erfassung der zu messenden Fähigkeiten abzielen, und inhaltliche Aspekte von der Form der

Leistungserbringung zu trennen. Würde beispielsweise Fachterminologie nur dann als korrekt gewertet, wenn diese orthografisch richtig verwendet wird, dann hätten Kinder mit LRS einen massiven Nachteil und ihr inhaltliches Wissen, z. B. in Fächern wie Biologie und Erdkunde, würde unterschätzt werden. Ausgleichsmaßnahmen zielen somit darauf ab, das Potenzial dieser Kinder nicht zu verlieren, höhere Bildungsabschlüsse nicht zu verwehren und problematische psychosoziale Entwicklungen zu verhindern. Zu den häufigsten gewährten Maßnahmen gehört sicher der Zeitzuschlag bei schriftlichen Prüfungen, aber es sind noch viel weitreichendere Regeln möglich (im Folgenden beispielhaft anhand der Regelungen der Bayerischen Schulordnung BaySchO, 2018, § 36 exemplifiziert).

Eine Anerkennung von Nachteilen und damit verbundene Ausgleiche setzen eine formelle Diagnostik voraus, die meist durch schulpsychologische Beratungsstellen oder im Rahmen einer fachärztlichen Begutachtung erfolgt und die von den Schulbehörden geprüft und anerkannt wird. Neben der Beratung der Eltern und der betroffenen Kinder sowie Fördermaßnahmen zur Verbesserung der schriftsprachlichen Kompetenzen lassen sich schulische Maßnahmen in die folgenden Kategorien gruppieren:

1. *Individuelle Unterstützung:* Diese kann sehr vielfältig sein und verschiedene pädagogische, didaktisch-methodische und schulorganisatorische Hilfen umfassen, die darauf abzielen, die Beschulung und die Abnahme von Prüfungen zu erleichtern. Hierzu gehören technische Hilfen (z. B. Computereinsatz) und besondere Arbeitsmittel zur Unterstützung des Wissenserwerbs, geeignete Räumlichkeiten wie beispielsweise getrennte Räume beim Arbeiten, die Absprache individueller Pausenregelungen, Differenzierung bei Hausaufgaben etc.
2. *Nachteilsausgleiche:* Sie zielen darauf ab, die Leistung der Schülerinnen und Schüler besser abzubilden und eine valide Leistungsfeststellung zu ermöglichen. So ist es möglich, die Arbeitszeit in Prüfungen zu verlängern, z. B. um 25 % oder 50 %, schriftliche Leistungsfeststellungen durch mündliche Prüfungen zu ersetzen oder durch mündliche Prüfungsteile zu ergänzen, gesonderte Prüfungsräume zur Verfügung zu stellen etc.
3. *Notenschutz:* Ein Notenschutz bedeutet, dass jene Leistungen nicht bewertet werden, die unmittelbar von Lese- oder Rechtschreibstörungen betroffen sind. Beim Lesen sind das beispielsweise in den Fächern Deutsch, Deutsch als Zweitsprache sowie in Fremdsprachen der Verzicht auf die Bewertung des Vorlesens. Bei der Rechtschreibstörung kann auf die Bewertung der Rechtschreibleistungen verzichtet und mündliche Leistungen können stärker gewichtet werden.

Wie lange diese Ausgleichsmaßnahmen gewährt werden und ob entsprechende Vermerke in den Zeugnissen erscheinen, regeln die jeweiligen Ländergesetze unterschiedlich.

Kurz zusammengefasst

Für das Gelingen des Schriftspracherwerbs bedarf es aufseiten der Kinder Vorläuferfähigkeiten und bestimmte kognitive Voraussetzungen, insbesondere phonologische Bewusstheit, eine hinreichende Kapazität der phonologischen Schleife des Arbeitsgedächtnisses, ein effizienter Zugriff auf das sprachliche Langzeitgedächtnis, Wortschatz, syntaktische Fähigkeiten und Buchstabenkenntnis. Kinder mit chronischen Schriftsprachschwierigkeiten zeichnen sich v. a. durch langsamere Entwicklung und eine höhere Fehlerrate aus. Die Unterschiede zwischen den Kindern sind hochgradig stabil, weshalb frühzeitige, präventive Maßnahmen von entscheidender Bedeutung sind. Präventive Maßnahmen zielen auf die Vermittlung phonologischer Fähigkeiten und Buchstabenwissen ab. Interventionen bauen den Schriftspracherwerb systematisch völlig neu auf. Dennoch benötigen betroffene Kinder in der Schule häufig Nachteilsausgleiche, zusätzliche Hilfsmittel und Notenschutz.

Weiterführende Literatur

Klicpera, C., Schabmann, A. & Gasteiger-Klicpera, B. (2017). *Legasthenie: Modelle, Diagnose, Therapie und Förderung*. München: Ernst Reinhardt.

Marx, P. (2007). *Lese- und Rechtschreiberwerb*. Paderborn: Schöningh.

Schneider, W. (2017). *Lesen und Schreiben lernen: Wie erobern Kinder die Schriftsprache?* Berlin: Springer.

Lösungen und Fragen

Lösung der Übungsaufgabe aus Kap. 4.1

- ☐ Arbeitsauftrag 1, Verschriftung des gesprochenen [i]: lang (mit und ohne e und h, wie in K*i*no, *ih*r, Sch*ie*ne/Anatom*ie*, Bez*ieh*ung), kurz (gefolgt von einem einfachen oder einem doppelten Konsonanten: Ergebn*is*, Beg*inn*/M*itt*el), in Lehnwörtern (z. B. Spl*ee*n, B*a*by …).
- ☐ Arbeitsauftrag 2, Aussprache des Graphems <e>: lang (B*e*eren, F*e*hler, W*e*g), als kurzes »ä« (F*e*ld), als [a] in Diptongen (*ei*n, M*ey*er), als offenes [o] (*Eu*le), im langen i (si*e*he, si*e*ben), als E-Schwa-Laut (geh*e*n), als A-Schwa-Laut (Verkäuf*er*) sowie mit oder ohne Glottis-Schlag (*e*twa, *e*ntehren) und allen möglichen Varianten basierend auf Lehnwörtern.

Welche Teilfähigkeiten werden zur phonologischen Informationsverarbeitung gezählt? (Multiple-Choice-Aufgabe)

- ☐ Zählfertigkeiten,
- ☐ phonologische Bewusstheit,
- ☐ verbale Informationsverarbeitungsgeschwindigkeit,
- ☐ Mengenverständnis,

☐ sprachgebundenes Arbeitsgedächtnis,
☐ orthografisches Wissen.

Die alphabetische Phase ist nach Frith und Günther ein wichtiges Element des normalen Schriftspracherwerbs. Sie zeichnet sich vor allem aus durch … (Single-Choice-Aufgabe)

☐ … den Zeitraum: Sie findet bei den meisten Kindern vor dem eigentlichen Schuleintritt statt.
☐ … die Fähigkeit, z. B. Logos berühmter Firmen oder Labels zu erkennen.
☐ … den Erwerb der Graphem-Phonem-Korrespondenzregeln.
☐ … den Erwerb orthografischer Fertigkeiten.

5 Rechenstörung

»**Die Hexe:**
Du mußt verstehn!
Aus Eins mach Zehn,
Und Zwei laß gehn,
Und Drei mach gleich,
So bist du reich.
Verlier die Vier!
Aus Fünf und Sechs,
So sagt die Hex,
Mach Sieben und Acht,
So ist's vollbracht:
Und Neun ist Eins,
Und Zehn ist keins.
Das ist das Hexen-Einmaleins!

Faust:
Mich dünkt, die Alte spricht im Fieber.

Mephistopheles:
Das ist noch lange nicht vorüber,
Ich kenn es wohl, so klingt das ganze Buch.«
(Johann Wolfgang von Goethe: Faust: Eine Tragödie – Kapitel 9)

Im Gegensatz zur Schriftsprache sind mathematische Operationen, die Grundrechenarten, der Umgang mit mathematischen Symbolen und das gesamte Fachgebiet der Mathematik mit allen seinen Facetten hochgradig logisch und kohärent. Trotz des klaren Aufbaus fällt es vielen Schülerinnen und Schülern schwer, basale Rechenfähigkeiten zu erwerben und die darauf aufbauenden Konzepte zu verstehen. Es geht ihnen wie Faust und Mephistopheles im obigen Zitat aus Goethes Faust: Da die zugrundeliegende Systematik nicht erfasst wird, bleibt das ganze Themengebiet unverständlich und verwirrend. Schülerinnen und Schüler haben zudem das Problem, dass die Komplexität der Anforderungen über die Schuljahre hinweg zunehmend ansteigt und das Wissen stark aufeinander aufbaut. Es fällt folglich immer schwerer, Schritt zu halten, es bauen sich Versagensängste auf und das Problem strahlt auch auf andere Fächer aus, für die Rechenfähigkeiten und mathematische Konzepte ebenfalls wichtig sind.

In der Menschheitsgeschichte gibt es bereits frühe Hinweise auf mathematische Fähigkeiten. Erste Zeugnisse formellen Zählens, möglicherweise zur Dokumentation von Vorräten oder zur Erfassung von Zeitabläufen, sind bereits für den Zeitraum von 30 000 Jahren v. Chr. belegt (für eine umfassende Darstellung s. Burton, 2011, Kap. 1). Aus dieser Zeit stammen Knochenartefakte mit Schnitten, die jeweils in Fünfergruppen organisiert sind. Die Verwendung von in Holzstäben eingeritzten Zeichen oder Linien blieb sehr lange in Gebrauch und sie ist beispielsweise als Form eines Schuldscheins bis ins Mittelalter dokumentiert. Nach dem Einritzen wurden die Stäbe der Länge nach gespalten und zwischen dem Schuldner und Gläubiger geteilt (sog. »Kerbholz«, im Englischen stammt daher der Begriff »stockholder«). Andere Zählsysteme umfassten Knotenstricke (Hochkulturen Mittel- und Südamerikas), Zählobjekte und schließlich in Mesopotamien die Verwendung von Keilschrift und Tontafeln. Erste Formen abstrakter mathematischer Symbole treten ca. vor 6000 Jahren zeitgleich mit der Zunahme der Komplexität menschlicher Zivilisationen in den Flusstälern von Nil, Euphrat und Tigris, Indus und Yangtse auf. Das erste, voll entwickelte Zahlensystem, das ein kontinuierliches, theoretisch unendliches Weiterzählen erlaubt, wurde etwa 3500 v. Chr. im alten Ägypten entwickelt und ist eng verwandt mit der Entwicklung der Schriftsprache. Etwa im gleichen Zeitraum entstand ebenfalls das Rechnen mittels der babylonischen Keilschrift. Von diesen und allen weiteren entstandenen Zahlsystemen hat sich eines weltweit durchgesetzt, nämlich das hindu-arabische Zahlsystem und die daher stammenden Ziffern, die wir heute verwenden. Die betreffenden Symbole entwickelten sich seit dem 3. Jahrhundert v. Chr. (die »0« wurde erst wesentlich später ergänzt) und gelangten über Persien in den arabischen Raum und schließlich über das Kalifat Toledo in Südspanien nach Europa. Den letzten Schritt verdanken wir wesentlich dem Mathematiker Fibonacci, welcher mathematische Standardwerke aus dem Arabischen ins Lateinische übertrug, was dazu führte, dass seit dem 12. Jahrhundert das hindu-arabische Zahlsystem in Mitteleuropa allmählich die lateinische Notation ablöste (Burton, 2011, Kap. 6). Der deutsche Begriff »Ziffer« transportiert diese Geschichte, denn er leitet sich aus dem Arabischen Wort für »Null« ab (arabisch »sifr« von Sanskrit »sunya« für »leer«). Der englische Begriff »digit« hat seinen Ursprung im lateinischen Wort »digitus«, was »Finger« bedeutet – ein Verweis auf das Abzählen mit den Fingern. Ähnlich wie im Falle der Schrift blicken wir heute also beim Rechnen und bei den mathematischen Kompetenzen auf eine komplexe und reichhaltige Kulturgeschichte zurück und ohne diese zivilisatorische Errungenschaft wäre unsere heutige Zivilisation, Wissenschaft und Technologie undenkbar. Mathematik abstrahiert und erweitert unsere Vorstellungswelt auf eine Art und Weise, die völlig neue Möglichkeiten erschließt, da die Beschränkungen unseres sehr begrenzten Arbeitsgedächtnisses überwunden und hierdurch wesentlich komplexere Leistungen möglich werden.

> **Lernziele**
>
> - Wissen über die Struktur des Zahlensystems und Kenntnis der Vorläuferfähigkeiten Mengenbewusstheit und Zahlenwissen sowie ihrer regelhaften Entwicklung,
> - Kenntnis der Merkmale der Rechenstörung: Merkmale und Häufigkeit,
> - Kenntnis wichtiger Ursachen für die Entstehung einer Rechenstörung,
> - Kenntnis von Diagnose- und Fördermaßnahmen.

5 Rechenstörung

5.1 Informationsgehalt von Zahlen

Blicken Erwachsene auf Zahlen, so entfaltet sich meist unbewusst ein reichhaltiges Vorwissen, das sehr viele numerische Aspekte umfasst. Kinder erlernen diese Fähigkeiten nacheinander und sie müssen dabei unterschiedliche Bedeutungsfacetten erwerben. Zahlen können nämlich ganz unterschiedliche Informationen transportieren und dieser Informationsgehalt wird in der Statistik über sog. Skalenniveaus operationalisiert (Eid et al., 2017, S. 104 f.):

- *Nicht numerischer Kontext (Nominalskala)*: Das ist das elementarste Niveau und auf diesem fungieren Zahlen lediglich als Bezeichner oder Benennungen. Zahlen sind unterscheidbar, weisen aber weder eine Rangordnung auf, noch können mathematische Operationen mit ihnen durchgeführt werden. Es handelt sich also um einen nicht numerischen Kontext, wie beispielsweise die Zahlen auf den Trikots einer Fußballmannschaft. Sobald Kinder Zahlwörter erworben haben, können sie diese wie Namen einsetzen (daher auch die Bezeichnung »Nominalniveau«) und die Objekte einer Menge einzeln mit diesen Namen belegen. Beginnen Kinder mit dem Abzählen auf der Basis von Zahlwörtern, so befinden sie sich im Übergang zum nächsthöheren Niveau.
- *Ordinaler Kontext (Ordinalskala)*: Auf diesem Datenniveau sind Zahlen nicht nur eigene Einheiten, sondern sie befinden sich in einer Rangreihe. Zahlen werden verwendet, um Reihenfolgen und Ordnungen auszudrücken, wie z. B. die Rangplätze bei einem Sportwettbewerb. Es wird jedoch nichts über den Abstand zwischen den Rangplätzen ausgesagt. Beim 100-m-Sprint können zwischen Platz 1 und 2 nur wenige Millisekunden liegen und der Abstand zwischen Platz 2 und 3 viel größer sein. Diese Abstandsinformation geht auf dem Ordinalniveau verloren und arithmetische Operationen wie beispielsweise Aufsummierung oder Differenzbildung sind deshalb noch nicht möglich. Dies gilt nebenbei bemerkt auch für Schulnoten. Diese weisen ebenfalls lediglich Ordinalniveau auf. Es verbietet sich somit eigentlich die Durchschnittsbildung, da Abstände und Verhältnisse verschiedener Noten nicht konstant sind.
Wenden Kinder die Rangreihe von Zahlen auf eine Menge an, so erhalten sie mit dem letzten Zählwort gleichzeitig die Mächtigkeit der Menge. Man bezeichnet dies als den *kardinalen Kontext*.
- *Operatorkontext (Intervallniveau und Verhältnisskala)*: Unterstellt man zusätzlich, dass zwischen jeder Zahl und der darauffolgenden der Abstand gleich groß ist (Intervallniveau), dann können Abstände interpretiert und verglichen werden – eine Voraussetzung für die Addition und Subtraktion. Gibt es zudem einen Nullpunkt (sog. *Verhältnisskala*), so können auch Verhältnisse zwischen Zahlen interpretiert werden. Hat Kind A 10 Gummibärchen und Kind B 20, dann hat Kind B doppelt so viele wie Kind A und selbst dieser Faktor kann mit anderen Verhältnissen in Bezug gesetzt werden. Der Unterschied zum nächsten Skalenniveau liegt darin, dass der Nullpunkt verschiebbar ist (z. B. bei Temperaturen Celsius- versus Fahrenheit-Skala).

- *Metrischer Kontext (Absolutskala)*: Wenn der Nullpunkt einer Skala absolut ist, dann können die Zahlen unmittelbar interpretiert werden. Das ist z. B. bei Häufigkeiten und physikalischen Größen (Zeit, Entfernungen, Gewicht, Kelvin-Skala) der Fall.

Die meisten mathematischen Operationen setzen mindestens Intervallniveau voraus. Kinder, die die Bedeutungsfacetten der höheren Datenniveaus noch nicht erworben haben, müssen folglich beim Erwerb der entsprechenden Operationen scheitern. Verwendet beispielsweise ein Kind Zahlen wie Namen oder die Zahlreihe wie ein auswendig gelerntes Gedicht, ohne dass diese Zahlsequenz mit Mengenvorstellungen verknüpft ist, so bekommt dieses Kind Schwierigkeiten, sobald Zahlen aufeinander bezogen werden und Aufgaben nicht mehr durch Abzählen oder durch memorierte Ergebnisse gelöst werden können.

5.2 Vorläuferfertigkeiten mathematischer Kompetenzen

Zwei wesentliche Säulen unseres mathematischen Verständnisses sind das Mengenverständnis und das Zahlwissen. Kinder müssen im Laufe der Entwicklung die z. T. angeborene Fähigkeit zur Unterscheidung von Mengen weiterentwickeln, intuitive Mengenvorstellungen aufbauen und diese mit dem erworbenen Zahlenwissen verknüpfen, damit darauf der schulische Wissenserwerb aufbauen kann. Wenn das nicht passiert und Kinder sich Mengen nicht vorstellen sowie diese nicht mit Zahlen verknüpfen können, verharren sie beim Zahlennominalismus. Das bedeutet, dass sie Zahlen wie Namen verwenden und in der Folge keine mathematischen Operationen durchführen können.

5.2.1 Die Entwicklung des Mengenverständnisses

Die Fähigkeit, die Mächtigkeit von Mengen zu unterscheiden, ist eine in der Natur sehr weit verbreitete Fähigkeit und nicht nur auf den Menschen beschränkt (Kucian & Aster, 2015). Basale Größeneinschätzungen und nonverbales Zählen beherrschen viele Tierarten wie Bienen, Zebrafische, viele Vogelarten, Salamander und natürlich Primaten. Es ist sogar möglich, Bienen einfache Mengenoperationen wie Addition und Subtraktion um 1 beizubringen (Howard et al., 2019). Rabenvögel können lernen, dass sich in Schächtelchen, auf denen jeweils eine bestimmte Punktmenge abgebildet ist, etwas Leckeres befindet, in Schächtelchen mit anderen Punktmengen jedoch nicht. Da die Tiere nicht über verbale Sprache zum Benennen der Punktmengen verfügen, handelt es sich um eine Form nonverbalen Zählens oder um *simultane Mengenerfassung*, dem sog. *Subitizing*. Auch Menschen sind bereits sehr früh in der Lage, Mengen zu erkennen und zu unterscheiden. Diese Fähigkeit ist bereits im letzten Trimester der Schwangerschaft nachweisbar, beispielsweise über die Darbietung von Tonsequenzen und die Aufzeichnung der Hirnstrommuster, auch wenn es sich dabei natürlich noch nicht um ein wirkliches Mengenverständnis handelt, sondern zunächst nur um die Erfassung und Unterscheidung sehr kleiner Anzahlen. Auch indigene Völker aus dem brasilianischen Urwald, die nicht mit formeller Beschulung in Kontakt gekommen sind, haben Zahlwörter bis mindestens zur Zahl »fünf« (größere Zahlen werden schlicht als »viele« bezeichnet) und sie können mit diesen Zahlen gleichermaßen präzise Schätzaufgaben durchführen wie Menschen aus industrialisierten Ländern. Die Fähigkeit zur simultanen Erkennung kleiner Mengen scheint somit bei Menschen angeboren zu sein, wobei Kinder zunächst noch kleinere Mengen bis drei simultan, ohne zu zählen, erfassen können, bei Erwachsenen reicht diese Fähigkeit bis fünf Objekte. Die simultane Mengenerfassung ist somit eine wichtige und angeborene Vorläuferfähigkeit zur Entwicklung komplexerer, kulturspezifischer mathematischer Leistungen (Kucian & Aster, 2015) und sie bildet die Grundlage für das spätere Mengenkonzept, welches dann schließlich mit Zahlen verknüpft werden muss (▶ Abb. 5.1).

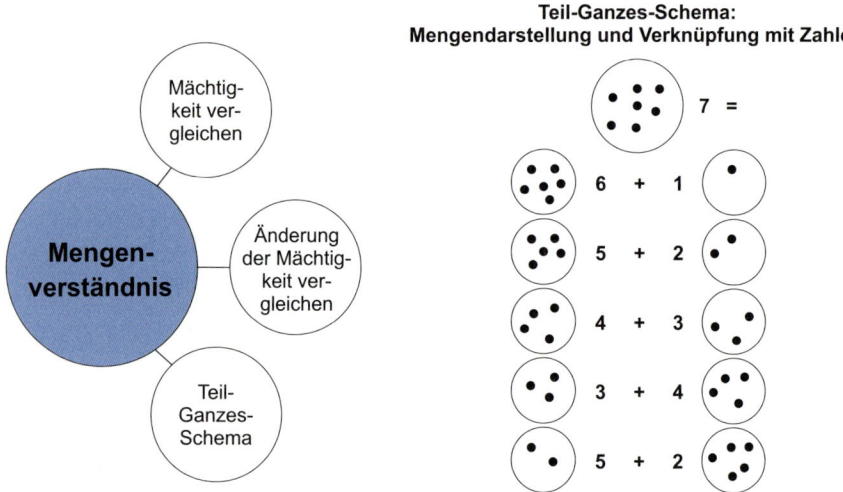

Abb. 5.1: Die Mengenbewusstheit umfasst die Fähigkeiten zum Vergleichen, Zerlegen und Kombinieren von Mengen. Die Mächtigkeit der Menge bleibt erhalten (sog. Mengeninvarianz), selbst wenn beispielsweise eine Menge von 7 Objekten in Teilmengen von 6 und 1, 5 und 2 etc. zerlegt wird.

Die angeborenen Grundlagen der Mengenbewusstheit entwickeln sich im Laufe der Vorschulzeit parallel zum Erwerb des Zahlwissens. Resnick (1989) bezeichnet die frühen Mengenkonzepte als protoquantitative – d. h. noch nicht mit Zahlen verknüpfte – Schemata, die zunächst die Einschätzung der Mächtigkeit von Mengen mit Bezeichnungen wie »groß«, »viele«, »wenige« etc. umfassen und den Vergleich von Mengen (»Menge 1 ist größer als Menge 2«) ermöglichen. Im Alter von 3 bis 4 Jahren können Kinder Änderungen der Mächtigkeit identifizieren und sie wissen, dass Mengen konstant bleiben, wenn nichts entfernt oder hinzugefügt wird. Basierend auf ihren Alltagserfahrungen entwickeln sie schließlich das Teil-Ganzes-Schema und können im Alter von 4 bis 5 Jahren Klasseninklusionsaufgaben lösen (»Die roten und grünen Spielsteine zusammen sind mehr als nur die roten Spielsteine«). Sie verfügen damit bezüglich Mengenoperationen über die Voraussetzung für Addition und Subtraktion und das Lösen von Zerlegungsaufgaben, das ab Klassenstufe 2 im Rechenunterricht thematisiert wird.

5.2.2 Der Erwerb der Zahlwortsequenz

Die Entwicklung des Zahlbegriffes ist beim Aufwachsen von Kindern eng mit der Sprachentwicklung verknüpft. Ab einem Jahr beginnen Kinder erste Wörter zu sprechen, vorerst sog. Holophrasen, dann mit zunehmender Erfahrung komplexere Konstrukte, wie Zweiwortsätze. Etwa ab dem Alter von 2 Jahren beginnen sie auch, die Zahlenreihe zu lernen, und dieser Prozess vollzieht sich bis zur Einschulung mit aufsteigender Komplexität und zunehmender Verknüpfung mit Mengenkonzepten (Fritz & Ricken, 2005; Fuson, 1988; Krajewski, 2005).

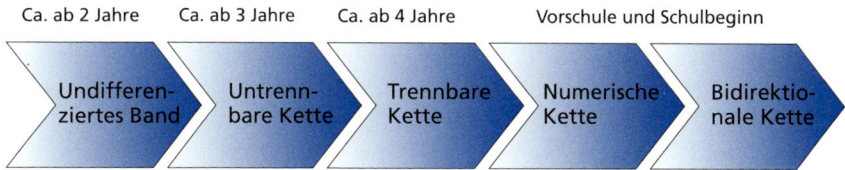

Abb. 5.2: Der Erwerb des Zahlwissens ist eng an die Sprachentwicklung geknüpft. Gemäß dem Modell von Fuson (1988) werden dabei verschiedene Phasen durchlaufen, bis ein echt numerisches Zählen erreicht wird.

Lange bevor Kinder Zahlen zum Abzählen verwenden, beginnen sie die Zahlenreihe auswendig zu lernen (Fuson, 1988). Auf diesem Level, das als »*String Level*« bzw. »*undifferenziertes Band*« bezeichnet wird, ähnelt das Aufsagen eher der Rezitation eines Gedichts, wobei die Wortsequenz nur vollständig wiedergegeben werden kann. Es besteht noch kein Verständnis für die Bedeutung der Zahlen und eine Eins-zu-eins-Zuordnung von Zahlen zu den Elementen einer Menge ist noch nicht möglich. Mit einem Alter von 3 bis 4 Jahren beginnen Kinder, die einzelnen Zahlen zu unterscheiden (»*unbreakable list*« bzw. »*untrennbare Kette*«), aber die Reihenfolge kann beim Zählen noch nicht umgekehrt werden und es muss beim Abzählen mit der »1« gestartet werden. In dieser Phase des Zählenlernens beginnt das Kind mit dem sukzessiven Abzählen einer Menge, üblicherweise unterstützt durch Zeigegesten. Es lernt außerdem, dass die letzte Zahl beim Abzählen die Anzahl der Objekte einer Menge angibt (kardinales Mengenverständnis). Zeitgleich erwirbt das Kind allmählich eine interne Repräsentation der Zahlen, etwa in Form eines Lineals oder Zeitstrahls, auf welchem die Mächtigkeit von Zahlen visualisiert wird. Mit diesem visuell-analogen Zahlenstrahl wird es später mathematische Operationen ausführen und die Plausibilität von Rechnungen überprüfen können. Im Alter von 4 Jahren beschränkt sich diese Fähigkeit jedoch noch auf einfache Addition und Subtraktion auf der Basis des Aufteilens oder Zusammenfügens kleiner Mengen. Der visuell-analoge Zahlenstrahl ermöglicht zudem die Internalisierung des Zählvorgangs und die Verknüpfung der Zahlen mit Mengenvorstellungen. Diese Integration erfolgt ebenfalls ca. im Alter von 4 Jahren (Resnick, 1989). Das Kind befindet sich nun auf dem Level der *trennbaren Kette* (= »breakable chain«, Fuson, 1988), nimmt die Zahlen als getrennte Einheiten war und kann an einer beliebigen Stelle der Zahlenreihe mit dem Zählen beginnen und rückwärts zählen. Auf der Ebene der *numerischen Kette* schließlich kann das Kind einfache Rechenaufgaben zählend lösen und schließlich zu Schuleintritt, auf der Ebene der *bidirektionalen Kette* (auch *echtes numerisches* Zählen), flexibel vorwärts und rückwärts zählen, Zahlen zerlegen und wieder zusammensetzen. Dem Kind ist nun bewusst, dass jeder Zählschritt eine Zunahme um eine Einheit darstellt, dass Zahlen der Zahlenreihe den gleichen Abstand haben und alle vorangegangenen Zahlen der Zahlenreihe umfassen. In diesem Altersbereich sind einfache Additions- und Subtraktionsaufgaben mit einer unbekannten Endmenge lösbar (Stern, 1992), wie z. B.

- »Joe hat 5 Murmeln. Tom gibt ihm 3 Murmeln dazu. Wie viele Murmeln hat Joe?« (Austauschaufgabe, Addition, Endmenge unbekannt)
- »Joe hat 5 Murmeln. Er gibt Tom 3 Murmeln. Wie viele Murmeln hat Joe noch?« (Austauschaufgabe, Subtraktion, Endmenge unbekannt)
- »Joe hat 5 Murmeln, Tom hat 3. Wie viele Murmeln haben sie zusammen?« (Kombinationsaufgabe, Addition, Endmenge unbekannt)

Ist hingegen ein relationaler Zahlbegriff erforderlich, in denen Zahlen nicht als absolute Einheiten verwendet, sondern aufeinander bezogen werden (»Joe hat 5 Murmeln, Tom hat 3 Murmeln mehr als Joe. Wie viele Murmeln hat Tom?«), so fällt dies Kindern in der ersten Klasse noch sehr schwer. Diese Aufgaben werden meist erst in der zweiten Klassenstufe gemeistert.

An dieser Stelle ist jedoch nur die grundlegende Entwicklung abgeschlossen. Höhere mathematische Leistungen erfordern das Lösen realer Aufgabenstellungen und das mathematische Modellieren. Um eine solche Aufgabe zu lösen, müssen Kinder in der Lage sein, eine Situation, beispielsweise eine Textaufgabe, in ein mentales Modell zu übersetzen (Realmodell), ein passendes mathematisches Modell zu entwickeln, dieses zu verarbeiten, das Ergebnis zu interpretieren, in das Realmodell rückzuübersetzen und auf Plausibilität zu überprüfen.

5.3 Symptomatik und Auftretenshäufigkeit der Rechenstörung

Die Definition der Rechenstörung ist nach DSM-5 und ICD-11 strukturell mit der Lesestörung oder der Rechtschreibstörung vergleichbar. Das Phänomen der Rechenstörung – in der ICD-11 (WHO, 2018) als »Developmental learning disorder with impairments in mathematics« bezeichnet – umfasst Einschränkungen in den folgenden Bereichen (▶ Abb. 5.3):

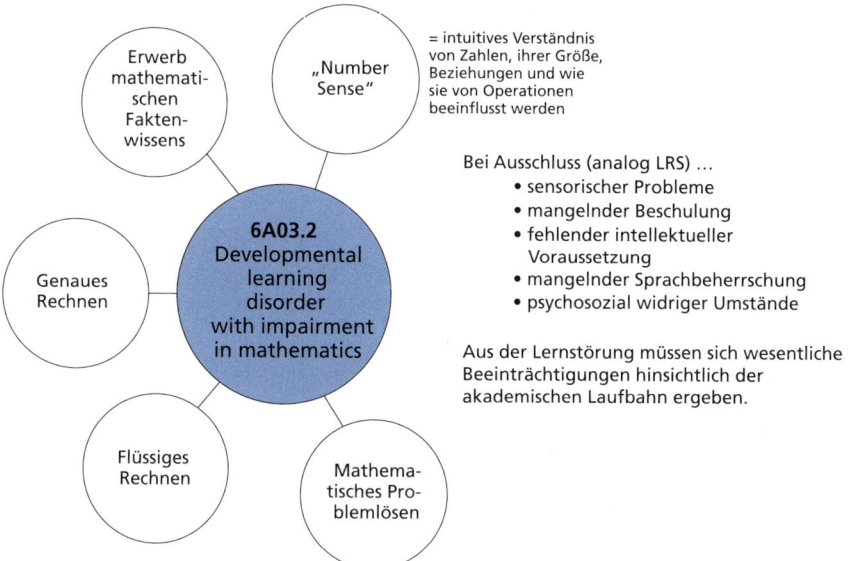

Abb. 5.3: Definitionskriterien für die Diagnose einer Rechenstörung nach ICD-11 (WHO, 2018). Zur Störung gehören nicht nur Einschränkungen im basalen Mengen- und Zahlverständnis (»Number Sense«), dem Erwerb von Faktenwissen und dem genauen und flüssigen Rechnen, sondern auch in der Anwendung mathematischer Fähigkeiten auf Alltagsprobleme. Analog zur Lese- und Rechtschreibstörung wird ausgeschlossen, dass die Störung durch sensorische Probleme, mangelnde Beschulung, fehlende intellektuelle Voraussetzung, mangelnde Sprachbeherrschung oder psychosozial schwierige Umstände hervorgerufen wird. Ebenfalls muss sich aus der Lernstörung eine wesentliche Beeinträchtigung hinsichtlich der akademischen Laufbahn ergeben.

Die Rechenstörung kann isoliert oder in Verbindung mit anderen Lernstörungen wie der Lese- oder der Rechtschreibstörung auftreten. Beim isolierten Auftreten liegen die Probleme überwiegend in der Zahlensemantik, also den Rechenoperationen und den zugrundeliegenden Konzepten, der Visualisierung von Zahlen und Mengenrelationen, dem Erwerb mentaler Schemata einfacher Rechenprozeduren und dem Erwerb von Faktenwissen. Die Probleme sind oft sehr heterogen und umfassen eine ganze Reihe an numerischen und nichtnumerischen Operationen wie dem Abzählen, der Erfassung von Größenordnungen, der Umwandlung von Ziffern in Wörter und Mengendarstellungen, die Interpretation räumlicher Darstellungen und in Aufmerksamkeitsprozessen (Kucian & Aster, 2015). Dem liegt möglicherweise ein einheitliches Kerndefizit zum Umgang mit Numerositäten zugrunde (Butterworth et al., 2011), mit einem neuropsychologischen Bezug zu Hirnstrukturen des Scheitellappens (sog. intraparietaler Sulcus, IPS, ▸ Kap. 5.4). Ebenfalls betroffen ist der visuell-räumliche Skizzenblock des Arbeitsgedächtnisses (Schuchardt et al., 2008; Maehler & Schuchardt, 2016), der bei Kindern mit Rechenproblemen eine geringere Kapazität aufweist. Sehr häufig tritt die Rechenstörung aber in Kombination mit Problemen im schriftsprachlichen Bereich auf und in diesem Fall ist die Problematik stärker und es sind zusätzlich sprachliche Leistungen betroffen. Hierzu gehört das Verständnis für den Symbolcharakter von Zahlen und mathematischen Operatoren und die Kapazität des phonologischen Arbeitsgedächtnisses.

Betrachtet man die Ergebnisse des *Programme for the International Assessment of Adult Competencies* (PIAAC; s. Rammstedt, 2013), dem Analogon von PISA für den Erwachsenenbereich, so zeigt sich, dass Probleme im Umgang mit Zahlen und der Anwendung einfacher mathematischer Operationen viele Menschen auch im Erwachsenenalter vor Probleme stellen:

Alltagsmathematisches Verständnis Erwachsener in PIAAC

PIAAC ist analog zu PISA eine bevölkerungsrepräsentative Studie zur Erfassung von Lesekompetenz, alltagsmathematische Fähigkeiten und technologiebasiertem Problemlösen (Rammstedt, 2013). Die dabei eingesetzten Aufgaben sind in Schwierigkeitsniveaus unterteilt und beziehen sich auf die Anwendung bzw. das Lösen von alltagsrelevanten Fragestellungen. Beispielsweise umfasst eine Aufgabe auf Niveaustufe 1 (Informationsentnahme aus einfachen, kurzen Texten) eine Liste von 10 Kindergartenregeln, von denen die erste »Bitte sorgen Sie dafür, dass das Kind bis 10.00 Uhr hier ist« lautet. Die zugehörige Frage »Um welche Uhrzeit sollten die Kinder spätestens im Kindergarten eintreffen?« wurde in Deutschland von 4,5 % der Teilnehmenden nicht gelöst (Niveaustufe ≤ 1). Für weitere 13,9 % war dies die Maximalanforderung, die sie noch bewältigen konnten (Niveaustufe 1).

Wie auch bei der Lesestörung und Rechtschreibstörung hängt der Anteil der betroffenen Personen sehr stark von der Definition ab und es sollte immer berücksichtigt werden, dass die Leistungsverteilung kontinuierlich ist. Es gibt keine Gruppe von Kindern mit Rechenschwierigkeiten, die sich eindeutig erkennbar qualitativ von den anderen Kindern unterscheidet, sondern die Übergänge sind fließend. Das Setzen eines Cut-off-Kriteriums ist deshalb willkürlich und zudem sind die Diagnosen mit Unsicherheit behaftet. DSM-5, ICD-11 und die darauf basierenden Diagnoserichtlinien für den deutschen Sprachraum (DGKJP, 2018) operationalisieren die Rechenstörung über die Leistung in standardisierten Rechentests, wobei das Ergebnis zu den niedrigsten 7 % der Leistungen der Normstichprobe gehören muss

5.3 Symptomatik und Auftretenshäufigkeit der Rechenstörung

(Prozentrang 7, bzw. T-Wert ≤ 35). Weiterhin zu berücksichtigen sind Ausschlusskriterien wie mangelnde Beschulung, sensorische Probleme oder psychosozial belastende Umstände, sodass der tatsächliche Anteil etwas niedriger liegen muss als 7 %. Basierend auf der ICD-10-Definition und den älteren Leitlinien, die noch eine Diskrepanz zum IQ beinhalteten (aktuell nicht mehr diagnoserelevant), kommen Fischbach et al. (2013) zu einem Anteil von 2,6 % an Kindern mit einer isolierten Rechenstörung und 2,0 % mit einer kombinierten Rechenstörung. Ohne Berücksichtigung der IQ-Diskrepanz betrugen die Anteile 5,0 % versus 4,2 %. Das Geschlechtsverhältnis ist zuungunsten der Mädchen ausgeprägt. Sie sind etwa dreimal häufiger von einer isolierten Rechenstörung betroffen als Jungen, wohingegen bei einer kombinierten Schulleistungsstörung das Verhältnis nur noch leicht zuungunsten der Mädchen ausfällt. Wie auch bei schriftsprachlichen Leistungen ist zu beachten, dass die Leistungsunterschiede zwischen den Geschlechtern im Mittel eher klein sind und in den Randbereichen überdeutlich sichtbar werden. Während in PISA bei der Lesekompetenz in fast allen Ländern Mädchen im Mittel leicht besser abschneiden (Reiss et al., 2019), findet sich in der Mathematik i. d. R. ein leichter Vorteil der Jungen (Prenzel, 2013).

Die Symptomatik weist altersspezifische Problematiken auf, da sich die Anforderungen im Laufe der Beschulung ändern. Durch die Einschränkungen im Verständnis der Verknüpfung von Mengen und Zahlen und dem darauf aufbauenden Verständnis für das Zahlsystem ist der Erwerb mathematischer Prozeduren und der Aufbau von Faktenwissen beeinträchtigt. Einschränkungen in diesem grundlegenden Fähigkeitsbereich sind bereits vor der Einschulung nachweisbar (Endlich et al., 2017) und sie führen zu Problemen beim Erwerb der Zahlwortsequenz, des hinduarabischen Stellenwertsystems und seiner syntaktischen Regeln (Einer, Zehner, Hunderter, …) sowie den darauf aufbauenden Rechenprozeduren. Hinsichtlich der Zahlensemantik ist das Verständnis für Rechenoperationen und den ihnen zugrundeliegenden Konzepten (Mehr-Weniger, Vielfaches, Teil-Ganzes) eingeschränkt und die Erfassung und der Vergleich von Mengen ist erschwert. Der Aufbau des analogen Zahlenstrahls und zugehörige Zahlenraumvorstellungen, die für das Überschlagen und Schätzen wichtig sind, gelingen nur mühsam. Die Schwierigkeiten zeigen sich beispielsweise auch bei der Übertragung von Zahlen aus einer Kodierung in eine andere (Zahlwort – arabische Ziffer – analoge Mengenrepräsentation), wie z. B. dem Spielen von Brettspielen wie »Mensch ärgere Dich nicht«, bei dem Spielschritte durch Würfelbilder repräsentiert werden. Durch diese Defizite entstehen in der Grundschule wiederum sich aufsummierende Defizite im Vorwissen. Da höhere mathematische Fähigkeiten wesentlich auf eine Automatisierung zugrundeliegender Konzepte angewiesen sind, wirken bereits die Vorwissenslücken alleine als Hindernis für weitere Entwicklungsschritte. Zudem entsteht eine hohe kognitive Last im Arbeitsgedächtnis, wenn grundlegendes Rechenwissen wie die Multiplikation einstelliger Zahlen nicht im Langzeitgedächtnis verfügbar ist und stattdessen immer wieder neu hergeleitet werden muss. In der Folge fehlen kognitive Ressourcen für komplexere Operationen.

Bei der Einschulung und dem Beginn eines formellen, didaktisch organisierten Unterrichts gelingt es den meisten Kindern zunächst Schritt zu halten, da ein Unverständnis für zugrundeliegende Strukturen durch das Auswendiglernen, Anstrengung und die Verwendung von Zählhilfen kompensiert werden kann. Rechenschwierigkeiten sind deshalb zunächst unter Umständen nicht direkt sichtbar, aber die Kinder fallen durch langsameres Arbeiten auf. Mit den erhöhten Anforderungen der zweiten bis vierten Klasse beginnen die Rechenschwierigkeiten stärker hervorzutreten, da es notwendig wird, mehrstellige Zahlen zu zerlegen. Ebenso erfordern Platzhalteraufgaben (19 – ? = 5) ein relationales Verständnis von Zahlen und die Anforderungen können nicht mehr zählend – d. h. durch das sequenzielle Durchschreiten einer Zahlenreihe – gelöst werden. Reines Auswendiglernen ist nun nicht mehr hinreichend, um das fehlende mathematische Verständnis zu kompensieren. Auch zu Text- und Sachaufgaben finden die Kinder keinen Zugang. Diese werden willkürlich gelöst, indem Zahlen zufällig miteinander verrechnet werden. Im Hunderter- und Tausenderraum werden Zahlen vertauscht, da die Bedeutung der Stellen nicht verstanden wurden.

»Ein Nachmittag im Leben eines rechenschwachen Kindes«

In einer fiktiven, aber realistischen Fallgeschichte beschreibt Wolfgang Hoffmann (Hoffmann, 2005) in schmerzhafter Präzision die typischen Probleme, mit denen ein rechenschwaches Mädchen der dritten Klasse und die vom erfolglosen Üben frustrierte Mutter zu kämpfen haben. Aufgrund des mangelnden Mengenverständnisses und der Probleme mit dem Stellenwertsystem arbeiten sich beide an der Aufgabe »25 + 18 = ?« ab. Da die Mutter die Verständnisprobleme des Kindes nicht versteht, führen alle Hilfestellungen sukzessive zu immer größerer Verwirrung:

> *»… Die erste vorsichtige Hochrechnung der Mutter kommt auf zwei Stunden und das nur für Mathe! Also muss hier schleunigst eine Hilfestellung gegeben werden, damit der Nachmittag nicht schon wieder mit Tränen endet. ›Maren, rechne doch erst einmal 25 + 5!‹ Maren ist über dieses Anliegen im höchsten Maße verwundert. Die Hausaufgabe hieß doch 25 + 18, und hatte die Mutti nicht seit geraumer Zeit darauf bestanden, dass sie diese Aufgabe auch lösen soll? Maren fragt nach: ›Warum soll ich denn die Aufgabe 25 + 5 rechnen; die ist doch gar nicht bei den Hausaufgaben?‹ Die Antwort der Mutter sorgt bei Maren für völlige Konfusion: ›Weil du erst einmal zum nächsten vollen Zehner rechnen sollst!‹…«*

Leider endet die Geschichte schlussendlich trotzdem in Tränen und als schließlich der Vater ebenfalls »mithilft«, wird die Situation noch problematischer. Was in der Geschichte humorvoll vermittelt wird, hat eine sehr ernste Bedeutung, denn Kinder, die schließlich in der Therapie ankommen, sind in ihrem Selbstkonzept oft schwer erschüttert. Obwohl viele Betroffene durchschnittlich oder überdurchschnittlich intelligent sind, haben sie das Gefühl, nichts zu können, und sie haben das Vertrauen verloren, an dieser Situation etwas ändern zu können. Das stundenlange Üben nach der Schule führt zu keinen Fortschritten, da nur das geübt werden kann, was grundlegend verstanden wurde. Fehlen die zugrundeliegenden Konzepte, so verursachen die Übungen lediglich eine sinnlose Last. Die ständigen schulischen Misserfolge führen zu einem negativen Selbstkonzept, das zu einer Verweigerungshaltung gegenüber diesem Fach führt und in der Folge auch auf andere Bereiche generalisieren kann. Auch sammeln sich auf diese Weise Vorwissensdefizite weiter an, die die Wahrscheinlichkeit, zukünftig in Mathematik erfolgreich zu sein, weiter reduziert.

Einige mögliche Fehlerarten beim schriftlichen Rechnen sind Teillösungen (nur einzelne Stellen werden beim schriftlichen Addieren verrechnet), falsche Anordnung der Stellen (z. B. Fehler beim »Borgen« einer Zahl bei der Subtraktion), Fehlkonzepte bei der Bedeutung des Stellenwertsystems oder Fehlverständnis der Zahl Null (Ersetzen der 0 durch 1; ▶ Tab. 5.1).

Tab. 5.1: Beim Rechnen können vielfältige Fehler auftreten, wenn Kinder Zahlen willkürlich verarbeiten. Das Erkennen der Fehlkonzepte ist am leichtesten in einer Eins-zu-eins-Situation möglich, indem das Kind den Rechenweg laut verbalisiert.

Teillösungen	Falsche Anordnung von Stellen	Fehlkonzepte bei der Bedeutung des Stellenwertsystems	Fehlverständnis der Zahl Null
57 − 3 ――― 4	29 + 8 ――― 217	45 + 2 ――― 67	$30 \times 2 = 62$

Später entstehen vielfältige Folgeprobleme, da Mathematik in unzähligen Bereichen des alltäglichen Lebens und in anderen Schulfächern vorkommt. Hierzu gehören insbesondere naturwissenschaftliche Fächer (Erdkunde, Biologie, Physik), aber auch der alltägliche Umgang mit Thermometern, die Orientierung in Wochen- und Jahresverläufen, das Lesen von Uhren, die Einordnung historischer Ereignisse, die Verwendung von Grafiken und Tabellen und der Umgang mit Geld.

5.4 Ursachen und Formen

Wie bei allen Lernstörungen gibt es auch bei der Rechenstörung Hinweise auf genetische Dispositionen. Tosto und Kolleginnen (2014) zeigten durch den Vergleich zwischen sehr großen Kohorten eineiiger und zweieiiger Zwillinge eine mäßige Erblichkeit von 32 % bei numerischen Fähigkeiten, was auf einen sehr bedeutsamen Umwelteinfluss hinweist. Die moderate Erblichkeit ist auch in Bezug auf Diagnosen von Rechenstörungen zu finden (Light & DeFries, 1995): Bei eineiigen Zwillingen sind bei Vorliegen einer Rechenstörungen in 49 % der Fälle beide Zwillinge betroffen, wohingegen bei zweiigen Zwillingen dieser Anteil bei 32 % liegt. Basierend auf der Diskrepanz beider Werte kann ebenfalls von einem moderaten genetischen Einfluss ausgegangen werden. Die Heritabilität ist somit insgesamt niedriger als bei der LRS und ein erheblicher Anteil an der Entstehung einer Rechenstörung liegt in Umweltfaktoren (Einstellung der Eltern, didaktische Herangehensweise im Mathematikunterricht …) oder der Interaktion zwischen Genen und Umwelt begründet. Durch Lernerfahrung beeinflusste Aspekte wie die Mengenbewusstheit und das vorschulisch erworbene Zahlenwissen sind von großer Bedeutung für die schulische

Entwicklung mathematischer Fähigkeiten. Zudem hängen Rechenprobleme von sehr vielen weiteren Faktoren (Arbeitsgedächtnis, Vorwissen, Verarbeitungsgeschwindigkeit) ab, deren Einfluss auf die Entwicklung zu verschiedenen Zeitpunkten unterschiedlich stark ausgeprägt sind (Szűcs & Goswami, 2013). Darüber hinaus interagieren emotionale und motivationale Aspekte mit der Leistung im mathematischen Bereich: Fallen Rechenoperationen schwer, so ist dieser Bereich mit Unlust besetzt, was wiederum zu einer Vermeidung der Beschäftigung mit dieser Thematik führt. Es häufen sich Vorwissensdefizite an oder Fähigkeiten werden nicht automatisiert, sodass in der Folge das Schritthalten mit der Leistungsentwicklung Gleichaltriger immer schwerer fällt. Dies alles führt zu einem komplexen Bedingungsgeflecht bei der Entstehung von Rechenstörungen bzw. dem Gelingen des Aufbaus mathematischer Kompetenzen.

Die Frage nach Subtypen von Rechenstörungen ist eng mit neuropsychologischen Modellen und bildgebenden Verfahren verknüpft. Dehaene (1992) ging in seinem neuropsychologischen »Triple Code«-Modell von drei Subtypen von Rechenstörungen aus, deren Symptomatik mit spezifischen neurologischen Korrelation bzw. abweichenden Aktivierungszentren im Gehirn einhergeht:

1. *Sprachlicher Subtypus*: Hierbei sind vor allem Unterschiede in der Aktivierung im linken motorischen Kortex des Stirnlappens zu finden und die Symptomatik bezieht sich vordringlich auf die auditive Analyse von Zahlen, dem Abzählen, dem Aufbau von Faktenwissen und der Durchführung von Addition und Multiplikation.
2. *Arabischer Subtypus*: Hier liegen veränderte Aktivierungsmuster im linksseitigen Schläfenlappen vor, die für die auditive Analyse von Sprache relevant sind. Dort lokalisiert sind Fähigkeiten zum Umgang mit mehrstelligen Zahlen und dem Lesen und Schreiben von arabischen Ziffern.
3. *Tiefgreifender Subtypus*: Bei diesem Subtypus sind vorsprachliche, analoge Größenrepräsentationen betroffen, die einen Bezug zum Scheitellappen (Parietalkortex) haben. Es liegt ein starker Bezug zum visuell-analogen Zahlenstrahl vor, den wir benötigen, um Größen einzuordnen, Zahlen zu vergleichen und Ergebnisse auf ihre Plausibilität zu prüfen. Sind diese Fähigkeiten eingeschränkt, so ergeben sich umfassende Probleme, die letztlich auch zu veränderten Aktivierungen in den anderen Hirnregionen führen.

In jüngerer Zeit wurde insbesondere der parietale Anteil der Aktivierungsmuster untersucht und dabei beidseitig eine Hirnregion mit der Bezeichnung intraparietaler Sulcus (IPS; Rotzer et al., 2008) – eine Region, die an den Gyrus angularis angrenzt, der besonders für das Lesen relevant ist. Der IPS spielt insbesondere in der Steuerung der visuellen Aufmerksamkeit und der Auge-Hand-Koordination eine wichtige Rolle und er wird mit dem Kerndefizit von Rechenstörungen in Verbindung gebracht, dem Defizit im »Zahlensinn« (Visualisierung von Mengen, Überschlagsrechnen, Größeneinschätzungen und -vergleiche). Es gibt in diesem Areal keine strukturellen Unterschiede, sondern vor allem geänderte Aktivierungsmuster, was als biologisches Korrelat der Schwierigkeiten bei der Verarbeitung von Zahlen gedeutet werden kann. Eine erfolgreiche Therapie führt interessanterweise zu einer Normalisierung der Aktivierungsmuster in dieser Hirnregion (Michels et al., 2018).

Doch es gibt nicht alleine nur neurologische Korrelate von Rechenstörungen. Die großen Effekte der Interventionsforschung (Chodura et al., 2015; Ise, Dolle et al., 2012) verweisen darauf, dass mathematische Fähigkeiten sehr gut für Fördermaßnahmen zugänglich sind, und aus diesem Grund kommt der Mathematikdidaktik und den Fähigkeiten der Lehrkraft eine herausragende Bedeutung zu. Die frühe, möglichst bereits vorschulisch beginnende Vorbereitung auf den Erwerb schulischer Rechenfertigkeiten, ein sachlogisch und lernpsychologisch sinnvoll strukturierter Aufbau des Unterrichts, diagnostische Fähigkeiten der Lehrkraft, Individualisierung der Vorgehensweise und genügend Zeit für die Konsolidierung der Inhalte sind zentrale Voraussetzungen für die Verhinderung problembehafteter Schulkarrieren (vgl. Kap. 5.6).

Und schließlich muss noch beachtet werden, dass im Fall einer Rechenstörung das Auftreten komorbider Probleme sehr wahrscheinlich ist (Kucian & Aster, 2015) und die überwiegende Mehrheit der Personen betrifft. Hierzu gehören weitere kognitive Einschränkungen wie die Lese-Rechtschreibstörung und das Aufmerksamkeitsdefizitsyndrom, Probleme im visuell-räumlichen Arbeitsgedächtnis (Maehler & Schuchardt, 2016), Angst, affektive Störungen und ein stark beeinträchtigtes Selbstwertgefühl (Butterworth, 2008).

5.5 Diagnosestellung

Wie auch bei der Lese-Rechtschreibstörung existieren für die Rechenstörung Leitlinien (DGKJP, 2018), die auf Basis der eher allgemein gehaltenen Definitionen von ICD und DSM konkrete Diagnose- und Förderstrategien festlegen und die einen Konsens aller relevanten Fachgesellschaften im deutschsprachigen Bereich darstellen. Das generelle Vorgehen in der Diagnostik umfasst die Erhebung der folgenden Informationsquellen:

- *Anamnese*: Entwicklungsgeschichte, familiäre und schulische Rahmenbedingungen und psychische Befindlichkeit des Kindes.
- *Primärsymptomatik*: Sorgfältige Erfassung der Symptomatik (Schulnoten, Leistungsdiskrepanzen zwischen Fächern, Betrachtung der Fehlermerkmale) und Absicherung durch psychometrische Tests, insbesondere der Mathematikleistung (Basiskompetenzen, Grundrechenarten, Textaufgaben), der Leistung im Bereich des visuell-räumlichen Arbeitsgedächtnisses und der Leistung im Bereich der Exekutiven Funktionen (Inhibition).
- *Klinische Differenzialdiagnostik*: Entwicklungsneurologische Abklärung und Ausschluss organischer, einschließlich der körperlichen/neurologischen, sensorischen und intellektuellen Funktionen.
- *Komorbide Störungen*: Erfassung potenzieller komorbider Störungen, besonders weitere schulische Entwicklungsstörungen (LRS), Symptome aus dem ADHS-Spektrum und Symptome aus dem Bereich internalisierender Verhaltensstörungen (Affektive Störungen, Mathematik-, Prüfungs- bzw. Schulangst).

- *Folgen*: Auswirkungen der Leistungsdefizite auf die psychische und soziale Entwicklung, die schulische Integration und die gesellschaftliche Teilhabe.

Die Leitlinien sehen vor, dass bei einer Leistung in einem standardisierten Rechentest, die zu den 7 % schwächsten Leistungen der Alters- oder Klassennorm gehört (PR ≤ 7 oder T-Wert ≤ 35), ein starker Hinweis auf eine Rechenstörung vorliegt. Wenn die weiteren klinischen und qualitativen Kriterien den Verdacht einer Rechenstörung unterstützen, dann kann auch eine erweiterte Definition zugrunde gelegt werden (PR ≤ 16 oder T-Wert ≤ 40). Ein IQ-Diskrepanzkriterium wie bei der LRS ist grundsätzlich nicht vorgesehen, jedoch wird die Intelligenz des Kindes in der Regel bei der Erfassung der Symptome meist im Rahmen der Differenzialdiagnostik erhoben.

Die Diagnose ist frühestens ab der Mitte der ersten Klasse möglich, da die Genauigkeit der psychometrischen Verfahren zuvor nicht ausreicht und die Entwicklung der Kinder sehr dynamisch verläuft. Die Früherkennung von Risikomerkmalen und daran anknüpfend eine präventive Förderung ist aber bereits im letzten Jahr vor dem Schuleintritt möglich (z. B. Endlich et al., 2017). Die Leitlinien umfassen eine dezidierte Aufstellung der zum Zeitpunkt der Verfassung erhältlichen Testverfahren für die Diagnose und Früherkennung, inklusive einer Bewertung ihrer Qualität.

5.6 Prävention und Intervention

Schulische Regelungen zur Rechenstörung sind, anders als bei der LRS, nur in einem Teil der Schulgesetze der verschiedenen Bundesländer zu finden, obwohl die Rechenstörung eine gleichermaßen durch die WHO anerkannte Lernstörung ist. Da Möglichkeiten zum Nachteilsausgleich häufig fehlen (ein Umstand der durch das stärkere Auftreten bei Mädchen eine klare Benachteiligung der Mädchen darstellt), ist ein noch stärkerer Fokus auf vorschulische Prävention und effektive Hilfen sogar noch wichtiger als bei der LRS, um im Falle schulischer Probleme so früh wie möglich effektive Unterstützung zu geben oder diese ganz vermeiden zu können. Während viele Betroffene und ihre Eltern von sehr hartnäckigen Problemen und langfristig negativen Auswirkungen berichten, dokumentiert die Interventionsforschung insgesamt sehr hohe Effektstärken (Chodura et al., 2015). Damit die Förderung gelingt, ist eine systematische Vorgehensweise und die Wahl eines geeigneten Lernsettings notwendig. Als besonders effektiv erwies sich die direkte Instruktion in einem Eins-zu-eins- oder Kleingruppensetting, also das kleinschrittige und angeleitete Lernen und Üben mit einer hohen Betreuungs- und Feedbackintensität. Zu den Inhalten gehören nicht alleine der Aufbau und das intensive Üben mathematischer Fertigkeiten, sondern auch der Aufbau mathematischen Faktenwissens. In niedrigen Jahrgängen sind Vorläuferfähigkeiten (Mengenoperationen, Aufbau der Zählfertigkeiten, Zahlenraumvorstellungen und die Verknüpfung von Zahlen und Mengen) besonders wichtig, während in höheren Jahrgängen eher auf Problemlösefähigkeiten, mathematisches Modellieren und Strategievermittlung eingegangen wird. Die Inhalte müssen systematisch aufeinander aufbauen und in der Förderung noch besser durchdacht, langsamer vermittelt und von einer höheren Übungsintensität begleitet sein als wenn sie normalbegabten Kindern vermittelt werden. Oftmals ist es von Vorteil, nicht zu stark auf konkrete, reichhaltige Visualisierungsmöglichkeiten zu setzen, sondern möglichst bald Darstellungen auf ihren Kern zu reduzieren und durch symbolische Darstellungen zu ersetzen. Alle Rechenoperationen sollten begleitend durch Verbalisierung demonstriert werden und auch die Kinder sollten beim Lösen der Aufgaben den Lösungsweg artikulieren, damit Fehlkonzepte leichter identifizierbar sind. Computerbasierte Förderprogramme können eine Therapie der Rechenstörung unterstützen.

In den Leitlinien wird eine Liste an Förderungsprogrammen und Therapiekonzepten benannt, für die es empirische Effektivitätsbelege gibt (DGKJP, 2017). Nicht alle diese Programme sind noch verfügbar und es werden immer wieder neue Ansätze publiziert. In der Auswahl der Herangehensweise ist es wichtig, auf eine theoretische Fundierung und wissenschaftliche Überprüfung zu achten und die Maßnahmen sollten primär an den Fehlerschwerpunkten ansetzen. Stellvertretend für viele weitere Konzepte soll an dieser Stelle das Präventionsprogramm »Mengen, zählen, Zahlen« (Krajewski et al., 2007) vorgestellt werden:

»Mengen, zählen, Zahlen« (MZZ)

Ziel des Programmes ist die mathematische Frühförderung bzw. die Prävention späterer Rechenstörungen durch eine Förderung vor dem Schuleintritt und zu Beginn der ersten Klasse. Das Programm baut auf einem entwicklungspsychologisch orientierten Modell zur Zahlbegriffs- und Mengenverständnisentwicklung auf und vermittelt systematisch die Vorstellung, dass hinter Zahlen Anzahlen, also Mengen, stehen. Die Zahlwortfolge und Ziffernkenntnis werden eingeübt und gefestigt und Größenvorstellungen von Zahlen und ihren Beziehungen aufgebaut. Durch konkrete Darstellungsmittel, z. B. die aus größer werdenden Holzklötzen bestehende Zahlentreppe, wird vermittelt, dass aufsteigende Zahlen mit physikalischen Größen korrespondieren und dass jeder Zählschritt eine Zunahme um 1 bedeutet (▶ Abb. 5.4). Das Programm wird pro Woche dreimal über einen Zeitraum von acht Wochen in Kleingruppen oder im schulischen Anfangsunterricht durchgeführt.

Es existieren mehrere empirische Untersuchungen, wie z. B. von Ennemoser et al. (2015). In der vorliegenden Studie sollte die Effektivität eines Förderprogramms bei Risikokindern in der ersten Klasse überprüft werden. Aus einer größeren Stichprobe wurden am Beginn der ersten Klasse (Prätest im Dezember) 64 Kinder ausgewählt, die ein Risiko für die Entwicklung einer Rechenstörung aufwiesen, und in eine Experimentalgruppe (MZZ) oder eine Kontrollgruppe (normaler Unterricht) eingeteilt. Die Förderung fand über einen Zeitraum von fünf Wochen statt. Im März wurden die numerischen Basisfertigkeiten und die Rechenfertigkeiten erneut untersucht (Posttest) und ein weiteres Mal in einem Follow-up-Test im Juni. Die Kinder der Experimentalgruppe zeigten

5 Rechenstörung

Abb. 5.4: Die Zahlentreppe aus dem Programm »Mengen, Zählen, Zahlen« veranschaulicht auf plastische Weise den Zusammenhang zwischen Zahlen und Mengen.

im Posttest deutlich bessere Ergebnisse in den numerischen Basisfertigkeiten. Diese Fertigkeiten wurden explizit durch MZZ gefördert. Dagegen ergaben sich zunächst keine Vorteile im Hinblick auf die Rechenfertigkeiten. Die Vorteile der Experimentalgruppe waren auch im Follow-up stabil, aber darüber hinaus zeigte sich im Juni zudem ein deutlicher Vorteil hinsichtlich der Rechenfertigkeiten. Die Trainingseffekte schlugen sich zeitverzögert in einem Transfereffekt nieder. Die Kinder der MZZ-Gruppe konnten also in der Folge besser vom regulären Mathematikunterricht profitieren.

Zusammenfassung

Ähnlich wie beim Erwerb der Schriftsprache ist die schulische Wissensvermittlung mathematischer Inhalte auf vorschulisch erworbenem Wissen aufgebaut. Besonders wichtig für den Erwerb arithmetischer Fähigkeiten ist die Verknüpfung von Zahlwissen und Mengenbewusstheit. Kinder mit Rechenstörungen haben sehr oft weitere Probleme (LRS, ADHS, internalisierende und externalisierende Verhaltensstörungen). Die Kernsymptomatik liegt im »Zahlensinn« (= »Number Sense«), also dem intuitiven Verständnis der Zuordnung von Zahlen zu Mengen, dem Verständnis für die Relation von Zahlen und wie sie durch Operationen verändert werden. Kinder mit Rechenstörungen verwenden Zahlen dagegen häufig wie Namen. Ein neurobiologisches Korrelat liegt im intraparietalen Sulcus (IPS), einem Bereich des Scheitellappens des Gehirns, in dem Zahlenraumvorstellungen generiert werden. Die Einteilung in Subgruppen ist bis heute nicht vollständig gesichert. Es existiert eine mäßige Erblichkeit, was auf eine hohe Bedeutung der mathematischen Frühförderung und der Mathematikdidaktik hinweist. Die Diagnose erfolgt anhand von standardisierten psychologischen Testverfahren und berücksichtigt weitere Aspekte (Leistungsprofil, Vorgeschichte, Komorbiditäten, Folgeprobleme …). Es liegen gut gesicherte Hinweise auf mittlere bis hohe Interventionseffekte in der Therapie vor. Dennoch ist in jedem Fall ein frühes Eingreifen oder besser noch die Verhinderung der Probleme durch vorschulische Präventionsmaßnahmen der beste Weg.

Weiterführende Literatur und Medien

Aster, M. & Lorenz, J. H. (Hrsg.). (2013). *Rechenstörungen bei Kindern: Neurowissenschaft, Psychologie, Pädagogik*. Göttingen: Vandenhoeck & Ruprecht.
Gaidoschik, M. (2016). *Rechenschwäche verstehen – Kinder gezielt fördern: Ein Leitfaden für die Unterrichtspraxis*. Hamburg: Persen.
Landerl, K., Vogel, S. & Kaufmann, L. (2017). *Dyskalkulie: Modelle, Diagnostik*. München. Ernst Reinhardt.
Schneider, W., Küspert, P. & Krajewski, K. (2016). *Die Entwicklung mathematischer Kompetenzen*. Paderborn: Schöningh.
BR24 (2017). Dyskalkulie bei Kindern (Video). Verfügbar unter: https://youtu.be/uXs2FzfmsyQ

Fragen

Eine Rechenstörung … (Multiple-Choice-Aufgabe)

☐ tritt bei Jungen und Mädchen gleich häufig auf.
☐ betrifft ausschließlich basale Rechenfertigkeiten und die Zuordnung von Mengen und Zahlen.
☐ kann auch im Erwachsenenalter durch einen Hirntumor oder eine sonstige Verletzung des Gehirns erworben werden.
☐ liegt bei etwa 2 % bis 5 % der Kinder und Jugendlichen vor.
☐ ist häufig in Verbindung mit anderen Schulleistungsproblemen (LRS, ADHS) zu finden.

Welche Empfehlung(en) für die Therapie einer Rechenstörung ist/sind korrekt? (Multiple-Choice)

☐ Die Therapie sollte an den Fehlerschwerpunkten ansetzen. Es ist somit notwendig, die Herangehensweise auf den individuellen Fall zuzuschneiden.

5 Rechenstörung

☐ Aufgrund der starken neurologischen Bezüge ist besonders die Integration der beiden Hirnhälften wichtig, z. B. indem die Kinder motorische Übungen mit Überkreuzung der Mittellinie (Malen liegender Achten etc.) machen.
☐ Im Rahmen der Therapie sollten konkrete Darstellungsmittel allmählich ausgeblendet und durch symbolische Darstellungsformen ersetzt werden.
☐ Ziel der Therapie ist die Verknüpfung von Zahlen und Mengen, der Aufbau einer mentalen Zahlenraumvorstellung und die Einübung mathematischen Faktenwissens.

6 Aufmerksamkeitsdefizit-Hyperaktivitätsstörung (ADHS)

> **Lernziele**
>
> - Kenntnis der Definitionen von ADHS und ihrer »Presentations«, der Folgen und Komorbiditäten,
> - Fähigkeit zu diskutieren, ob es sich bei ADHS um eine Modediagnose handelt und welche Schwierigkeiten mit der Diagnostik von ADHS verknüpft sind,
> - Fähigkeit, die Häufigkeit von ADHS und den Entwicklungsverlauf zu beurteilen,
> - Kenntnis der Ursachen und Interventionsansätze.

6.1 ADHS – Pathologisieren wir unsere Kinder?

Die psychologische Forschung befasst sich bereits seit über 100 Jahren mit dem Phänomen der Aufmerksamkeit und wie man dieses am besten messen könnte. Beschreibungen von Problemen mit Aufmerksamkeit, motorischer Unruhe und impulsivem Verhalten bei Kindern und Jugendlichen sind sogar noch deutlich älter und sie wurden weltweit beschrieben. Ein typisches Beispiel hierfür sind die Geschichten aus dem »Struwwelpeter«. Der Frankfurter Kinder- und Jugendpsychiater Heinrich Hoffmann skizzierte 1845 in seinem auf martialischen Beispielen aufbauenden Kinderbuch den »Zappel-Philipp« und den »Hanns-Guck-in-die-Luft« – beides Beschreibungen, die man aus heutiger Sicht als Fälle mit Hyperaktivität bzw. Aufmerksamkeitsproblemen werten könnte. Wissenschaftliche Publikationen sind sogar noch älter. Chrichton (1798; S. 271; ▶ Abb. 6.1) beschrieb Probleme der Aufmerksamkeit und die Auswirkungen auf schulischen Lernerfolg bereits vor über 200 Jahren. Noch konkreter wurde der englische Arzt G. Still in seiner 1902 gehaltenen Vorlesung, in der er Fälle vorstellte, die wir aus heutiger Sicht vermutlich mit der Diagnose ADHS belegen würden und für die Still den Begriff »moralischer Defekt« gebrauchte (Still, 1902, Lecture 3):

> »His mother stated that in the midst of playing quietly with other children he would suddenly seize two of them and bang their heads together, making them cry with pain and, she added spontaneously, ›he seems unable to resist it‹ …

Another boy, aged 6 years, with marked moral defect was unable to keep his attention even to a game for more than a very short time, and as might be expected, the failure of attention was very noticeable at school, with the result that in some cases the child was backward in school attainments, although in manner and ordinary conversation he appeared as bright and intelligent as any child could be.«

> The incapacity of attending with a neceſſary degree of conſtancy to any one object, almoſt always ariſes from an unnatural or morbid ſenſibility of the nerves, by which means this faculty is inceſſantly withdrawn from one impreſſion to another. It may be either born with a perſon, or it may be the effect of accidental diſeaſes.
>
> When born with a perſon it becomes evident at a very early period of life, and has a very bad effect, inaſmuch as it renders him incapable of attending with conſtancy to any one object of education. But it ſeldom is in ſo great a degree as totally to impede all inſtruction; and what is very fortunate, it is generally diminiſhed with age. How it is to be corrected, „will be ſpoken of hereafter in the curative part of the work.

Abb. 6.1: Eine frühe Beschreibung einer Aufmerksamkeitsproblematik (Chrichton, 1798, S. 271)

Selbst wenn wir heute manche Aspekte anders bewerten und einen anderen Sprachgebrauch haben, so wird doch durch die Zitate einiges deutlich: Zum einen haben die betroffenen Kinder große Nachteile im Hinblick auf den schulischen Wissenserwerb. Zum anderen spielt nicht alleine die Aufmerksamkeit eine Rolle, sondern es bestehen Probleme, Impulse zu kontrollieren, was in der Folge weitere Verhaltensprobleme und Konflikte nach sich zieht. Und so wundert es nicht, dass die Aufmerksamkeitsdefizit-Hyperaktivitätsstörung (ADHS) zusammen mit aggressivem Verhalten zu den häufigsten Beratungsanlässen im Kindes- und Jugendbereich gehört (Döpfner & Banaschewski, 2013), da die dabei entstehenden Spannungen deutlich sichtbar sind und von Eltern und Lehrkräften nur schwer ignoriert werden können.

> Wie selektiv unsere Aufmerksamkeit ist, zeigen zahlreiche Studien und Videobeispiele eindringlich. Wir übersehen viele Dinge, selbst wenn sich diese unmittelbar vor uns in unserem Gesichtsfeld befinden. Hyman et al. (2014) hängten beispielsweise auf einem stark frequentierten Weg eines Universitätscampus Geld in den tief hängenden Zweig eines Baumes. Nur 19,8 % der Passanten bemerkte die Geldscheine und von jenen mit Smartphone waren es nur 6,4 %. Glücklicherweise gelang es trotzdem 100 % der Personen, dem Zweig auszuweichen.
> Spannende Videobeispiele zum Ausprobieren:
>
> - »Test of Selective Attention« von Daniel Simons, verfügbar unter https://youtu.be/vJG698U2Mvo
> - »Test Your Awareness : Whodunnit?«, Rathaus der Stadt London, verfügbar unter https://youtu.be/ubNF9QNEQLA

Da die Grenzen zwischen normalem und auffälligem Verhalten fließend sind und bislang keine objektiven Diagnosekriterien zur Verfügung stehen, ist die Diagnose ADHS immer wieder Gegenstand gesellschaftlicher Debatten. Diskussionen über eine vermeintliche Zunahme von ADHS-Fällen oder vermeintlich ungerechtfertigter Diagnosestellungen kommen in der deutschsprachigen Öffentlichkeit deshalb immer wieder vor, was zuweilen in der überspitzten Vermutung resultiert, ADHS sei eine Modediagnose (Schwenck, 2016). Und in der Tat erhöhte sich die Anzahl an Diagnosen gemäß dem Arztreport der Barmer GEK (Grobe et al., 2013) seit 2006 zunächst sehr stark – ein Phänomen, das nicht nur in Deutschland, sondern in sehr vielen Ländern zu finden war (Polanczyk et al., 2014) und das vermutlich nicht auf eine Änderung der tatsächlichen Auftretenshäufigkeit, sondern auf eine progressivere Diagnostik zurückzuführen ist. In der Folge gab es viele kritische Berichte zu diesem Thema:

- Spiegel online (21.09.2013): »Debatte: Du Psycho! Die Deutschen pathologisieren ihre Kinder: ADHS, ADS, Depression – eine Krankheit findet sich immer, wenn ein Schüler auffällig wird.«
- Zeit online (05.09.2013): »Gibt es eine Generation ADHS? Seit Jahren herrscht Streit darüber, ob das Aufmerksamkeitsdefizit-Syndrom eine psychische Störung oder eine Modekrankheit ist.«
- Spiegel online (15.08.2016): »Der Anteil der Kinder, denen Ärzte Probleme mit der Aufmerksamkeit oder einen zu starken Bewegungsdrang attestieren, nimmt immer weiter zu. 2006 wurde noch bei 2,5 Prozent der 3- bis 17-Jährigen eine Aufmerksamkeitsdefizit-Hyperaktivitätsstörung (ADHS) diagnostiziert, 2014 waren es schon 4,4 Prozent.«

Angeheizt wurden die Debatten durch die starke Zunahme der Verschreibung von Stimulanzien seit der Zulassung von Methylphenidat in der ersten Hälfte der 1990er-Jahre für den Kindes- und Jugendbereich (▶ Abb. 6.2), bis schließlich durch den gemeinsamen Bundesausschuss (BG-A) im Sommer 2009 vor dem Missbrauchspotenzial gewarnt und strengere Verschreibungsrichtlinien implementiert wurden.

Seit dieser Zeit sind die Diagnosezahlen und Verschreibungen von Medikamenten bei ADHS weitgehend stabil (Akmatov et al., 2018; Schwabe et al., 2019). Die Anwendung von Amphetaminen im Erwachsenenalter hat dagegen seitdem massiv zugenommen, obwohl die Studienlage zum Nutzen und den Folgen bislang äußerst limitiert ist. Zudem fällt die enorme Variation der Diagnosehäufigkeit zwischen den Regionen in Deutschland auf (Akmatov et al., 2018, S. 12). Die regionale und zeitliche Variabilität zeigt deutlich, dass eine scharfe Abgrenzung zwischen normalem und pathologischem Verhalten schwierig ist und in der Diagnostik Unschärfen bestehen. Während in einigen Regionen wie dem nordbayerischen Raum mehr als 6 % der Mädchen und Jungen eine ADHS-Diagnose haben, liegt dieser Anteil im direkt angrenzenden Großraum Frankfurt bei unter 3 % – ein Umstand, der wenig plausibel ist. Letztlich hängen, wie in Kapitel 1 beschrieben (▶ Kap. 1), solche Bewertungen immer auch vom sozialen Rahmen ab und davon, welchen Bewegungsdrang die Gesellschaft nicht mehr akzeptiert.

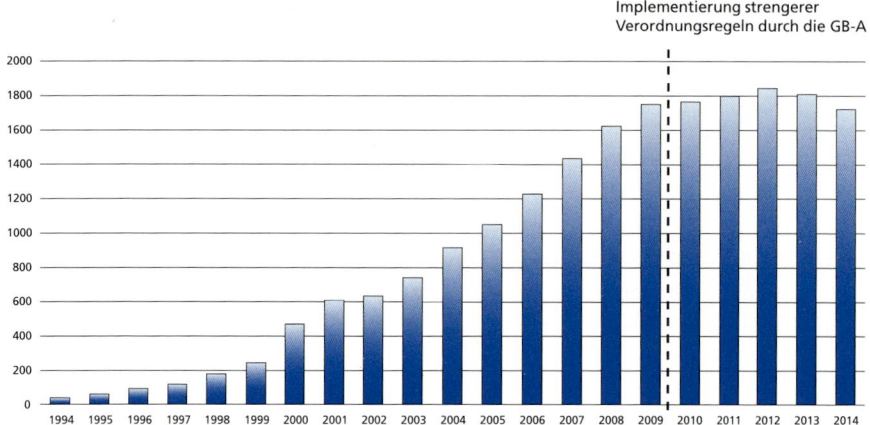

Abb. 6.2: Absatz von Methylphenidat (Grundlage von Ritalin®, Medikinet® ...) in kg pro Jahr (Datenbasis: Mitteilung des Bundesinstituts für Arzneimittel und Medizinprodukte vom 27.04.2015, verfügbar unter: https://go.uniwue.de/mph)

6.2 Beschreibung des Störungsbildes und Auftretenshäufigkeit

Die Diagnosemanuale ICD-11 (WHO, 2018, Abschnitt 6A05) und DSM-5 (American Psychiatric Association, 2013, S. 66–74) haben sich in ihren Definitionen sehr stark angenähert und beschreiben beim Aufmerksamkeitsdefizit-Hyperaktivitätssyndrom (ADHS) übereinstimmend drei Kernsymptome der Problematik, nämlich motorische Unruhe, Impulsivität und mangelnde Aufmerksamkeit:

- *Unaufmerksamkeit* bezieht sich auf erhebliche Schwierigkeiten bei der Aufrechterhaltung der Aufmerksamkeit für Aufgaben, die kein hohes Maß an Anregung oder häufige Belohnung bieten. Die betroffenen Personen sind leicht ablenkbar und haben Probleme, ihr Verhalten zu organisieren, z. B. beim Lernen und Arbeiten. Sie brechen Tätigkeiten vorzeitig ab und bringen diese nicht zu Ende. In der Folge sind schulische Aufgaben unvollständig gelöst, die Kinder brauchen zur Bearbeitung viel mehr Zeit oder sie lösen Aufgaben oberflächlich und machen dabei viele Fehler.
- *Hyperaktivität* bezieht sich auf übermäßige motorische Aktivität. Das Problem tritt am deutlichsten in strukturierten Situationen zutage, die ein starkes Ausmaß an Selbstkontrolle erfordern. Die Kinder sind motorisch sehr unruhig und weisen ein hohes Maß ungerichteter motorischer Aktivität auf, z. B. unvermitteltes Aufstehen und Umhergehen im Klassenzimmer, Zappeln auf dem Stuhl, Herumspringen und Sich-hinfallen-Lassen im Sportunterricht oder das Anrempeln an-

derer Schülerinnen und Schüler. Sie können ihr Verhalten unzureichend kontrollieren und steuern.
- *Impulsivität* ist die Tendenz, auf Stimuli unmittelbar zu reagieren oder Handlungsimpulse auszuführen, ohne die Reaktion unterdrücken oder die Risiken und Konsequenzen der Handlungen bedenken zu können. Dominante oder gerade durchgeführte Handlungen können nur schwer abgebrochen werden. Es fällt den Kindern schwer, Belohnungen abzuwarten und Tätigkeiten aufzuschieben, beispielsweise um zunächst den Ablauf und die Lösungsschritte einer Aufgabe zu durchdenken. Im Unterricht äußert sich dies auch dadurch, dass Kinder Ideen und Einfälle nach einer Frage der Lehrkraft ins Klassenzimmer rufen und es ihnen nicht leicht fällt abzuwarten, bis sie aufgerufen werden. Betroffene Kinder haben eine geringe Frustrationstoleranz.

Das Ausmaß der spezifischen Ausprägung von Unaufmerksamkeit einerseits und hyperaktiv-impulsiver Merkmale andererseits (das DSM-5 bezeichnet beide Untergruppen als »presentations«) variieren von Person zu Person und können sich im Laufe der Entwicklung ändern (▸ Abb. 6.3). Als Fallgeschichten im »Struwwelpeter« ließe sich dem unaufmerksamen Typus der »Hans-Guck-in-die-Luft« und für den impulsiv-hyperaktiven Typus der »Zappelphilipp« zuordnen. Natürlich ist es auch möglich, dass beide »Presentations« kombiniert auftreten.

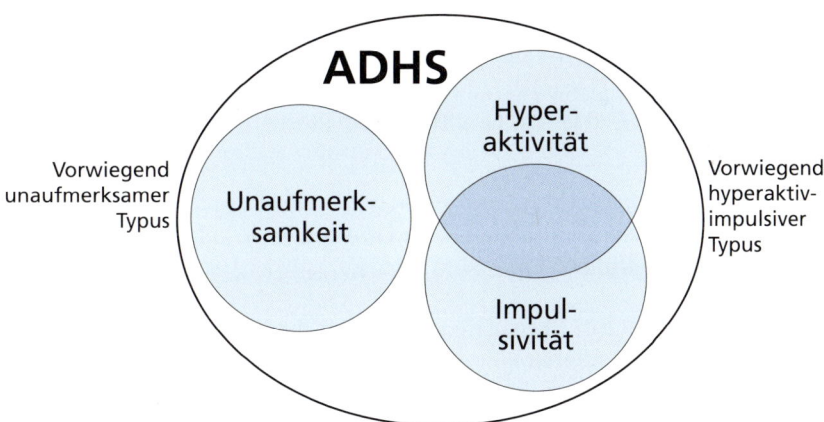

Abb. 6.3: Kernsymptomatik der Aufmerksamkeitsdefizit-Hyperaktivitätsstörung (ADHS) nach ICD-11 und DSM-5. Die Probleme können vorwiegend in der Aufmerksamkeit oder aber in hyperaktiv-impulsivem Verhalten liegen oder es können alle drei Bereiche betroffen sein.

Das als problematisch empfundene Verhalten muss seit mindestens 6 Monaten bestehen, in verschiedenen Situationen auftreten und in der frühen bis mittleren Kindheit beginnen. ICD-basierte Definitionen fordern dementsprechend einen Beginn vor dem sechsten Lebensjahr, wohingegen im DSM-5 der Altersrahmen (bis zum 12. Lebensjahr) weniger streng gesetzt ist. Der Grad der Probleme mit Aufmerksamkeit und der Hyperaktivität und/oder Impulsivität muss deutlich außerhalb der normalen Variation des Verhaltens liegen und dem Alter und der intellektuellen Funktionsfähigkeit unangemessen sein. Mit der Verhaltensproblematik muss eine erhebliche Beeinträchtigung der akademischen, beruflichen oder sozialen Funktionsfähigkeit einhergehen.

Bei Zugrundelegung der DSM-5-Kriterien scheinen Probleme der Aufmerksamkeit unter den Subtypen etwa doppelt so häufig vorzukommen wie hyperaktiv-impulsive Probleme oder der Mischtypus (Graetz et al., 2001). Unter allen Subtypen sind Jungen häufiger betroffen als Mädchen. Legt man die Daten der Krankenkassen zugrunde (Akmatov et al., 2018), so hat sich die Diagnosehäufigkeit in Deutschland seit 2010 stabilisiert und sie bewegt sich sehr konstant im Bereich zwischen 4,1 % und 4,5 % der Kinder im Alter zwischen 5 und 14 Jahren. Bei Jungen wird die Diagnose mit ca. 6,3 % dreimal so häufig gestellt wie bei Mädchen mit ca. 2,1 %. Bei den Subtypen ist der Unterschied beim unaufmerksamen Subtypus und dem hyperaktiv-impulsiven Subtypus mit einem Geschlechtsverhältnis von etwa 2:1 (Jungen zu Mädchen) etwas schwächer, beim kombinierten Subtypus mit etwa 5:1 dagegen am stärksten ausgeprägt. Während also Jungen in allen Bereichen stärker betroffen sind als Mädchen, gilt das besonders deutlich für den Bereich einer umfangreich ausgeprägten Problematik, die alle Kernsymptome enthält. Im Umkehrschluss bedeutet dies, dass im am häufigsten vorkommenden Subtypus von Kindern mit primären Aufmerksamkeitsproblemen darauf geachtet werden muss, Mädchen nicht zu übersehen. Aufgrund der Erwartung, dass ADHS vor allem bei Jungen auftritt, besteht die Gefahr einer Überdiagnostik bei Jungen und ein Übersehen betroffener Mädchen (s. Studie Bruchmüller et al., 2012). Dementsprechend werden auch deutlich mehr Jungen behandelt, als dies der Auftretenshäufigkeit entsprechend zu erwarten wäre. Dort beträgt das Geschlechtsverhältnis 6:1 bis 9:1 (Jungen zu Mädchen).

Wird ADHS präzise diagnostiziert und welche Rolle spielt das Geschlecht des Kindes?

Bruchmüller et al. (2012) beschäftigten sich mit der Frage, ob ADHS überdiagnostiziert wird. Sie führten eine Feldstudie durch, bei der 473 Experten und Expertinnen aus der Psychologie, der Kinder- und Jugendpsychiatrie und der Sozialarbeit befragt wurden. Die Aufgabe bestand darin, Fallvignetten dahingehend zu beurteilen, ob beim Kind ADHS vorliegt oder nicht. Es wurden insgesamt vier Fallvignetten vorgelegt, von denen nur eine eindeutig ein Kind mit ADHS beschrieb. Bei den anderen Beispielen lagen zwar auch ADHS-Symptome vor, aber es fehlten wichtige Kriterien (Vignette 2 und 3) oder es lag eine generalisierte Angststörung beim Kind vor. Fallbeispiel 2 bis 4 erfüllten die Diagnoserichtlinien also eindeutig nicht. Zusätzlich wurde der Namen des Kindes und somit das Geschlecht variiert (»Leon« versus »Lea«).

Ergebnis: Von den ADHS-Fällen wurden annähernd 80 % korrekt erkannt, aber auch bei den anderen Fallvignetten gab es bis zu 30 % falsch-positive Diagnosen. Ein Sechstel der Fälle 2 bis 4 wurde fälschlicherweise als ADHS diagnostiziert (16,7 % falsch-positive Diagnosen; ▸ Abb. 6.4). 21,1 % der Experten und Expertinnen erkannten die eindeutigen ADHS-Fälle nicht (falsch-negative Diagnosen). Die Variation des Namens hatte bei Fall 1 keine Auswirkung, aber bei den Fällen 2 bis 4 wurde bei einem Jungennamen fast bis zu dreimal häufiger eine ADHS festgestellt als bei einem Mädchennamen. Während Therapeutinnen vorsichtiger diagnostizierten und mehr falsch-negative Diagnosen aufwiesen, gab es bei den Männern hauptsächlich falsch-positive Einstufungen.

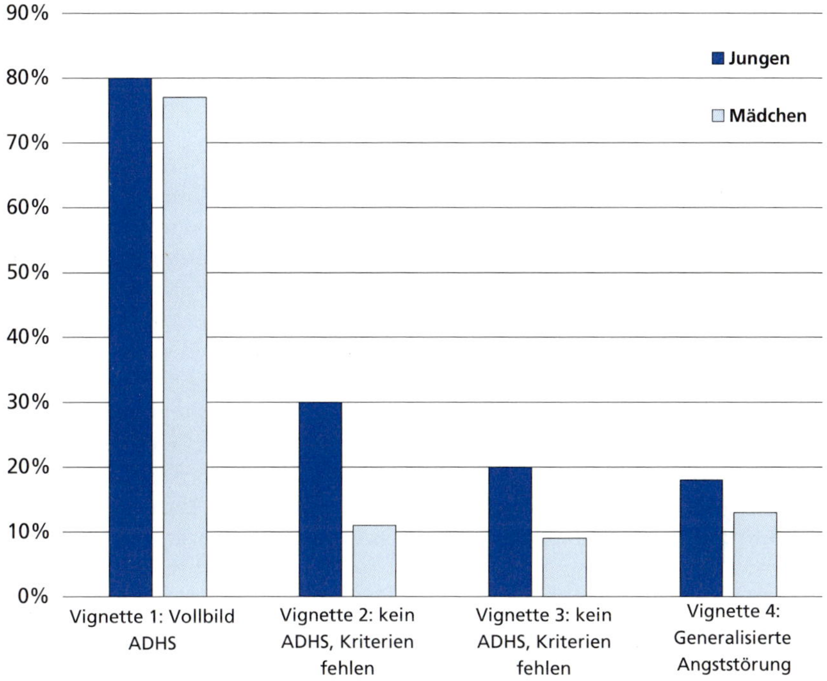

Abb. 6.4: (Fehl-)Diagnosen bei der Einstufung von Fallvignetten durch Therapeutinnen und Therapeuten (Bruchmüller et al., 2012)

Selbst bei klar strukturierten Fällen (s. Studie) gibt es also eine erhebliche Zahl an Fehldiagnosen, auch wenn die klar als ADHS erkennbaren Fälle zumindest zu 80 % korrekt erkannt werden. Da die Gruppe der subklinischen Fälle und daran angrenzende Störungen aber sicher häufiger vorkommen als eine ADHS im engeren Sinn, sollten durch die falsch-positiven Fälle unter den als ADHS diagnostizierten Kindern sicher viele dabei sein, für die diese Diagnose nicht zutrifft. Trotz dieser Unschärfen in der Diagnosestellung ergeben Metaanalysen (Polanczyk et al., 2007; Polanczyk et al., 2014) ein relativ konstantes Bild der weltweit auftretenden Fallzahlen über die letzten Jahrzehnte hinweg. Bei Zugrundelegung standardisierter Diagnosekriterien liegt der Anteil betroffener Kinder bei ca. 5,3 %. Signifikante Änderungen in der Prävalenz im Laufe der letzten Jahrzehnte gibt es nicht und ebenso scheint die

Auftretenshäufigkeit auf den verschiedenen Kontinenten vergleichbar zu sein. Die Zahlen von 4,1 % bis 4,5 % ADHS-Diagnosen bei Kindern in Deutschland sind somit insgesamt nicht überhöht und ebenso lässt sich auf diese Weise die Hypothese der ADHS als Modeerkrankung widerlegen. Wie hoch der Anteil der Fehldiagnosen ist und wie viele Kinder mit ADHS nicht erkannt werden, ist eine davon abzugrenzende Fragestellung. Ausräumen lässt sich zudem die Hypothese über einen gesamtgesellschaftlichen Zusammenhang der ADHS-Prävalenz mit der zunehmenden Digitalisierung (Verfügbarkeit von Smartphones, Medienkonsum …) oder auch mit der Akademisierung (größeres Ausmaß an kognitiven Tätigkeiten mit geringem Bewegungsanteil), da Länder mit einem größeren Anteil manueller und agrikultureller Tätigkeiten gleichermaßen betroffen sind und die starke Zunahme der Mediennutzung seit 2010 (vgl. (MPFS, 2019, S. 31) nicht zu einer Erhöhung der Fallzahlen geführt hat. Ebenso scheint der Anteil an Kindern, der aufmerksamkeitssteigernde Medikamente erhält, nicht völlig überhöht. Derzeit werden 1,8 %, d. h. etwa 40 % der betroffenen Kinder, medikamentös behandelt, sodass zumindest nicht mehr Kinder Stimulanzien erhalten, als Fallzahlen zu erwarten sind. Allerdings ist es auch hier wieder durchaus möglich, dass die Diagnosen nicht hinreichend treffsicher erfolgen und eine Reihe an Kindern fälschlicherweise eine ADHS-Diagnose erhält und ggf. medikamentös behandelt wird, wohingegen andere Fälle unbemerkt bleiben (▶ Kap. 6.3). Für die Schule bedeuten diese Zahlen, dass bei einer Klassenstärke von 25 Kindern oder Jugendlichen relativ sicher davon ausgegangen werden kann, dass ein Kind der Klasse von ADHS betroffen ist.

Bitte beachten Sie, dass die Bezeichnung ADHS eine Beschreibung eines Störverhaltens ist und keine Erklärung oder Ursache. Dies gilt generell für sehr viele Diagnosen psychischer Störungen, aber besonders für ADHS. Es ist schlicht eine Zustandsbeschreibung dafür, dass ein Kind Probleme mit der Aufmerksamkeit und der Kontrolle von Impulsen und motorischen Aktivitäten hat. Sehr schnell verschiebt sich die Bedeutung des Begriffs und die Bezeichnung bekommt für die Betroffenen, Eltern und Lehrkräfte einen ursächlichen, erklärenden Charakter. Aus »Das Kind kann sich nicht konzentrieren. Wir nennen das ADHS« wird »Das Kind kann sich nicht konzentrieren, weil es ADHS hat«. Es ergibt sich somit ein Zirkelschluss. Einerseits führt das Label zu einer Entlastung und es ermöglicht die Inanspruchnahme von Hilfeleistungen durch das Gesundheitssystem. Zum anderen darf es nicht dazu führen, dass Lehrkräfte implizit ihr Vertrauen in die Entwicklungschancen des Kindes herabsetzen (s. auch Iudici et al., 2014) oder Kinder sich weniger anstrengen. Zudem sollte das Label nicht die anderen Eigenschaften und Fähigkeiten des Kindes »überstrahlen«.

6.3 Diagnostik

Die Diagnostik einer ADHS ist nach wie vor mit großen Unsicherheiten behaftet. Dieser Umstand wird oft als Achillesferse des gesamten Störungskonzepts ADHS bezeichnet, da sich die Diagnosestellung nach wie vor vorwiegend auf subjektive Einstufungen stützt und somit erheblichen Spielraum zulässt. Solange dieses Problem nicht gelöst ist, wird es immer wieder gesellschaftliche Debatten über ADHS-Diagnosen geben.

Betrachtet man beispielsweise die Diagnoserichtlinien des DSM-5 (American Psychiatric Association, 2013, 2013, S. 59 f.), so finden sich dort 18 Aussagen, anhand derer das Verhalten des Kindes mit dem Gleichaltriger verglichen werden soll, wie z. B. »… hat Schwierigkeiten, die Aufmerksamkeit bei Aufgaben oder beim Spielen aufrechtzuerhalten« oder »… kann nicht still für sich spielen oder stille Tätigkeiten ausüben«. Die Bewertung dieser Eigenschaften ist kaum trennscharf möglich. Gleiches gilt für Einschätzungsverfahren, wie beispielsweise den weitverbreiteten Connors-Skalen (deutsche Fassung Lidzba et al., 2013), mit denen Eltern, Lehrkräfte und die Kinder selbst befragt werden. Die Skalen enthalten Listen mit Adjektiven oder Kurzbeschreibungen, die von »überhaupt nicht (nie/selten)« bis »ganz genau (sehr häufig)« bewertet werden sollen. Liegen beispielsweise Konflikte zwischen der Lehrkraft bzw. den Eltern und dem Kind vor, dürften diese Bewertungen negativer ausfallen, ohne dass zwangsläufig eine Aufmerksamkeitsproblematik vorliegen muss.

Kinder mit und ohne ADHS zeigen deutliche Unterschiede in zentral-exekutiven Maßen (z. B. Holmes et al., 2010), also Leistungen, bei denen irrelevante Reize ignoriert, automatisierte Handlungen unterbrochen und Impulse kontrolliert werden müssen. Zwar ist der Unterschied deutlich ausgeprägt, aber wiederum nicht so groß, dass betroffene und nicht betroffene Kinder komplett voneinander abgegrenzt werden könnten. Eine rein auf objektiven Leistungsmaßen basierende ADHS-Diagnostik konnte sich aus diesem Grund ebenfalls bislang nicht durchsetzen, aber es gibt Versuche, die Diagnosestrategie weiterzuentwickeln:

> **Ein Blick in die Forschung**
>
> Für Aufmerksamkeitstests wie die Testbatterie zur Aufmerksamkeitsprüfung für Kinder (KiTAP) konnte bislang nicht überzeugend nachgewiesen werden, dass diese Kinder mit und ohne ADHS sicher voneinander abgrenzen können (Dreisörner & Georgiadis, 2011). Gleiches gilt für Testverfahren, die gezielt für die Erfassung von ADHS konstruiert wurden, wie beispielsweise der Qb-Test (Hult et al., 2018). Vielversprechend sind Versuche, eine Unterscheidung nicht alleine auf der Basis von Fehlern und mittleren Reaktionszeiten zu treffen, sondern die Variabilität der Reaktionen in den Blick zu nehmen (z. B. Metin et al., 2016). Gegenwärtige Untersuchungen an der Universität Würzburg (W. Lenhard & Lenhard, in Vorbereitung) zielen darauf ab, die Verteilung der Reaktionszeiten von Kindern mit und ohne ADHS zu vergleichen. Im Fokus steht dabei die Fähigkeit zur Unterdrückung irrelevanter Reize und automatisierter Reaktionen. Beispielsweise erscheinen am Bildschirm Pfeile und kurz danach in der Mitte das eigentliche Target. Aufgabe der Kinder ist es, so schnell wie möglich die Taste zu drücken, die die Richtung des mittleren Pfeiles anzeigt. Diese Aufgabe wird viele Male wiederholt. Die Pfeile können entweder kongruent (alle zeigen in die

gleiche Richtung) oder inkongruent (der mittlere Pfeil zeigt in eine andere Richtung) sein.

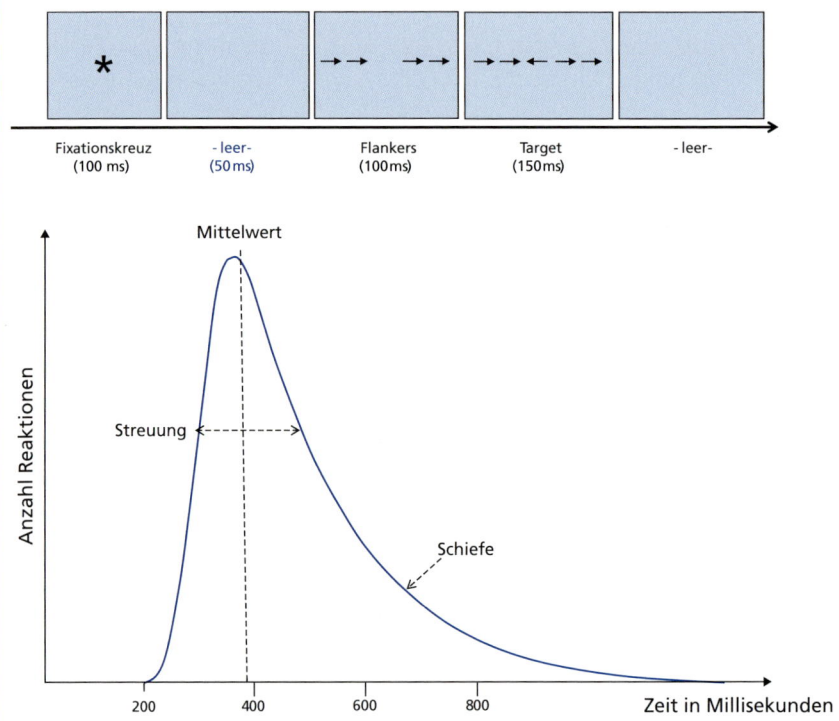

Abb. 6.5: Reaktionszeitverteilung. Unterschiede zwischen Kindern mit und ohne ADHS bestehen nicht nur im Mittelwert der Reaktionszeit, sondern vor allem auch in der Variabilität der Reaktionen, welche durch Streuung und Schiefe der Verteilung erfassbar ist.

Die Reaktionszeiten werden nicht nur im Hinblick auf den Durchschnitt der Reaktionszeiten analysiert, sondern auch hinsichtlich der Variabilität der Reaktionen (Streuung und Schiefe). Auf diese Weise sollen die bislang rein subjektiven Bewertungen durch objektive Verhaltensdaten ergänzt werden.

Die Komplexität des Störungsbildes erfordert es, für eine fundierte Diagnosestellung unterschiedliche Informationsquellen heranzuziehen und sowohl Kinder, Eltern und Lehrkräfte zu befragen, begleitet von einer Abklärung der schulischen Situation und der Erhebung medizinischer Befunde. Die Diagnostik muss durch die Kinder- und Jugendpsychiatrie oder im psychologischen Bereich (+ medizinische Untersuchungen) erfolgen. Die Leitlinien (DGKJP, 2017) sehen eine umfassende und strukturierte Befragung des Kindes, der Eltern und Lehrkräfte vor, die die folgenden Aspekte thematisiert:

- die aktuelle Symptomatik in verschiedenen Lebensbereichen,
- die daraus resultierenden Einschränkungen bezüglich sozialer Beziehungen und Leistungsfähigkeit,
- weitere psychische Probleme und körperliche Erkrankungen beim Kind, den Eltern und Geschwistern (z. B. familiäre Häufung von ADHS),
- die Rahmenbedingungen, Ressourcen und Belastungen in der Familie und der Schule,
- die Entwicklungsgeschichte,
- Ressourcen, Wünsche und Bedürfnisse des Kindes und der Eltern.

Zusätzlich sollte eine Verhaltensbeobachtung erfolgen und eine neurologische Untersuchung mit der Bewertung des Entwicklungsstandes. Eine Diagnostik enthält in der Regel auch die Verwendung von Fragebogendaten und die Durchführung standardisierter psychologischer Leistungstests. Medizinische Untersuchungen sind notwendig, da Sinnesbehinderungen die Aufmerksamkeit einschränken und Anfallsleiden oder Schilddrüsenfunktionsstörungen ADHS-ähnliche Symptome auslösen können. Die Diagnose einer ADHS kann i. d. R. erst ab dem Schulalter erfolgen, also ab dem Alter von 6 Jahren.

Schwierigkeiten der Diagnostik ergeben sich aus der Unschärfe der Einschätzungen. So korrelieren Eltern- und Lehrkrafteinschätzungen der Kernsymptome von ADHS nur im mittleren Bereich. Auch wenn die Einschätzung nicht verzerrungsfrei möglich ist, so hat sich das Urteil der Lehrkraft bislang als die verlässlichste Informationsquelle erwiesen (»best estimate«, Polanczyk et al., 2007), da Lehrkräfte gute Vergleichsmöglichkeiten mit den anderen Kindern in der Klasse haben. Einschränkungen in der Güte des Urteils liegen in Geschlechtsstereotypen und dem Alter des Kindes: Jüngere Kinder in den Klassen haben aufgrund der altersbedingt geringeren Reifung des Verhaltens eine erhöhte Wahrscheinlichkeit, von der Lehrkraft eine ADHS-Einschätzung zu erhalten (Wuppermann et al., 2015).

6.4 Verlauf der Störung

Nach Döpfner, Schürmann und Frölich (2019, S. 22 ff.) ist die Entwicklung der Verhaltensprobleme folgendermaßen gekennzeichnet:

- *Kleinkindalter*: Betroffene Kinder zeigen oftmals schon im Kleinkindalter ein hohes Aktivitätsniveau, ungünstige Temperamentsmerkmale sowie ein schwieriges Ess- und Schlafverhalten. Die Eltern sind oft angestrengt und reagieren weniger unterstützend – es entspannt sich eine negative Eltern-Kind-Interaktion. Von besonderer Bedeutung für die Entstehung einer ADHS ist, ob es in diesem Altersbereich der primären Bezugsperson gelingt, die durch das schwierige Verhalten entstehenden Belastungen zu bewältigen. Motorische Unruhe in diesem Alter ist jedoch keineswegs spezifisch für die Entstehung

von ADHS. Viele stark aktive Kinder zeigen später keine Auffälligkeiten mehr.
- *Kindergarten und Vorschule*: Am deutlichsten tritt bei den Kindern motorische Unruhe zutage. Etwa die Hälfte der im Alter von 3 Jahren als sehr aktiv gekennzeichneten Kinder ist mit 6 Jahren hyperaktiv. Generell ist die Stabilität von ADHS-Symptomen in diesem Alter eher niedrig, aber es zeigen sich bereits deutliche Unterschiede im Hinblick auf die Vorläufermerkmale für den Erwerb der Schriftsprache und der Rechenfertigkeiten (Schmiedeler & Schneider, 2014). Die Kinder weisen auch ein erhöhtes Aggressionsniveau und eine negative Interaktion mit den Eltern auf. Die Kinder zeigen ziellose Aktivität, eine geringe Spielintensität und -dauer. Im Kindergarten nehmen die Kinder nicht an Gruppenspielen teil bzw. verlieren sofort die Lust daran, sie zeigen häufig Entwicklungsdefizite und ein vermehrtes Trotzverhalten. Es kommt bereits in diesem Alter darauf an, durch pädagogische Maßnahmen einen klaren Rahmen zu setzen, konsistentes Erziehungsverhalten zu zeigen und darüber hinaus auch häufiges Lob und Verstärkung für die Kinder nicht zu vergessen, um den Teufelskreis negativer Interaktionen zu durchbrechen.
- *Grundschulalter*: Der Eintritt in die Schule bringt Anforderungen mit sich, die für unaufmerksame und sehr aktive Kinder schwierig zu bewältigen sind. Die strukturierten Lernsettings erfordern die Aufrechterhaltung von Aufmerksamkeit und die Kontrolle motorischer Unruhe. Die Kinder zeigen oppositionelles Verhalten gegenüber der Lehrkraft und geraten mit gleichaltrigen Kindern in Konflikt. Die Störung stabilisiert sich, es zeigen sich negative Auswirkungen auf die Leistungen und auf das Selbstwertgefühl der Kinder.
- *Jugendalter*: Die motorische Unruhe geht zurück, jedoch bleiben die Aufmerksamkeitsprobleme und das aggressive Verhalten häufig bestehen.
- *Erwachsenenalter*: Mit dem Übergang in das Erwachsenenalter verlieren sich bei einigen Personen die Symptome, aber bei einem Drittel bleiben massive Probleme bestehen. Im Schnitt wird eine geringere Schulbildung erzielt und in der Folge sind die Berufs- und Lebensperspektiven reduziert. Biederman et al. (2010) berichten in ihrer Längsschnittstudie über die Veränderungen in einem Zeitraum von 10 Jahren. Von den anfänglich 140 Kindern und Jugendlichen mit ADHS (Alter 6 bis 15 Jahre) konnten nach 10 Jahren noch 110 Personen nachbefragt werden. Bei 35 % bestand die Symptomatik weiter im Vollbild und bei 22 % etwas abgeschwächt fort. 15 % wiesen weiterhin Leistungsbeeinträchtigungen auf. 6 % gelang es, mithilfe von Medikamenten symptomfrei zu sein. 78 % der von ADHS Betroffenen haben also auch nach langer Zeit noch unterschiedlich deutliche Einschränkungen oder befinden sich in Behandlung. Begleitet wurde diese Entwicklung von zahlreichen anderen negativen Bedingungen (▶ Kap. 6.6). Zum Zeitpunkt der Nachbefragung war die Hälfte der Personen substanzabhängig und 40 % hatten Probleme im Sozialverhalten.

6.5 Ursachen und Erklärungsmodelle

Es besteht Konsens über eine starke neurobiologische Grundlage für die Entstehung von ADHS, wobei insbesondere der Neurotransmitter *Dopamin* im Zentrum der Diskussion steht. Die neurobiologischen Faktoren wechselwirken auf komplexe Weise mit den Bedingungen der Umwelt. Es wurden besonders die folgenden Faktoren diskutiert:

Der Neurotransmitter Dopamin spielt in jenen Hirnarealen eine große Rolle, die für Verstärkungsprozesse, motorische Steuerung und Unterdrückung von Verhaltensimpulsen relevant sind. Personen mit ADHS haben im Gehirn einerseits eine reduzierte Verfügbarkeit von Dopamin (sog. *Dopaminmangelhypothese*) und zum anderen gibt es Hinweise auf Veränderungen an Dopamin- und Serotoninrezeptoren des Gehirns, sodass diese weniger effizient arbeiten. Es sind zahlreiche Genvarianten dokumentiert, die Dopaminhaushalt und -rezeptoren beeinflussen und zu einer Erhöhung der Auftretenswahrscheinlichkeit von ADHS führen (Li et al., 2006; Thapar et al., 2013). Diese Befunde finden weitere Unterstützung durch Untersuchungen zur Heritabilität von ADHS, die anhand von Zwillingsstudien auf 60 bis 90 % geschätzt wird (Faraone et al., 2005). Die Erblichkeit ist somit höher als bei jeder anderen psychischen Störung. ADHS kommt folglich familiär stark gehäuft vor. Lehrkräfte sollten sich darauf einstellen, im Elterngespräch über die schulischen und sozialen Probleme eines Kindes mit ADHS Eltern vor sich zu finden, die mit einer erhöhten Wahrscheinlichkeit ebenfalls von ADHS betroffen sind.

Die frühere Annahme einer minimalen, unspezifischen Schädigung des Gehirns (sog. minimale zerebrale Dysfunktion, MCD) gilt heute als veraltet. Sie wurde in älteren Diagnosemanualen von etwa 1940 bis zum Beginn der 1980er-Jahre für eine ADHS-Symptomatik verwendet und schließlich durch die Kategorie »Hyperkinetische Störung (HKS)« im ICD-9 ersetzt und später im ICD-10 und ICD-11 in die Kategorie ADHS überführt. Inzwischen ist es über bildgebende Verfahren möglich, die vormals unkonkrete Vermutung einer diffusen Schädigung durch konkretere Hypothesen zu ersetzen. So wurden zahlreiche neuroanatomische Besonderheiten und abweichende Aktivierungsmuster bei ADHS dokumentiert (Emond et al., 2009; Vieira de Melo et al., 2018), vor allem mit Bezug zum Frontalhirn und dem Präfrontalkortex (Steuerungsprozesse, Verstärkungssysteme), den Basalganglien (darunter das Putamen und die Amygdala; Affektregulation, Inhibition motorischer Impulse, Willkürmotorik, Gedächtnisprozesse), dem Kleinhirn (Motorik) und dem Corpus Callosum (vorwiegend inhibitorische Faserverbindungen der beiden Gehirnhälften).

Die Suche nach weiteren Umweltfaktoren wie Umweltgiften (organische Phosphate; polychloriertes Biphenylen, PCB; Blei) und Nahrungsmittelzusätzen (künstliche Farbstoffe; Konservierungsmittel) erwiesen sich dagegen als wenig zielführend, auch wenn im Einzelfall solche Aspekte eine Rolle spielen können und generell auf eine ausgewogene Ernährung zu achten ist. Der Nikotinkonsum der Mutter während der Schwangerschaft steht dagegen mit einer Erhöhung der Auftretenswahrscheinlichkeit um den Faktor 2 bis 4 in Zusammenhang, wobei bislang unklar ist, ob Nikotin direkt zu einer Schädigung führt, eine indirekte Schädigung durch eine

Mangeldurchblutung des Fötus auftritt oder weitere Drittfaktoren den Zusammenhang erklären können (DGKJP, 2017, S. 14). Auch Alkoholkonsum während der Schwangerschaft steht mit ADHS in Verbindung und bei einer alkoholbedingten Schädigung des Kindes (sog. fetales Alkoholsyndrom; FAS) tritt ADHS häufig als komorbide Störung auf.

Unter den psychologischen Modellen werden im Moment vor allem zwei Theorien zur Erklärung des Störungsbildes herangezogen, die sich gegenseitig ergänzen und gut mit der neurobiologischen Ebene in Einklang zu bringen sind (▶ Abb. 6.6). Hierzu gehören zum einen die Theorie von Barkley (1997), die Defizite in der Verhaltensorganisation über Defizite des Arbeitsgedächtnisses erklärt und die sog. Multiple-Pathways-Theorie nach Sonuga-Barke (Sonuga-Barke, 2002, 2003), die zusätzlich motivationale Probleme thematisiert:

1. Barkley (1997) lokalisiert die Ursache der Störung in der sog. *zentralen Exekutive*, die einen Teil des Arbeitsgedächtnisses darstellt und eine Vielzahl an kognitiven Prozessen umfasst, welche mit Handlungssteuerung in Zusammenhang stehen. Die zentrale Exekutive hat einen starken Bezug zum Frontalkortex, wodurch sich auch auf physiologischer Ebene die Querverbindung zum Dopaminmangel ergibt. In Laborexperimenten zeigt sich dieser Umstand z. B. bei der Reaktion auf farbig geschriebene Farbwörter (z. B. das Wort »grün« in roter Farbe geschrieben; sog. Stroop-Aufgabe). Die Aufgabe besteht in diesem Fall darin, ausschließlich auf die Schriftfarbe zu reagieren, und zwar mit einem entsprechenden Tastendruck, unabhängig davon, welches Farbwort dargestellt war. Kindern mit ADHS fällt es erheblich schwerer, den Inhalt des Wortes unbeachtet zu lassen. Dieses Defizit bei inhibitorischen Prozessen betrifft die Bereiche Hemmung ineffektiver Handlungsimpulse, Inhibition laufender Handlungen und Kontrolle interferierender Reize. In der Schule gibt es viele Anlässe, in denen sich das Problem äußern kann, da ebenfalls Handlungsimpulse unterdrückt werden müssen. Kinder müssen z. B. darauf warten, bis sie an die Reihe kommen, um sich im Unterricht mitzuteilen. Wenn einem Mitschüler ein Stift herabfällt oder vor dem Fenster etwas passiert, dann darf nicht einfach aufgestanden werden, um nachzusehen, was gerade geschehen ist. Wenn andere Kinder miteinander tuscheln, dann muss dieser Störreiz ausgeblendet werden. Einschränkend ist anzumerken, dass Barkleys Modell nicht alle Subtypen von ADHS gleichermaßen gut erklärt. Die Schwierigkeiten primär unaufmerksamer Kinder werden dadurch nur unzureichend abgebildet (Schwenck et al., 2009) und nicht bei allen Kindern mit ADHS treten Probleme exekutiver Funktionen auf. Das Modell von Barkley ist deshalb zwar sehr bedeutsam, es kann aber das Störungsbild allein nicht hinreichend beschreiben.

> **Zentrale Exekutive**
>
> Gängige Modelle des Arbeitsgedächtnisses enthalten nicht nur Speichersysteme, sondern auch Prozesse zur Verarbeitung der Inhalte, Koordinierung der dafür notwendigen Prozesse und Steuerung der Aufmerksamkeit (vgl. Miyake et al.,

2000). Hierzu gehören viele verschiedene Prozesse mit Bezug zu Handlungsregulation und Aufmerksamkeitsprozessen, die unter der Sammelbezeichnung »zentrale Exekutive« zusammengefasst werden. Man unterscheidet die folgenden Bereiche:

- *Shifting*: Hin- und Herschalten zwischen verschiedenen Aufgaben oder Inhalten.
- *Updating*: Überwachung der Informationen im Arbeitsgedächtnis und Ersetzung veralteter durch neue Informationen.
- *Inhibition*: Unterdrückung irrelevanter Reize und Handlungsimpulse.

Die Prozesse der zentralen Exekutive sind von enormer Bedeutung für die Steuerung der Aufmerksamkeit. Strukturiertes Lernen ist ohne sie nicht möglich.

2. Sonuga-Barke (2002, 2003) beschreibt neben dem kognitiven Defizit einen weiteren Zugangsweg im motivationalen Bereich, nämlich Defizite im Kontingenzlernen. Betroffene Kinder haben motivationale Probleme, die sich in Verzögerungsaversion äußert, also in der Unfähigkeit, auf Belohnungen zu warten und Frustrationen zu ertragen. Es fällt folglich schwerer, hart an der Erreichung eines Ziels zu arbeiten, da hierbei zunächst für einige Zeit unter Verzicht einer unmittelbaren Belohnung für die Erreichung erster Erfolge gearbeitet werden muss. Die Effekte von Verstärkungen, z. B. Belohnungen und Erfolge, wirken subjektiv weniger intensiv und dauern kürzer an. Angenehme Tätigkeiten werden kürzer aufrechterhalten. Andererseits führen unangenehme Konsequenzen seltener dazu, dass Verhalten unterdrückt wird. Bestrafungen wirken also ebenfalls schwächer. Auch für diesen Aspekt an Symptomen lässt sich eine neurobiologische Grundlage finden. Diese liegt im mesolimbischen System – unserem Verstärkungszentrum, das ebenfalls deutliche Bezüge zum Neurotransmitter Dopamin aufweist. Auch dieser Zugangsweg kann nur einen Teil der Schwierigkeiten von Kindern mit ADHS erklären, aber beide Bahnen, also Probleme der zentralen Exekutive und Schwierigkeiten beim Verstärkerlernen, decken zusammen ein weites Spektrum des Störungsbildes ab (▶ Abb. 6.6).

Neben den biologischen und neuropsychologischen Erklärungsmodellen spielt die psychosoziale Umwelt und im engeren Sinn die Interaktion mit den Eltern und Lehrkräften eine große Rolle. Im extremen Fall kindlicher Deprivation, z. B. durch eine Langzeitunterbringung von mehr als 6 Monaten in schlecht betreuten Kinderheimen, erleiden Kinder massive Schäden und sie entwickeln zahlreiche psychische Störungen (Kennedy et al., 2016). ADHS kommt bei ihnen später im Erwachsenenalter mit einem Gesamtanteil von 29,3 % bis zu siebenmal häufiger vor als bei Personen, die in der Kindheit weniger als 6 Monate hospitalisiert waren. Die meisten Kinder wachsen zum Glück nicht unter so schweren Bedingungen auf, aber auch im normalen Familienalltag gibt es problematische Interaktionen. Kinder und Jugendliche mit ADHS erfahren durch ihr unangepasstes Verhalten häufiger Bestrafungen und seltener positive Verstärkung. Da der Aufbau von Verhaltensmustern

6 Aufmerksamkeitsdefizit-Hyperaktivitätsstörung (ADHS)

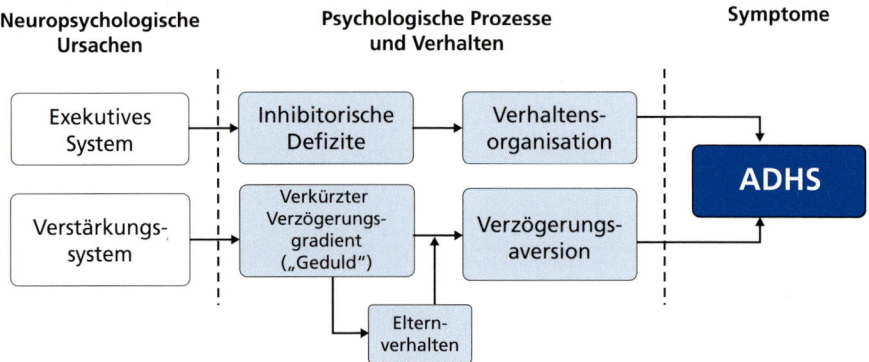

Abb. 6.6: Die Multiple-Pathways-Theorie (Sonuga-Barke, 2002) thematisiert motivationale Aspekte und zentral-exekutive Prozesse bei der Entstehung von ADHS.

wesentlich auf positive Verstärkung angewiesen ist, haben diese Kinder viel geringere Möglichkeiten, soziale Fähigkeiten, Arbeitstechniken und Strategien zur Handlungsregulation zu erwerben, was die anfänglichen Probleme noch weiter verstärkt. Bei Kindern, die später ADHS entwickeln, findet sich häufig bereits im frühen Kindesalter irritables und hyperaktives Verhalten und die Interaktion mit Eltern fällt deutlich negativer aus als bei gleichaltrigen Kindern (Campbell et al., 2000). Auf diese Weise entsteht ein Bedingungsgefüge sich gegenseitig stabilisierender negativer Einflussfaktoren mit ungünstigen Auswirkungen auf die langfristige Entwicklung des Kindes. Aus diesem Grund ist es besonders wichtig, in der Schule jedes adäquate Verhalten möglichst zeitnah, konsequent und systematisch zu verstärken und nicht ausschließlich auf Störverhalten zu fokussieren.

6.6 Folgeprobleme und Komorbiditäten

Zusätzlich zur Diagnosestellung ist es notwendig, weitere psychische Störungen bei betroffenen Kindern zu ermitteln, da komorbide Probleme bei der ADHS eher die Regel als die Ausnahme sind (DGKJP, 2017, S. 25 ff.). Diese zusätzlichen Probleme haben erheblichen Einfluss auf den Entwicklungsverlauf und die Unterstützungsmaßnahmen. Die Schätzungen des Anteils an Personen mit komorbiden Problemen bei ADHS variieren zwischen 70 % und 90 % (Jensen et al., 2001; Kadesjö & Gillberg, 2001; Pliszka, 1998), 67 % haben zwei oder mehr weitere Störungen. Nach Spencer (2006) und Jensen et al. (2001) gehören dazu vor allem affektive Störungen wie Depressionen (15 % bis 20 %), Angststörungen (ca. 25 %; ▶ Kap. 9), oppositionelles Verhalten und Probleme im Sozialverhalten (30 % bis 50 %; ▶ Kap. 7) bis hin zur Entwicklung einer antisozialen Persönlichkeitsstörung, Lernstörungen (10 % bis 25 %; ▶ Kap. 2, ▶ Kap. 3, ▶ Kap. 4 und ▶ Kap. 5), Entwicklungsstörungen (Zunahme um den Faktor 5 bis 10 im Vergleich zur

Normalbevölkerung), Tic-Störungen (ca. 30 %) und Substanzmissbrauch. Die Intelligenz der Kinder ist im Schnitt um 7 bis 15 IQ-Punkte reduziert, was sich einerseits aus desorganisiertem Verhalten in Testsituationen ergeben kann, aber auch als unmittelbare Folge der reduzierten Verarbeitungsgeschwindigkeit und der Einschränkungen zentralexekutiver Leistungen, also den Kernmerkmalen von ADHS (▶ Kap. 6.5).

Während die Schätzungen z. T. sehr variabel sind, zeigt sich bei all diesen Störungsbildern eine deutliche Erhöhung der Auftretenswahrscheinlichkeit bei Kindern mit ADHS. Die Richtung des Zusammenhangs ist dabei jedoch unklar. Einerseits können bereits vorhandene psychische Störungen ein Kind anfällig für die Entwicklung einer ADHS machen. Andererseits ist es aber auch denkbar, dass ADHS Folgeprobleme nach sich zieht. Bei Lernproblemen ist dies unmittelbar nachvollziehbar: Mangelnde Konzentrationsfähigkeit schränkt die Lernfähigkeit ein, was zu immer größeren Wissensdefiziten führt, die schließlich zu schulischem Scheitern führen können. Der schulische Alltag ist durch viele Frustrationen und die Notwendigkeit zum Aufschub von Belohnung gekennzeichnet. Kinder, die eine niedrige Frustrationstoleranz haben und sehr viel Verstärkung benötigen, haben folglich erheblich größere Probleme, sich hinreichend zu motivieren und dem Geschehen in der Schule zu folgen.

Auch bei anderen Störungen und Konfliktsituationen kann es im individuellen Fall ähnlich gelagert sein: Durch die vielen negativen und strafenden Interaktionen und die seltenere Verstärkung für positives Verhalten fällt es den Kindern schwerer, soziale Kompetenzen aufzubauen. Sie müssen mehr Angst vor den Reaktionen des sozialen Umfelds haben und sind in ihrer Stimmung gedrückter. Angst und Depression entsteht bei der Mehrheit der Kinder in Folge der ADHS (Kovacs et al., 1994). Kinder mit ADHS kommen schnell in eine Außenseiterposition, was ihr Risiko erhöht, Teil eines Mobbinggeschehens zu werden, insbesondere, wenn Mitschülerinnen und Mitschüler das Verhalten als störend empfinden (▶ Kap. 8). Personen, die ihre Impulse nicht kontrollieren können, leicht reizbar sind, die Folgen der Handlungen nicht beachten und soziale Situationen nicht präzise einschätzen können (zu sozialer Kognition s. auch Reiersen et al., 2008), reagieren mit einer höheren Wahrscheinlichkeit auf eine Provokation hin mit Gewalt. Durch diese fehlende Affekt- oder Impulskontrolle kommen die betreffenden Kinder in Konflikt mit schulischen Regelungen und im Erwachsenenalter mit dem Strafgesetz. Personen mit ADHS erleben erheblich häufiger schulische Disziplinarmaßnahmen, Verkehrsunfälle (50 % mehr Fahrradunfälle; zwei bis vier Mal mehr Autounfälle) und Gefängnisstrafen (Biederman et al., 2010). Unter Strafgefangenen liegt der Anteil an Personen mit ADHS bei etwa 20 % (Gordon & Moore, 2005) und Frauen mit ADHS werden deutlich häufiger ungewollt schwanger (44 % versus 10 %; Owens et al., 2017).

Ein Teil der neuropsychologischen Einschränkungen ergibt sich unmittelbar aus der biologischen Störungsgrundlage, nämlich der reduzierten Verfügbarkeit von Dopamin im Gehirn (▶ Kap. 6.5). Da dieser Transmitter in motorischen Zentren und auch im Verstärkersystem relevant ist, ergeben sich Auswirkungen auf Frustrationstoleranz und Motivation einerseits und Motorik und Impulskontrolle andererseits. Viele Kinder zeigen motorische Probleme, sind ungeschickt, haben Probleme mit der Handschrift und bei anderen feinmotorischen Leistungen (Reiersen et al.,

2008). 30 % der Kinder mit ADHS haben eine Tic-Störung und etwa 70 % der Personen mit einem Tourette-Syndrom haben ebenfalls eine ADHS.

Zusammenfassend lässt sich festhalten, dass Kinder mit ADHS häufig von einem Geflecht unterschiedlicher Probleme betroffen sind. Lehrkräfte in den Schulen sind deshalb häufig mit komplexen Problemlagen konfrontiert und es ist meist schwer zu verstehen, welche der Probleme Ursache oder Folge sind und wie sie sich gegenseitig bedingen.

6.7 Intervention und Förderung

ADHS ist eine sehr umfassende Problematik, die das Einbeziehen unterschiedlicher Maßnahmen erfordert. Hierzu gehören nicht nur therapeutische Ansätze auf psychologischer Ebene (Verbesserung der Selbststeuerung des Kindes), sondern auch Psychoedukation und die Aufklärung der Eltern, Kinder und Lehrkräfte über die Symptomatik und Möglichkeiten zum Umgang mit der Problematik durch Strukturierung von Lernumgebungen (vgl. Tab 6.1). Und nicht zuletzt existiert im medizinischen Bereich auch die Möglichkeit einer pharmakologischen Therapie (s. Kap. 6.7.3).

Tab. 6.1: Maßnahmen zum Umgang mit einer ADHS-Problematik, zum Abbau von Störverhalten und Aufbau von sozialen Kompetenzen und Handlungsregulation (aus Schneider et al., 2019, S. 581). Reprinted by permission from Springer Nature; Lern- und Verhaltensstörungen by W. Schneider, W. Lenhard & P. Marx. In Psychologie für den Lehrberuf (S. 565–585) by D. Urhahne, M. Dresel & F. Fischer (Hrsg.), Copyright © 2019. https://link.springer.com/book/10.1007/978-3-662-55754-9

A. Gestaltung der Lernumwelt		B. Verbesserung von Selbstregulation und Handlungskompetenz		C. Einbezug des sozialen Umfelds, Elterntraining	
Strukturierung von Interaktionen und Abläufen	Gestaltung der Arbeitsumgebung	Aufbau von Selbstregulationskompetenzen	Förderung basaler kognitiver Fähigkeiten	Eltern als Mediatoren	Förderung in der Schule/im Kindergarten
Klare Anweisungen Vereinbarungen und Absprachen klar formulieren Einführung von Routinen und Ritualen Regelmäßige Pausenzeiten	Wenig äußere Ablenkung Räumliche Gestaltung des Arbeitsplatzes (z. B. Schreibtisch) Klare inhaltliche und optische	Ziele, Lösungs-, Ausgangs- und Problemelemente vergegenwärtigen Regulation durch Selbstinstruktion Entwicklung von	Schulung visueller Mustererkennung (auf Details achten, genau hinsehen und analysieren, systematisches Beschreiben)	Wissensvermittlung über Ursachen und Auswirkungen von ADHS Schulung in schwierigen Erziehungssituationen	Erkennen von kleinen Lernfortschritten und deren Belohnung durch die Lehrkraft Strukturierte Maßnahmen

Tab. 6.1: Maßnahmen zum Umgang mit einer ADHS-Problematik, zum Abbau von Störverhalten und Aufbau von sozialen Kompetenzen und Handlungsregulation (aus Schneider et al., 2019, S. 581). Reprinted by permission from Springer Nature; Lern- und Verhaltensstörungen by W. Schneider, W. Lenhard & P. Marx. In Psychologie für den Lehrberuf (S. 565–585) by D. Urhahne, M. Dresel & F. Fischer (Hrsg.), Copyright © 2019. https://link.springer.com/book/10.1007/978-3-662-55754-9 – Fortsetzung

A. Gestaltung der Lernumwelt	B. Verbesserung von Selbstregulation und Handlungskompetenz		C. Einbezug des sozialen Umfelds, Elterntraining	
Gestaltung von Materialien	Selbstanweisung und Strategien für den Umgang mit Ablenkung, Fehlern und Frustration Verbesserung der Selbstbeobachtung und Selbstverstärkung	Kognitives Modellieren (Trainer/-in spricht seine/ihre Gedankenschritte zum konstruktiven Lösungsverhalten laut aus, Kinder machen es nach)	mit dem Ziel günstiger Reaktionen (»steuern statt bestrafen«) Verstärkungsprogramme nutzen lernen (Reaktionen zeitnah, häufig, konsistent und prägnant), z. B. auch Einsatz von Token-Systemen	(z. B. Tagesablauf) Klar formulierte Regeln und konsequentes Verhalten bei Be- oder Missachten

6.7.1 Didaktik

Die geringere Aufmerksamkeitsspanne und die schlechtere Verhaltensregulation der Kinder machen Anpassungen der Lernsettings notwendig, darunter insbesondere eine bessere Strukturierung von Abläufen und Materialien und die Gestaltung des Arbeitsplatzes. Betreffende Kinder benötigen eine stärkere Strukturierung der Abläufe, beispielsweise indem Routinen und Rituale eingesetzt werden und die Taktung der Arbeitseinheiten der Aufmerksamkeitsspanne angepasst wird. Vereinbarungen und Regeln sind klar verständlich zu formulieren. Es ist darauf zu achten, dass das Kind diese wahrnimmt und versteht und dass die Regeln auch eingehalten werden. Auf unnötige Details in schulischen Materialien sollte verzichtet und auf eine klare, optische Gestaltung geachtet werden, damit die Kinder nicht abgelenkt sind. Gleiches gilt für den Arbeitsplatz, der ebenfalls wenig Ablenkung bereithalten sollte. Im Idealfall sollten dort nur jene Materialien zu finden sein, die für die aktuelle Aufgabenstellung notwendig sind.

Auf der anderen Seite ist es auch notwendig, den Kindern die Fähigkeiten zu vermitteln, ihr eigenes Verhalten zu steuern. Strategietrainings und Selbstinstruktionstechniken helfen dabei, den eigenen Lernprozess zu steuern und zu strukturieren.

Das Training von Lauth und Schlottke (2019) setzt zu diesem Zweck Bildkarten ein (»Ich fange an!«, »Ich mache mir einen Plan!« ...), die den Kindern helfen, systematisch an eine Aufgabe heranzugehen und Ablenkungen auszublenden. Kinder sollen auf diese Weise in die Lage versetzt werden, den eigenen Lernprozess zu überwachen und sich schließlich selbst zu verstärken. Andererseits muss auch an den kognitiven Fähigkeiten angesetzt werden, z. B. der Mustererkennung und visuellen Suche. Das Training setzt hierzu Techniken des kognitiven Modellierens ein, z. B. das Selbstinstruktionstraining nach Meichenbaum und Goodman (1971). Dieses umfasst die Demonstration der Aufgabenbearbeitung durch ein Modell (z. B. die Lehrkraft), die gelenkte Lösung durch das Kind, schließlich das zunächst laut mitgesprochene und später flüsternd durchgeführte selbstständige Bearbeiten der Aufgabe. Am Ende wird nur noch in Gedanken verbalisiert und das Kind löst die Aufgabe selbstständig.

Zusammenfassend: Eltern und Lehrkräfte sollten für eine ruhige Umgebung mit möglichst wenig Ablenkung sorgen und auf eine inhaltlich geeignete Gliederung und Gestaltung von Lern- und Spielmaterialien achten (eher reduziert, nicht reichhaltig, sondern systematisch und klar verständlich). Routinen und Rituale helfen bei der Strukturierung des Ablaufs. Es kann helfen, den Unterricht mit ein paar Minuten Entspannungstraining zu beginnen. Es müssen mehr Pausen eingelegt (z. B. 15 Minuten arbeiten, 5 Minuten Pause) und klare Vereinbarungen und Regeln mit dem Kind getroffen werden, die dann strikt einzuhalten sind. Die Kinder benötigen viel positive Verstärkung, z. B. in Form von Lob und anderen positiven Rückmeldungen, auch bei kleinen Schritten in die richtige Richtung.

6.7.2 Interventionsprogramme am Beispiel des THOP

»Ich heiße Peter! Und am liebsten spiele ich den ganzen Tag! Beim Spielen fallen mir immer so tolle Sachen ein und mir wird nie langweilig dabei. Ich kann nämlich ganz toll mit Lego bauen, das sagt auch meine Mama! Das macht mir so schnell keiner nach ... Aber leider darf ich nicht den ganzen Tag Lego bauen und Fußball spielen. Denn meine Mama sagt, ich bin jetzt schon groß. Und wenn man groß ist, dann kommen die Pflichten. So was wie die Schule und die Hausaufgaben oder das Zimmer aufräumen ...

Und das ist gar nicht gut und macht auch keinen Spaß! Vor allem wegen der Schule, da bekomme ich oft Ärger! So wie heute! Ich wurde nämlich gerade mal wieder ausgeschimpft. Es war an diesem Tag nicht das erste Mal. Es war auch nicht das zweite Mal. Vielleicht war es schon das zehnte Mal. Und es wird wahrscheinlich auch nicht das letzte Mal gewesen sein. Denn eigentlich werde ich immer ausgeschimpft, oder zumindest fast immer! Und egal, was in der ganzen Klasse gerade passiert, immer heißt es: ›Peter, was hast du denn jetzt schon wieder angestellt!‹ ...

Letzte Woche war Elternsprechtag und ich wusste schon, dass das nicht gut für mich enden würde. Die Lehrerin erzählte meiner Mama, dass ich ständig stören würde und noch immer nicht richtig schreiben könnte und sie wüsste gar nicht, wie das mit mir weitergehen sollte. Und natürlich hatte meine Mama auch noch die Situation von gestern im Kopf, als ich mit dem Einkaufswagen im Supermarkt voll gegen den Stapel Dosen gefahren bin und alles durcheinanderpurzelte. Ich habe sie gestern Abend weinen gehört, als sie das meinem Papa erzählte. Das macht mich schon ganz schön traurig, wenn die anderen so unzufrieden mit mir sind. Ich wollte nach unten gehen und meiner Mama irgendwie erklären, wie ich mich fühle. Oder dass es mir wirklich leidtut. Und dass ich es doch auch nicht will, dass ausgerechnet immer mir so etwas passiert. Aber immer, wenn ich es versuche, weiß ich einfach nicht, was ich sagen soll, und fühle mich ganz schlecht ...

6.7 Intervention und Förderung

(Auszug aus Wackelpeter & Trotzkopf-Geschichte 1 des Therapieprogramms für hyperaktives und oppositionelles Trotzverhalten [THOP; Döpfner et al., 2019])

Im deutschen Sprachraum steht eine Reihe an etablierten Programmen zur Verfügung, die in der Therapie von Kindern mit ADHS eingesetzt werden. Das vermutlich bekannteste davon ist das Therapieprogramm für Kinder mit hyperkinetischem und oppositionellem Problemverhalten (THOP; Döpfner et al., 2019), das sehr umfassend an verschiedensten Lebensbereichen ansetzt und vielfältige Diagnosevorschläge enthält. Es beinhaltet nicht nur verhaltenstherapeutisch fundierte Maßnahmen auf der Ebene des Kindes (Spieltraining, Selbstinstruktion, Selbstmanagement und Aufklärung), sondern richtet sich auch an die Familie (Eltern-Kind-Training, Aufklärung und Beratung) und beinhaltet Hilfen zum Umgang mit der Störung im schulischen Umfeld. Das oben stehende Beispiel ist ein Auszug aus einer Serie an Geschichten des Programms, bei dem zusammen mit dem Kind kritische Situationen in Schule und Familie erarbeitet werden. Das dient zur Bewusstmachung der Probleme und der Suche nach Lösungsansätzen. Die Geschichte endet in der gemeinsamen Aufstellung einer »Ärger-Liste«, also einer Sammlung von Problemen, die Peter besonders beschäftigen. In den folgenden Sitzungen wird mit dem Kind besprochen, welche belastenden Situationen es selbst erlebt. Diese können dann strukturiert angegangen und Lösungswege gefunden und eingeübt werden.

Neben der Problemdefinition und Behandlungsplanung mit dem Kind wird auch mit den Eltern und Lehrkräften an einer Verbesserung der Interaktion zwischen Eltern und Kind gearbeitet. Im Zentrum steht die Verbesserung der Beziehung zwischen Eltern und Kind und der gleichzeitige Abbau von Störverhalten. Das Verfahren fokussiert stark auf verhaltenspsychologische Herangehensweisen (sog. pädagogische Verhaltensmodifikation), indem adäquates Verhalten systematisch verstärkt wird, damit dieses an die Stelle nicht-adäquaten Verhaltens treten kann und Letzteres reduziert oder verdrängt. Hierfür ist es notwendig, dem Kind klare Regeln und Grenzen zu geben, Anforderungen effektiv zu kommunizieren, bei Beachtung von Aufforderungen und nicht-störendem Verhalten sozial zu verstärken. Negatives Verhalten darf für das Kind keine positiven Konsequenzen haben. Zu diesem Zweck werden spezifische operante Methoden wie Token-Systeme, Auszeit etc. verwendet und entsprechend im Therapieverlauf angepasst. Es gibt zudem spezifische Maßnahmen für typischerweise problematische Situationen, wie dem Erledigen der Hausaufgaben (▶ Abb. 6.7).

Die Vorschläge von THOP für die Schule beziehen sich auf Maßnahmen zur Umgestaltung der Lernsituation und zur Verbesserung der Interaktion mit dem Kinde. Zur Reduzierung der Ablenkungsmöglichkeiten sollte das Kind beispielsweise möglichst weit vorne sitzen und in der Nähe von Kindern, die als positive Modelle fungieren können. Es ist i. d. R. notwendig, die Kontrolle zu erhöhen und die Materialien der Kinder täglich zu überprüfen. Von besonderer Bedeutung sind die Förderung positiver Interaktionen und die häufige Gabe von Rückmeldungen, insbesondere von Lob für adäquates Verhalten. Token-Systeme können auch hier dabei helfen, Verstärkung stärker zu systematisieren. Zudem wird erarbeitet, wie Aufforderungen klarer formuliert und konsistenter eingefordert werden können. Ergänzt

6 Aufmerksamkeitsdefizit-Hyperaktivitätsstörung (ADHS)

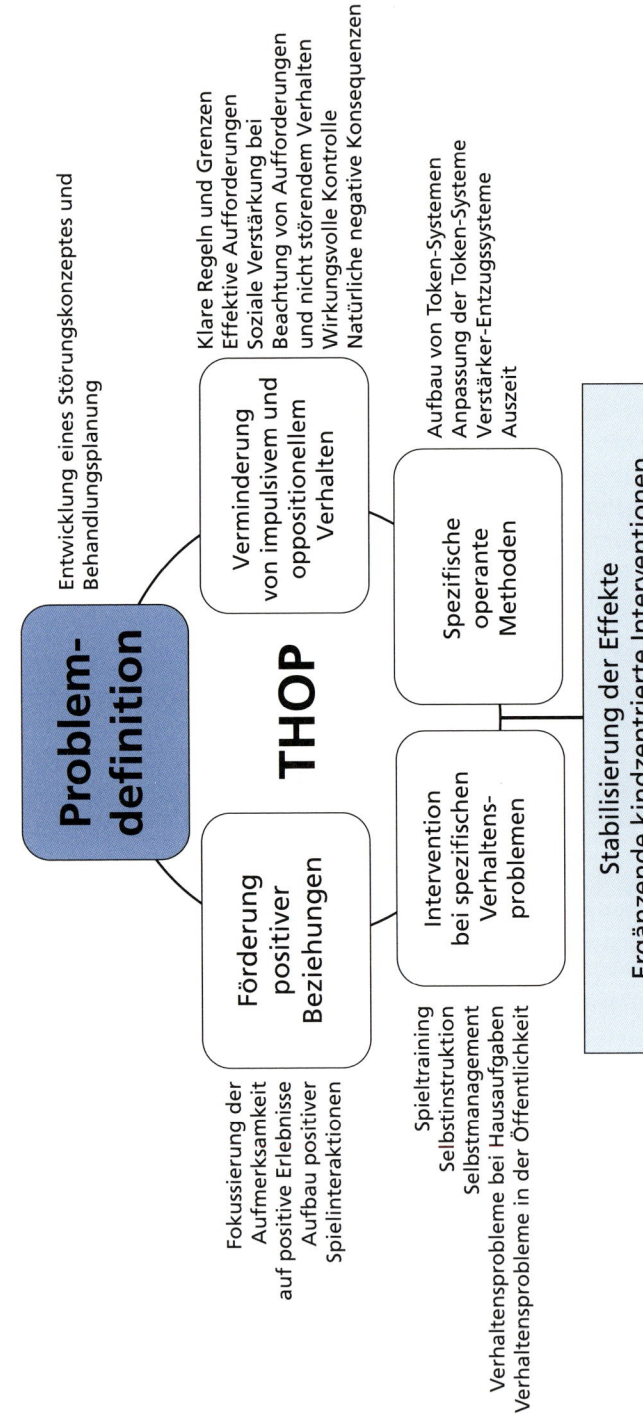

Abb. 6.7: Therapiebausteine des Programms THOP (Döpfner et al., 2019)

wird die Herangehensweise durch kognitive Techniken. Es werden Arbeitsregeln erarbeitet und eine systematische Aufgabenbearbeitung mittels Selbstinstruktionstraining eingeübt.

6.7.3 Pharmakotherapie – Pro und Contra

Die vorwiegend in der pharmakologischen Therapie bei Kindern eingesetzte Substanz ist Methylphenidat, eine 1944 bei Chiba (jetzt Novartis) entdeckte Substanz. Der Chemiker Leandro Panizzon, der die Substanz entwickelte, benannte sie nach seiner Frau Rita, wodurch es zur Namensgebung Ritalin® kam. Die stimulierende Wirkung ist seit 1954 bekannt und zunächst war das Medikament in Apotheken frei verkäuflich, bis es aufgrund von Todesfällen (Herz-Kreislauf-Versagen) 1971 dem Betäubungsmittelschutzgesetz unterstellt wurde. Ritalin® war zunächst wirtschaftlich wenig erfolgreich, bis schließlich die Aufmerksamkeits-Hyperaktivitätsstörung im ICD-10 aufgenommen und Anfang der 1990er-Jahre mit der pharmakologischen Behandlung von Kindern begonnen wurde (▶ Abb. 6.1).

In der sehr groß angelegten sog. MTA-Studie (Jensen et al., 2007) wurde versucht, die Effekte von Behandlungen bei ADHS zu erfassen. Es wurden vier Bedingungen implementiert: a) aufwändige medizinische Betreuung mit fein abgestimmter Medikamentengabe und regelmäßigem klinischen Monitoring der gegebenen Dosis (Medication Management), b) Verhaltenstherapie, c) die Kombination aus a) und b) und d) »Community Care«, also vor allem pädagogische Unterstützungsmaßnahmen. In der ersten Untersuchung 14 Monate nach Beginn der Behandlung erwies sich die Kombinationstherapie als extrem effektiv mit sehr hohen Effektstärken im Hinblick auf Reduktion von ADHS-Symptomen, oppositionellem Trotzverhalten und der generellen Belastung mit psychischen Problemen. Auch die ausschließliche pharmakologische Behandlung hatte eine sehr starke Wirkung, war allerdings der Kombinationstherapie vor allem in der Reduktion oppositionellen Verhaltens unterlegen. Zudem war eine höhere Dosis der Medikamentengabe als in der Kombinationstherapie notwendig. Psychotherapie und pädagogische Maßnahmen alleine erbrachten dagegen schwächere Effekte. Die Ergebnisse wurden weithin rezipiert und die MTA-Studie galt in der Folge als Beleg für die Überlegenheit pharmakologischer oder kombinierter Behandlungen. Die weniger stark beachtete Follow-up-Studie nach 3 Jahren zeigte in der weiteren Folge einen Rückgang der Effekte der pharmakologischen Behandlung nach 1 bis 2 Jahren, wohingegen sich die Gruppen mit psychologischen und pädagogischen Maßnahmen kontinuierlich verbesserten. Nach einem Zeitraum von 36 Monaten gab es in keinem der untersuchten Maße noch signifikante Unterschiede – die Situation in allen Gruppen hatte sich sehr deutlich gebessert. Die psychologischen und pädagogischen Maßnahmen wirkten also ähnlich gut, nur benötigten sie mehr Zeit. Einschränkend muss ergänzt werden, dass es keine unbehandelte Kontrollgruppe gab, sodass nicht beurteilt werden kann, wie sich Kinder ohne Interventionsmaßnahmen entwickelt hätten. Zudem begann ein erheblicher Teil der »Community Care«-Gruppe in Laufe der Studie mit einer medikamentösen Behandlung.

Aus diesen Ergebnissen lässt sich nicht schlussfolgern, dass die Art der Behandlung egal ist. Tatsächlich trat der Interventionseffekt bei Medikamentengabe sehr schnell ein und die Kinder hatten dadurch die Möglichkeit, sich in der Schule besser zu entwickeln. Medikamente können also sehr effektiv und schnell zu einer Entschärfung einer krisenhaft zugespitzten Problemsituation führen. Beim Vorliegen einer ADHS besteht häufig zum Zeitpunkt der Diagnosestellung ein hoher Leidensdruck aufseiten der Eltern, Lehrkräfte und Kinder, sodass Möglichkeiten gefunden werden müssen, die möglichst schnell zu einer Verbesserung der Situation führen. Die Mehrheit der Kinder profitiert von einer Medikamentengabe und die Wirkung stellt sich zudem sehr schnell ein. Döpfner et al. (2019, S. 83) empfehlen deshalb, bei einer umfassenden und ausgeprägten Symptomatik, die mit einer starken Funktionseinschränkung einhergeht und für Kinder und Eltern sehr belastend ist, die Anwendung von Stimulanzien nicht auszuschließen, um schnell eine Entlastung zu erreichen und Kinder in die Lage zu versetzen, an Therapie oder Unterricht produktiv teilzunehmen.

Auf der anderen Seite treten häufig Nebenwirkungen auf und längsschnittliche Ergebnisse (Biederman et al., 2010) zeigen, wie wichtig der Aufbau von sozialen Kompetenzen und Strategien zur Handlungsregulation ist, um langfristig negativen Entwicklungen und Chronifizierung vorzubeugen. Eine einseitige Fokussierung auf die Verschreibung von Medikamenten wäre aus diesem Grund sicher der falsche Weg. Die Ergebnisse belegen sehr klar, dass eine medikamentöse Behandlung langfristig keineswegs zwingend ist (zu Vor- und Nachteilen ▶ Tab. 6.2) und im Schnitt nach 3 Jahren auch mit pädagogischen und psychotherapeutischen Maßnahmen die gleichen Effekte erzielbar sind (Jensen et al., 2007). Zudem besteht Grund zum Optimismus: Bei einer langfristigen und kontinuierlichen Behandlung bzw. Betreuung der Kinder besteht die Aussicht auf eine sehr nachhaltige Verbesserung der Probleme.

Tab. 6.2: Vor- und Nachteile einer pharmakologischen Behandlung von ADHS

Vorteile	Nachteile
Kurzfristig sehr effizient	Keine »Heilung« von ADHS und kein dauerhafter Aufbau von Selbstregulationsfähigkeiten. Nach wenigen Stunden geht die Wirkung wieder verloren. Etwa 30 % der Kinder sind Non-Responder.
Keine Hinweise auf die Entwicklung einer Substanzabhängigkeit Keine Hinweise auf Erhöhung der Parkinsonrate im Erwachsenenalter	Häufige Nebenwirkungen: verringerter Appetit, Schlafprobleme, Bauch- und Kopfschmerzen, Irritabilität und Angstgefühle, Benommenheit, depressive Grundstimmung, ggf. verzögerter Wachstumsspurt zu Beginn der Pubertät und reduzierte Körpergröße als Erwachsener Seltene Nebenwirkungen: Tics, Kinder fühlen sich merkwürdig, Suizidgedanken (v. a. bei Atomoxetin/Strattera®), Herz-Kreislauf-Probleme (höherer Puls und Blutdruck) bis hin zu Herz-Kreislauf-Versagen, psychiatrische Probleme (Halluzinationen, Stimmen hören, Manie, Argwohn) Schwere Nebenwirkungen treten bei etwa 11 % der Kinder auf.

Tab. 6.2: Vor- und Nachteile einer pharmakologischen Behandlung von ADHS – Fortsetzung

Vorteile	Nachteile
Konzentrationssteigernde Medikamente versetzen Kinder überhaupt erst in die Lage, dem Unterricht zu folgen und Wissen zu erwerben	Vermittlung des Gefühls, ohne Stimulanzien nicht »korrekt zu funktionieren« oder als Person nicht akzeptiert zu sein
Wirtschaftliches Potenzial	Gefahr des illegalen Handels

6.8 Zusammenfassung, Mythen und weiterführende Literatur

ADHS ist ein Phänomen, das sich durch Unaufmerksamkeit, Impulsivität und Hyperaktivität auszeichnet und sich sehr stark auf akademische Leistungen und die Zukunftsperspektiven von Kindern auswirkt. Es sind etwa 5 % der Kinder davon betroffen, darunter etwa dreimal so viele Jungen wie Mädchen. Die Ursachen liegen im neurobiologischen Bereich (Neurotransmittersysteme mit Bezug zu Dopamin), der Verhaltensregulation (insbesondere Frustrationstoleranz und zentral-exekutive Leistungen) und der Interaktion mit Eltern und Gleichaltrigen. Die neurobiologische Störungsgrundlage spielt dabei eine große Rolle. Die mit der Störung einhergehenden Leistungsprobleme und die sozialen Konflikte schränken den schulischen Wissenserwerb ein und erhöhen das Risiko für zahlreiche psychische Folgeprobleme sehr stark. Das Störungsbild ist sehr stabil und die Probleme bestehen meist im Erwachsenenalter fort, wobei vor allem die Aufmerksamkeit beeinträchtigt bleibt. Die Diagnose ist bis heute mit Unsicherheiten behaftet. Pädagogisch-psychologische Maßnahmen zielen auf die Gestaltung der Lernumwelt, die Verbesserung von Selbstregulation und Handlungskompetenz und den Einbezug des sozialen Umfelds sowie der Durchführung von Elterntrainings.

Zum Thema ADHS existieren viele Missverständnisse und Fehlkonzepte (Schmiedeler & Schneider, 2014; Schneider et al., 2019), die hier zusammenfassend ausgeräumt werden sollen:

1. »Etwa 15 % der Kinder sind von ADHS betroffen und es sind vor allem Jungen.«
   In der Tat gehört ADHS zu den häufigsten Störungen im Kindes- und Jugendalter, jedoch liegt die Auftretenshäufigkeit bei 5 % und darunter. In Bezug auf Impulsivität und Hyperaktivität sind Jungen häufiger betroffen,

jedoch ist dieser Unterschied bei Aufmerksamkeitsproblemen geringer ausgeprägt.
2. »ADHS wird durch Nahrungsmittelergänzungen, Rohzucker und phosphatreiche Nahrung verursacht oder verstärkt. Reduktion dieser Substanzen und die Gabe von Vitaminen reduzieren die Probleme.«
Psychotrop wirkende Substanzen können massiv das Verhalten verändern. Beispielsweise verändert die Stimulanzie Methylphenidat das Aktivitätsniveau vieler Kinder mit ADHS. Bis heute gibt es jedoch keine belastbaren Nachweise, dass Nahrungsmittelunverträglichkeiten, zu viel Zucker und Phosphat ADHS bedingen. Dennoch sollte selbstverständlich auf eine ausgewogene, gesunde und vitaminreiche Ernährung geachtet werden. Hierdurch kommt es zu keiner nachweisbaren Reduktion der Verhaltensprobleme.
3. »ADHS wird durch mediale Reizüberflutung oder das Erziehungsverhalten der Eltern verursacht.«
Ungünstige Erziehungspraktiken (vor allem vorwiegend strafende und inkonsistente Erziehung) und ein suboptimales häusliches Lernumfeld wirken sich auf die schulische Entwicklung und das Verhalten von Kindern und Jugendlichen ungünstig aus. Sie können auch eine bestehende Problematik ungünstig beeinflussen. Sie sind aber nicht Auslöser einer ADHS, sondern verstärken vermutlich eher die Probleme.
4. »Im Laufe der Pubertät wächst sich ADHS aus.«
Nur 22 % der betroffenen Personen sind nach 10 Jahren symptomfrei (Biederman et al., 2010). Bei ca. 35 % besteht die Symptomatik unverändert im Vollbild fort. Bei den restlichen 43 % gibt es unterschiedlich starke Einschränkungen. Bei Erwachsenen mit ADHS besteht insbesondere eine hohe Unfallgefahr (zwei- bis viermal mehr Autounfälle; ca. 50 % mehr Fahrradunfälle), häufigeres delinquentes Verhalten und die Personen erreichen durchschnittlich ein niedrigeres berufliches Qualifikationsniveau als der Bevölkerungsdurchschnitt.
5. »Mit einer ADHS-Diagnose gehen automatisch Hilfsleistungen oder schulische Nachteilsausgleiche einher.«
Eine ADHS berechtigt nicht automatisch zum Erwerb eines Schwerbehindertenausweises, sondern es kommt auf den Grad der Einschränkung an, wobei insbesondere soziale Probleme ausschlaggebend sind. Gleiches gilt für die Beantragung von Mitteln der Kinder- und Jugendhilfe. Im schulischen Bereich wird ADHS bei der Mehrheit der Bundesländer in den Schulgesetzen nicht berücksichtigt. Manche Länder wie z. B. Thüringen sehen Sonderregelungen vor, in Hessen gibt es Möglichkeiten zur Gewährung von Nachteilsausgleichen. Insgesamt bleibt ein großer Raum für weitere Unterstützung und gesetzliche Regelungen.
6. »Eine medikamentöse Behandlung mit Methylphenidat (z. B. Ritalin®) macht abhängig, kann Parkinson auslösen und die betroffenen Kinder und Jugendlichen wachsen langsamer.«
Medikamentöse Behandlungen von Verhaltensproblemen sollten gründlich abgewogen werden. Zumindest was die skizzierten negativen Konsequenzen angeht, gibt es bis heute keine belastbaren Ergebnisse (vgl. Mannuzza et al.,

2008). Eine Stimulanzienbehandlung führt nicht dazu, dass das Gehirn weniger Dopamin bildet, was zu parkinsonähnlichen Symptomen führen würde. Die Medikamente haben zwar häufig Nebenwirkungen, sie führen aber nicht zu einer Abhängigkeit. Auch scheinen sich die Vermutungen nicht zu bestätigen, dass durch die Behandlung das Wachstum verzögert würde und als Folge im Erwachsenenalter eine kleinere Körpergröße erreicht wird (Harstad et al., 2014). Kritisch ist anzumerken, dass etwa ein Drittel der Kinder nicht auf eine medikamentöse Behandlung anspricht, häufig Nebenwirkungen auftreten und die Wirkung innerhalb einiger Stunden wieder zurückgeht (außer bei Depotgabe). Es kommt also nicht zu einer langfristigen Verhaltensänderung, aber unter Umständen hilft es dabei, im schulischen Kontext überhaupt erst das erforderliche Aufmerksamkeitsniveau herzustellen.

Weiterführende Literatur

Döpfner, M., Schürmann, S. & Frölich, J. (2019). *Therapieprogramm für Kinder mit hyperkinetischem und oppositionellem Problemverhalten: THOP*. Weinheim: Beltz.

Gawrilow, C. (2016). *Lehrbuch ADHS: Modelle, Ursachen, Diagnose, Therapie*. München: Ernst Reinhardt.
Lauth, G. W. & Schlottke, P. F. (2019). *Training mit aufmerksamkeitsgestörten Kindern*. Weinheim: Beltz.

Fragen

In den Medien wird ADHS gelegentlich als Modeerkrankung bezeichnet, vor allem angesichts der zwischen dem Jahr 2000 und 2010 gestiegenen Diagnosezahlen. Wie ging die Entwicklung weiter und wie verhalten sich die Diagnosezahlen in Deutschland zu den Prävalenzschätzungen der Grundlagenforschung. Ist Ihrer Meinung nach die Bezeichnung Modediagnose gerechtfertigt?

Interventionen bei ADHS sind vielfältig und setzen an verschiedenen Ebenen an. Welche Aussagen zur Therapie bei ADHS sind zutreffend? (Multiple Choice)

☐ Die Eltern werden über das Störungsbild sowie dessen Ursachen und Konsequenzen aufgeklärt.
☐ Kinder mit ADHS müssen stärker diszipliniert werden, auch physisch. Ansonsten lernen sie nie, wie man sich ordentlich verhält und im Unterricht gut mitarbeitet.
☐ Das Kind muss lernen, das eigene Verhalten zu steuern. Aus diesem Grund ist es nicht sinnvoll, klare Regeln mit dem Kind zu vereinbaren, da es sonst nie lernt, sich selbst zu regulieren.
☐ Im häuslichen und schulischen Kontext sollten möglichst niedrige Anforderungen an das Kind gestellt werden. Es hat ohnehin bereits viele Probleme und wird sonst nur überlastet.

☐ Selbstinstruktionstrainings werden eingesetzt, um die Fähigkeit der Regulierung des eigenen Verhaltens zu verbessern. Hierzu gehören beispielsweise der Einsatz von Signalkarten, Strategieeinsatz usw.

Welche Aussagen zu ADHS treffen zu? (Multiple Choice)

☐ Eine phosphatarme Diät führt bei ADHS zu einer deutlichen Verbesserung der Symptome.
☐ Bei der Behandlung von ADHS sollten nicht gleichzeitig Medikamente und psychotherapeutische Verfahren eingesetzt werden.
☐ Mädchen sind deutlich häufiger hinsichtlich Unaufmerksamkeit betroffen als Jungen.
☐ ADHS-Symptome verschwinden i. d. R. bis zum Erwachsenenalter von alleine.

7 Angst

> »Da rinnt der Schule lange Angst und Zeit
> mit Warten hin, mit lauter dumpfen Dingen.
> O Einsamkeit, o schweres Zeitverbringen ...
> Und dann hinaus: die Straßen sprühn und klingen
> und auf den Plätzen die Fontänen springen
> und in den Gärten wird die Welt so weit«.
> (Auszug aus »Das Buch der Bilder«, Rainer Maria Rilke, 1902)

Angst ist wie der Schmerz ein wichtiger Schutzmechanismus. Sie bewahrt uns vor riskantem Verhalten und sie versetzt uns in die Lage, gefährliche Situationen zu meiden, aus ihnen zu fliehen oder uns – falls nötig – zu verteidigen. Sie gehört zusammen mit Wut, Freude, Überraschung, Ekel und Trauer zu den Basisemotionen (Ekman, 1992), deren Ausdruck und physiologische Reaktionen universell sind und die vermutlich zur »biologischen Grundausstattung« aller Menschen gehören. Sie ist offensichtlich lebensnotwendig, auch wenn sie einen unangenehmen Zustand darstellt. Jeder Mensch kennt Angst, wobei Häufigkeit, Intensität und Auslöser zwischen verschiedenen Individuen, den Geschlechtern und in Abhängigkeit des Alters beträchtlich variieren. Zudem spielt der kulturelle Hintergrund eine maßgebliche Rolle: Während in Westeuropa Phänomene wie die Triskaidekaphobie (= die Angst vor der Zahl »13«) oder die Paraskevidekatriaphobie (= Angst vor dem Tag »Freitag, der 13.«) vorkommen, ist im fernöstlichen Bereich eher die Tetraphobie (= Angst vor der Zahl »4«) verbreitet, die in weiten Teilen Asiens als Unglückszahl gilt, da ihre Aussprache im Kantonchinesischen dem Wort für »Tod« phonetisch ähnelt (Tse, 2015). Neben durchaus begründeten Angstauslösern gibt es also viele harmlose Situationen oder Objekte, die irrationale Ängste bedingen können. Dagegen gibt es zahlreiche Dinge, die lebensgefährlich sein können und jedes Jahr zu Todesfällen führen, beispielsweise Kraftfahrzeuge oder Steckdosen, die aber meist keine intensiven Angstgefühle auslösen. Die kleine, ungefährliche Spinne an der Wand erleidet aber aufgrund unserer Ängste häufig einen unverschuldeten, unvermittelten, nicht natürlichen Tod durch Spontanzerquetschung.

> **Lernziele**
>
> - Kenntnis der wichtigsten Angstfacetten, -taxonomien und der zentralen Fachbegriffe,
> - Kenntnis der Angstquellen im schulischen Kontext,

- Verständnis der theoretischen Grundlagen der Angstentstehung,
- Anwendung von Maßnahmen zur Entschärfung von Angstsituationen in der Schule.

7.1 Facetten, Begriffe und Ebenen

Bei der Unterscheidung verschiedener Angstfacetten gibt es einige typische Bezeichnungen, die immer wieder verwendet werden. Einerseits gibt es *Angst* als ein undifferenziertes Gefühl einer von innen aufsteigenden Bedrohung mit unbestimmter Gefahrenquelle, das eher blockierend wirkt. Da die Quelle der Gefahr schwer lokalisierbar ist, kann nur schwer darauf reagiert werden und sie wirkt deshalb blockierend. Klinische Ausprägungen dieses ungerichteten Bedrohungsgefühls werden üblicherweise in Klassifikationsmanualen als *Angststörung* bezeichnet (z. B. soziale Angst, generalisierte Angststörung etc.). Ist die Angst dagegen auf eine klare Quelle oder Situation gerichtet, so wird sie als *Furcht* bezeichnet, mit den *Phobien*, wie z. B. Tierphobien (Furcht vor Spinnen, Schlangen, Hunden usw.) als klinischer Entsprechung (vgl. Butcher et al., 2009, S. 223 f.).

Eine weitere, häufige Unterscheidung ist die Aufteilung in Angst als *Zustand (State)*, der die aktuelle Befindlichkeit bezeichnet, und in Angst als *Persönlichkeitsmerkmal (Trait)*, also die generelle »Ängstlichkeit« (s. z. B. Spielberger, 1989). Diese »Trait-Ängstlichkeit« unterscheidet sich zwischen Menschen und sie beschreibt das generelle Level der Angst und das Ausmaß und die Schnelligkeit, mit der eine Person in Angst gerät. Die State-Ängstlichkeit dagegen bezeichnet das konkrete Geschehen in einer Situation und sie wird weiter in Aufgeregtheit (»emotionality«) und Besorgnis (»worry«) unterschieden. Die Aufgeregtheit bezieht sich dabei v. a. auf die Erregung in der Situation und sie hat eine starke physiologische Komponente, wohingegen die Besorgnis eher Kognitionen umfasst. Hierzu gehören Gedanken über mögliches Scheitern in Prüfungssituationen und welche Konsequenzen daraus resultieren (▶ Abb. 7.1).

Angst ist ein sehr umfassendes Geschehen, das den gesamten Organismus betrifft und sich auf verschiedenen Ebenen abspielt, die nicht immer gleichermaßen betroffen sein müssen. Hierzu gehören – wie bereits in Abbildung 7.1 (▶ Abb. 7.1) angeklungen – der physiologische (Herzklopfen, erhöhter Puls und Blutdruck, beschleunigte Atmung, Harndrang, Schweißausbruch und ein hoher Muskeltonus) und der kognitive Bereich (Besorgnis; Interpretation einer oftmals ungefährlichen Situation als bedrohlich), daneben aber auch die Verhaltensebene (Unruhe, Zittern, unkontrollierte Bewegungen, Flucht, Aggression, Artikulationsstörungen) und die Affektivität (Unwohlsein, Gefühl von Bedrohung, depressive Verstimmung, Angespanntheit). Für Lehrkräfte leichter zu erkennen sind natürlich vor allem die Phänomene auf Verhaltensebene, beispielsweise in Form von Nervosität in Prüfungen, ausgedrückt durch Körperhaltung und Artikulationsprobleme. Bei Schülern und

7.1 Facetten, Begriffe und Ebenen

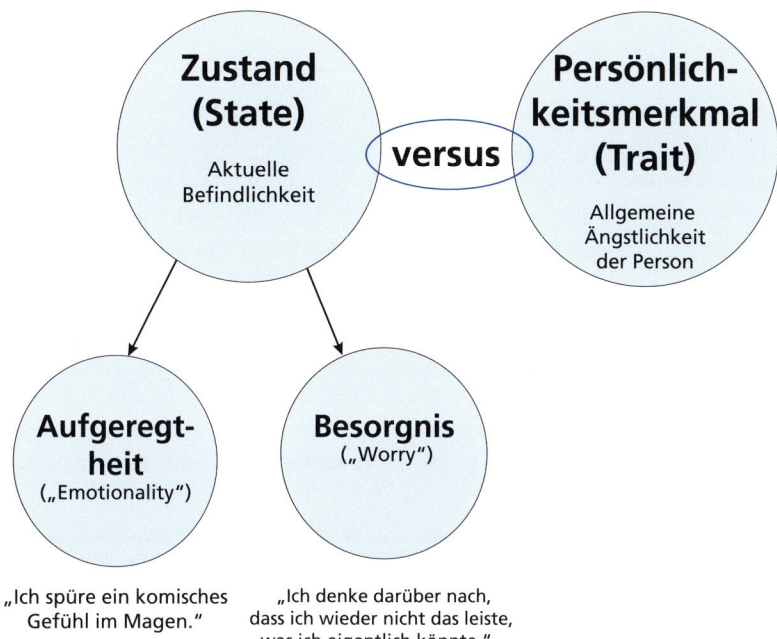

Abb. 7.1: Angst als Persönlichkeitsmerkmal (Trait) und als aktueller Zustand (State)

Schülerinnen, aber auch bei Studierenden, lassen sich auch diese Verhaltensaspekte von Angst gut beobachten. In einer mündlichen Prüfung kann es passieren, dass ein Schüler, der sonst in einer entspannten Situation gut mitarbeitet, sich im Prüfungssetting nicht mehr klar artikulieren kann. Angst verändert also unser Verhalten und unser Denken auf eine spezifische Art und Weise. Sie bereitet uns darauf vor, schnell zu reagieren, blockiert aber dabei die Ausführung komplexer Tätigkeiten. Unter Stress und Anspannung können hochautomatisierte Fähigkeiten sehr schnell ausgeführt und auch periphere Reize leichter wahrgenommen werden. Dagegen ist die Konzentration auf spezifische, schwierige Aufgaben erschwert. In der Schule geht es jedoch meist genau um solche komplexen Aufgaben. Angst ist alleine schon deshalb mit einer pädagogisch wünschenswerten Atmosphäre prinzipiell unvereinbar.

Viele der physiologischen Aspekte stehen eng mit der Stressreaktion des Körpers, genauer gesagt, dem sympathischen Nervensystem in Zusammenhang (vgl. Birbaumer & Schmidt, 2018, S. 150 f.). Durch die Konfrontation mit einem bedrohlichen Reiz wird das Hypothalamus-Hypophysen-Nebennierenrinden-System aktiviert, das zu einer Ausschüttung der Stresshormone Adrenalin und Kortisol aus der Nebennierenrinde führt. Das Adrenalin führt zu einer Aktivierung von Systemen, die die physische Auseinandersetzung mit einer Gefahrenquelle erleichtern: Der Muskeltonus steigt, Blutdruck und Puls nehmen zu und die Schweißdrüsen werden aktiv. Hierdurch werden wir in die Lage versetzt, zu kämpfen oder zu fliehen (sog. »Fight-or-Flight-Syndrom«). Auf der anderen Seite werden nicht notwendige Systeme gedämpft, um mehr Ressourcen für körperliche Aktivität zur Verfügung stellen zu können. Diese Dämpfung ist auf das Kortisol zurückzuführen, welches beispielsweise die Aktivität des Immunsystems unterdrückt. Bleibt der Stress bzw. die Bedrohung bestehen, so bleiben die Kortikosteroide auch in Ruhezeiten auf einem hohen Niveau, was bei langer Dauer zu Schäden an Organsystemen wie dem Herz-Kreislauf-System, Anfälligkeit gegenüber Infektionserkrankungen und psychosomatischen Erkrankungen (z. B. Rückenprobleme durch dauerhaft hohen Muskeltonus) führt.

Allerdings spielt sich das Angstgeschehen keineswegs nur auf der physiologischen Ebene ab, sondern es ist gerade die Interpretation einer Situation als bedrohlich, die Angst in uns auslöst. Ob eine Situation als bedrohlich eingestuft wird, hängt also nicht alleine vom objektiven Zustand ab, sondern von unseren Vorerfahrungen oder dem Fehlen von Erfahrungen, der Beurteilung der eigenen Handlungsalternativen, davon, was für uns subjektiv wichtig ist (z. B. Leistungsziele) usw. (vgl. Smith et al., 1993). Einer der frühesten Philosophen, der auf die Entstehung von Angst durch die Interpretation von Situationen hingewiesen hat, war Epikur (341 v. Chr.–271 v. Chr.), der Begründer des Hedonismus. Seinem Leitsatz »Freiheit von Schmerz und Leid« entsprechend versuchte er, Menschen Angst zu nehmen, indem er argumentativ die Interpretation der Angstquellen als Bedrohung zu entkräften versuchte. Aufgrund dieser Versuche, Überzeugungen zu verändern, könnte man Epikur als ersten kognitiven Psychologen beschreiben. Epikur ging davon aus, dass es zwei wesentliche Quellen für Ängste gibt, einerseits die Angst vor dem Tod, andererseits die Angst vor den Göttern. Er versuchte, seine Mitmenschen davon zu überzeugen, dass beides unbegründete Ängste seien. Für Götter seien Menschen schlicht irrelevant und der Tod sei so lange abwesend, so lange wir am Leben sind:

> »Gewöhne dich an den Gedanken, dass der Tod uns nichts angeht. Denn alles Gute und Schlimme beruht auf der Wahrnehmung. Der Tod aber ist der Verlust der Wahrnehmung. Darum macht die rechte Einsicht, dass der Tod uns nichts angeht, die Sterblichkeit des Lebens genussreich, indem sie uns nicht eine unbegrenzte Zeit dazugibt, sondern die Sehnsucht nach der Unsterblichkeit wegnimmt. Denn im Leben gibt es für den nichts Schreckliches, der in echter Weise begriffen hat, dass es im Nichtleben nichts Schreckliches gibt … Das schauerlichste Übel also, der Tod, geht uns nichts an; denn solange wir existieren, ist der Tod nicht da, und wenn der Tod da ist, existieren wir nicht mehr. Er geht also weder die Lebenden an noch die Toten; denn die einen geht er nicht an, und die anderen existieren nicht mehr.«
> (Brief von Epikur an Menoikeus)

Ob es wirklich möglich ist, den Menschen die Angst vor dem Tod zu nehmen, ist sicherlich fraglich. Der Grundgedanke jedoch, Interpretationen des Bedrohlichkeitscharakters zu hinterfragen, die Gefährlichkeit von Situationen zu überprüfen und den Umgang mit angstbesetzten Situationen zu lernen, sind auch heute in der kognitiven Verhaltenstherapie zentrale Herangehensweisen. Epikurs Ansatz ist also in gewisser Weise auch heute noch aktuell.

7.2 Wann wird Angst klinisch bedeutsam?

Auch wenn jeder von uns Ängste hat, gibt es Fälle, in denen eine Angst so stark wird, dass sie klinisch bedeutsam sein kann. Dies ist der Fall, wenn Ängste

- nicht vorübergehen,
- für die Entwicklungsphase unangemessen sind (etwa, wenn Kinder so starke Angst vor Fremden haben, dass sie auch im Grundschulalter nicht alleine unter anderen Kindern bleiben können),
- mit starken und anhaltenden Beeinträchtigungen verbunden sind (z. B. wenn eine soziale Angst dazu führt, dass ein Mensch seine Wohnung nicht verlassen kann und sich von Mitmenschen versorgen lassen muss),
- die normale Entwicklung beeinträchtigen,
- persönliches Leid verursachen und
- Probleme im sozialen Umfeld auslösen.

Es gibt einige Ängste, die typischerweise in bestimmten Phasen der Entwicklung besonders deutlich hervortreten und die folglich den Erwartungen entsprechen. Bleiben sie über diese Zeit hinaus bestehen und weisen sie eine hohe Intensität auf, dann werden sie als Angststörung diagnostiziert:

Tab. 7.1: Entwicklungsspezifisch auftretende Formen von Angst (adaptiert nach Beesdo, Knappe & Pine, 2009, S. 29)

Alter		Entwicklungsbedingte Angstphänomene	Symptome	Angststörung
Säuglingsalter	Erste Wochen	Verlust des (physischen) Kontakts zur Bezugsperson	Weinen	
	0–6 Monate	Unbekannte Sinnesreize		
	6–8 Monate	Fremdeln: Schüchternheit/Angst vor Fremden	Anklammern an Bezugsperson	Trennungsangst
Kleinkindalter	12–18 Monate	Trennungsangst	Schlafstörungen, nächtliche Panikattacken	Trennungsangst
	2–3 Jahre	Angst vor Umweltphänomenen (Blitz und Donner, Feuer, Dunkelheit, Wasser …)	Weinen, Anklammern, Rückzug, Einfrieren, Suche nach Sicherheit und Körperkontakt, Vermeidung auffälliger Reize	Spezifische Phobien (Umwelttypus)
		Angst vor Tieren		Spezifische Phobien (Tiertypus)

Tab. 7.1: Entwicklungsspezifisch auftretende Formen von Angst (adaptiert nach Beesdo, Knappe & Pine, 2009, S. 29) – Fortsetzung

Alter		Entwicklungsbedingte Angstphänomene	Symptome	Angststörung
			(z. B. Einschalten des Lichts), Einnässen	
Vor- und Grundschulzeit	4–10 Jahre	Angst vor Monstern, Geistern, dem Tod oder toten Menschen		Generalisierte Angststörung, Panikstörung
		Angst vor Tieren		Spezifische Phobien
		Angst vor Krankheit oder Infektionen		Zwangsstörung
		Angst vor Katastrophen und traumatischen Ereignissen (Angst vor Verbrennung und Unfällen)		Spezifische Phobien (Umwelttypus) Anpassungsstörung, generalisierte Angststörung
		Schulische Ängste, Prüfungsangst, Leistungsangst	Rückzug, Schüchternheit, Schamgefühle	Soziale Angst
Adoleszenz	12–18 Jahre	Zurückweisung durch Gleichaltrige	Angst, schlecht bewertet zu werden	Soziale Angst

Die meisten der im Erwachsenenalter zu findenden Ängste entstehen bereits in der Kindheit und bleiben dann oft sehr lange bestehen (Beesdo et al., 2009). Das Alter des ersten Auftretens variiert dabei sehr stark. Ein früher Beginn vor dem Alter von 12 Jahren wurde konsistent für die Trennungsangst und einige spezifische Phobien (Umwelttypus, Blut- und Injektionstypus, Tierphobien) dokumentiert. Darauf folgt die soziale Angst, die in der späten Kindheit und der Jugend ihren Ausgangspunkt findet, selten aber nach dem Alter von 25 Jahren entsteht. Panikstörung, Agoraphobie und generalisierte Angststörung beginnen oft im jungen Erwachsenenalter. Alle diese Ängste tendieren dazu, in ihrer Intensität mit der Zeit zuzunehmen. Dies zeigt sich auch in der Schätzung der Prävalenzen. Die Lebenszeitprävalenz liegt zusammengenommen für alle Angststörungen bei etwa 15 % bis 20 %, aber Gleiches gilt auch für die Schätzung der Prävalenzen für kürzere Altersintervalle. Dies bedeutet, dass Angststörungen nach dem Entstehen sehr lange Zeit fortbestehen. Nur die Minderheit von Personen mit Angststörungen nimmt therapeutische Hilfe in Anspruch, was zur Chronifizierung der eigentlich gut zu behandelnden Störungen beiträgt. Suchen Betroffene jedoch keine Hilfe auf, sind Angstproblematiken bis ins Erwachsenenalter sehr stabil und verschärfen sich eher noch, da die Situationen, in denen Ängste abgebaut werden könnten, gemieden werden.

Die häufigste Angst im Kindes- und Jugendalter sind spezifische Phobien (Angst vor Tieren, Umweltereignissen ...), die etwa 10 % der Kinder und 7 % der Jugendlichen betrifft, gefolgt von der Trennungsangst, deren Häufigkeit auf 2,8 % bis 8 % geschätzt wird (Beesdo et al., 2009). Panikstörung und Agoraphobie kommt bei Kindern nur selten vor (ca. 1 %), nimmt aber zum Jugendalter zu (2 % bis 3 % bei der Panikstörung bei Jugendlichen und 3 % bis 4 % im Fall der Agoraphobie). Die Schätzung der Häufigkeit sozialer Phobien liegt zwischen 2,4 % und 5,2 %. Jungen und Mädchen unterscheiden sich nicht hinsichtlich des Alters des ersten Auftretens, aber Mädchen sind von Beginn an etwa doppelt so häufig betroffen wie Jungen. Dieser Geschlechtsunterschied verstärkt sich über die Zeit, sodass die meisten Angststörungen im Erwachsenenalter dreimal häufiger bei Frauen auftreten als bei Männern.

Hinsichtlich der Komorbidität existiert eine sehr starke Verknüpfung zwischen allen Angststörungen (Beesdo et al., 2009) und mit ansteigendem Alter entwickeln Personen, die zunächst nur eine Angststörung hatten, oft noch weitere Ängste. Besonders häufig gehen Angststörungen zudem mit depressiven Störungen und Substanzmissbrauch oder somatoformen Störungen (körperliche Probleme oder Schmerzen, für welche keine körperliche Ursache gefunden werden kann) einher. Die Entstehung dieser komorbiden Störungen ist meistens der Angstproblematik zeitlich nachgelagert und ihre Auftretenswahrscheinlichkeit steigt mit der Intensität und Anzahl der Angststörungen. Substanz- und Medikamentenabhängigkeit könnten dabei möglicherweise als Resultat des Versuchs, die Ängste zu betäuben, angesehen werden.

7.3 Angstauslöser im Schulkontext

Für die Schule ist Angst nicht alleine aus klinischer Perspektive wichtig. Angst wirkt sich auf das Befinden und die schulische Leistung aus und gleichzeitig sind mehr oder minder alle Schülerinnen und Schüler in verschiedenen Situationen und individuell unterschiedlich stark davon betroffen. Schulische Faktoren beeinflussen den Bedrohlichkeitscharakter von Lernsituationen und Prüfungen, sodass die Reflexion über schulische Angstauslöser wichtig für die Gestaltung einer Schulumgebung ist, die psychische Gesundheit und das Lernverhalten fördert.

> **Filmtipp: »Das weiße Band« (2009, Regisseur: Michael Haneke)**
>
> Der im Schwarz-Weiß-Format gedrehte Film »Das weiße Band«, der um die Jahrhundertwende vom 19. zum 20. Jahrhundert in einem fiktiven, norddeutschen Dorf spielt, spiegelt die restriktive und von Unterdrückung, Ausbeutung, Missbrauch, Verachtung und physischer Misshandlung geprägte Erziehung dieser Zeit wider, die sich hinter der Fassade einer sittlichen Ordnung abspielt. Bei-

> spielsweise ist die Schule von einer extremen Zucht durch den protestantischen Dorfpastor geprägt, der gleichzeitig im Dorf als absolute Autorität gilt und auch innerhalb seiner eigenen Familie die Kinder hart bestraft. Selbst bei kleinen Vergehen müssen Kinder für Wochen eine weiße Binde um den Arm tragen, die sie als Regelübertreter stigmatisiert und zu tugendhaftem Verhalten ermahnen soll. Die Atmosphäre des Films ist sehr beklemmend. Er zeigt glaubwürdig, unter welchen Bedingungen Menschen aufwuchsen bzw. auch heute noch aufwachsen und welche Konsequenzen aus diesen Bedingungen erwachsen.

Leistungssituationen sind in der Schule für die Entstehung von Ängsten von besonderer Bedeutung und dabei spielen die folgenden Aspekte eine wichtige Rolle (s. Rost et al., 2018):

1. *Verhalten der Lehrkraft*
   Angst entsteht durch autoritäres und dirigistisches Verhalten der Lehrkraft, beispielsweise wenn Aufgaben in einer Weise gestellt werden, dass sie nur auf eine extrem kleinschrittig vorgegebene Art und Weise gelöst werden dürfen, wobei aber jeder Fehler sanktioniert wird. Führen Fehler zum Entzug von Zuwendung und zur Tadelung, bei gleichzeitig fehlender positiver Verstärkung mittels Lob und konstruktiver Rückmeldung, oder werden Schülerinnen und Schüler bei Leistungsversagen sogar verspottet oder gedemütigt, so entsteht ein Bedrohungsgefühl, das über den Mechanismus der klassischen Konditionierung schnell auf die Lehrkraft, das Schulfach oder die ganze Schule generalisiert. An Lehrkräfte, die in herausfordernden Altersbereichen wie der sechsten bis neunten Klasse arbeiten, sei deshalb appelliert, auf Provokationen nicht »mit gleicher Münze« zu reagieren. Gezielte Demütigungen verletzen nicht nur die Persönlichkeitsrechte der Kinder und Jugendlichen, sondern sie können zur weiteren Eskalation problematischer Situation führen. Viele Menschen berichten über Herabsetzungen durch Lehrkräfte, die sie nicht mehr vergessen oder verzeihen können.
   Körperliche Bestrafung verstärkt Angst ebenfalls, genau wie auch der Ausschluss von belohnenden Lernaktivitäten. In der BRD ist seit 1973 körperliche Bestrafung im schulischen Kontext verboten und die generelle Ächtung von körperlicher Gewalt als Erziehungsmittel erfolgte erst im Jahr 2000! Die Problematik der körperlichen Bestrafungen ist deshalb heutzutage in Schulen nur noch selten ein Thema, während in früheren Zeiten mitunter ausgediente Soldaten als Lehrkräfte eingesetzt wurden, die zu drastischen Maßnahmen griffen. In der Bibel und ähnlich alten Schriften finden sich Aufforderungen zur Verwendung von Prügelstrafen zur Erziehung von Kindern, z. B. »Wer seine Rute schont, der hasst seinen Sohn; wer ihn aber lieb hat, der züchtigt ihn bald« (Sprüche, Kap. 13, Vers 24). Diese Maßnahmen sind aus heutiger Perspektive nicht nur nicht mehr statthaft, sondern auch bestürzend ineffektiv, da Strafen lediglich zur situationsspezifischen Unterdrückung von Verhalten führen. Für den Erwerb adäquater Verhaltensweisen ist dagegen positive Verstärkung notwendig. Lob und Unterstützung wären also erheblich effektiver als Strafen und sie würden gleichzeitig die Persönlichkeitsrechte und die Würde der Kinder und Jugendlichen wahren.

2. *Vermittlung und Struktur des Lernstoffs*
Doch auch Kindern gegenüber positiv eingestellte Lehrkräfte können ungewollt Ängste schaffen oder verstärken. Ein didaktisch günstig strukturierter Lernstoff erleichtert den Wissenserwerb. Sprachlich unverständliche Erklärungen und ein komplizierter Aufbau führen zu Überforderung und Unsicherheit bei Schülerinnen und Schülern. Unstrukturierte Unterrichtsformen wie der offene Unterricht müssen aus diesem Grund umso besser vorbereitet werden, um Kindern einen klaren Rahmen für den Lernprozess zu geben. Bei der Vermittlung sollte auf eine sachlogisch aufbauende und lernpsychologisch sinnvoll strukturierte Wissensvermittlung geachtet werden, mit transparenten Lern- und Leistungszielen und einer klaren Vorgabe zur Wissensaneignung und Prüfungsvorbereitung. Häufiges und unterstützendes Feedback und die Individualisierung des Lernprozesses erleichterten den Aufbau von Wissen und Fähigkeiten.
3. *Schulbezogene Fähigkeiten und Fertigkeiten der Schülerinnen und Schüler*
Eine ungünstige Wahl der Schulform oder Leistungsgruppe führt bei Unterforderung zu Langeweile und bei chronischer Überforderung zu Angst, da die betreffenden Personen selbst bei hohem Arbeitseinsatz und Anstrengung Misserfolge erwarten. Häufige Misserfolgserlebnisse können zu einem Zustand erlernter Hilflosigkeit führen, mit problematischen Auswirkungen auf Selbstkonzept, Kausalattribution und Leistungsmotivation. Kognitive Minderbegabung, Lernstörungen und Aufmerksamkeitsschwierigkeiten gehen deshalb häufig mit einer Angstproblematik einher. Eine gute Passung zwischen dem Fähigkeitsprofil des Kindes und den Anforderungen des Bildungsganges (zzgl. evtl. möglicher flankierender Unterstützungsmaßnahmen) hilft deshalb dabei, Angst im schulischen Kontext zu reduzieren.
4. *Schulleistungsbewertung und Prüfungsgestaltung*
Prüfungen gehören zu den stärksten schulischen Angstauslösern. Die Gestaltung der Prüfungen, die Prüfungsvorbereitung und der Bewertungsmodus spielen deshalb eine herausragende Rolle in der Reduktion von Ängsten. Die Ankündigung strenger Zensuren und scharfer Auslese sind eng mit der Angst zu scheitern verbunden. Die soziale Bezugsnormorientierung in der Leistungsbewertung (Anlegung eines sozialen Vergleichs innerhalb der Klassen beim Festlegen der Bewertungskriterien) frustriert vor allem die leistungsschwachen Personen, die meist auch bei deutlichen Verbesserungen nicht an den Klassendurchschnitt aufschließen können. Zur Vorbereitung sind klare Hinweise zu den Leistungszielen und die relevanten Inhaltsbereiche wichtig. Mangelnde Transparenz und Inkonsequenz der Bewertungskriterien, eine ungünstige Aufgabenreihung mit schweren Aufgaben am Beginn der Leistungserhebung (s. folgende Studie), unfaire Aufgaben, hoher Zeitdruck und die Bedrohungsmaximierung durch Androhung von schwierigen Aufgaben können ebenfalls Angst erzeugen. Schulaufgaben und Tests sind keine Disziplinarmaßnahme! Bei der Bewertung von Leistungsergebnissen muss klar zwischen der Bewertung der Leistung und der Person getrennt werden. Der Wert einer Person hängt nicht von ihren schulischen Leistungen ab. Kommentare in schriftlichen Arbeiten sollten sich deshalb ausschließlich auf die konkrete Leistung beziehen und persönliche Herabsetzungen unter allen Umständen vermeiden.

7 Angst

Fähigkeitsselbstkonzept, Kausalattribution, Angst und Leistung

Die Selbsteinschätzung der eigenen Fähigkeit, die Selbsterklärungen von Erfolg und Misserfolg (Kausalattribution), Angst und tatsächliche Leistung in Prüfungs- und Lernsituationen stehen in einem engen, wechselseitigen Zusammenhang (Cortina, 2008; Stiensmeier-Pelster & Schöne, 2008). Ein positives Selbstkonzept führt nicht nur zu günstigeren Ursachenzuschreibungen für Erfolg und Misserfolg, sondern es hilft auch, mit Frustrationen während der Aufgabenbearbeitung zurechtzukommen. Eckert et al. (2006) führten mit Studierenden Experimente durch, bei denen die Leistungen in Abhängigkeit des Selbstkonzepts untersucht wurden. Zu diesem Zweck wurden bei Personen, deren Selbstkonzept einige Tage zuvor erfasst worden war, Intelligenztests durchgeführt. Die eine Hälfte der Studierenden erhielt dabei Originalaufgaben zur Fortsetzung von Zahlenreihen. Die andere Hälfte erhielt einen manipulierten Test, bei dem Aufgabe 3 und 4 – also relativ zu Beginn des Tests – nicht lösbar waren. In der Folge brach die Leistung der Studierenden mit negativen Selbstkonzept sehr stark ein, beispielsweise weil der Misserfolg Angstkognitionen auslöste oder die Studierenden an den unlösbaren Aufgaben hängen blieben. Die Leistungen der Studierenden mit einem positiven Selbstkonzept wurden dagegen nicht negativ beeinflusst (▶ Abb. 7.2). Diese Studierenden zeigten dagegen sogar eine höhere Leistung als bei den Originalaufgaben.

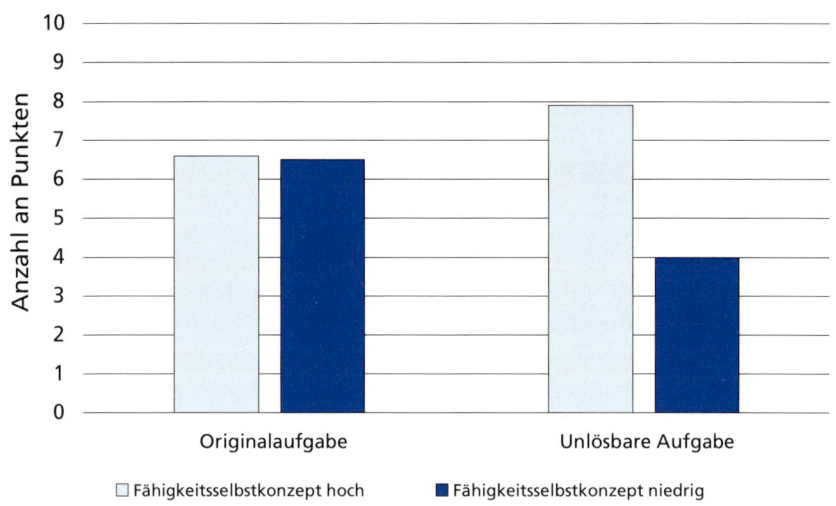

Abb. 7.2: Leistung in Abhängigkeit des Selbstkonzepts

Für die pädagogische Praxis bedeutet dies, dass die Prüfungsgestaltung erhebliche Auswirkungen auf die Leistung hat und bei ungünstiger Strukturierung die Validität maßgeblich leidet. Platziert man sehr schwere Aufgaben zu Beginn einer

> Leistungserhebung, dann misst der Test vor allem die Fähigkeit zum Umgang mit Frustrationen und das Ausmaß der Leistungsängstlichkeit und nicht das eigentlich im Fokus stehende schulische Wissen. Fatalerweise können solche Mängel auch in tatsächlichen Intelligenztests auftauchen (Segerer et al., 2012), wenn Testkonstrukteuren Fehler unterlaufen oder Testverlage keine hinreichende Qualitätskontrolle durchführen.

5. *Soziale Beziehungen*

Schließlich sind auch die Beziehungen zwischen Schülerinnen und Schülern und das Verhältnis zu den Eltern von großer Bedeutung. Ein emotional destruktives Klassenklima, das durch Mobbing, Hänseleien und Konkurrenz geprägt ist, erhöht das Ausmaß an Angst, Kooperation und Unterstützung reduzieren es. Autoritatives (also forderndes und zugleich unterstützendes) Erziehungsverhalten der Eltern gilt als günstige Voraussetzung für die Entwicklung von Kindern und Jugendlichen. Ist Zuwendung dagegen an Leistungserfüllung gekoppelt oder liegt sogar emotionale Kälte, strafendes und inkonsistentes Erziehungsverhalten vor, so führt dies zu Angst. Deutlich kann dies beispielsweise in Zusammenhang mit der Zeugnisvergabe sein, die für leistungsschwache Schülerinnen und Schüler mit der Angst vor Konflikten mit den Eltern einhergehen kann. Für Lehrkräfte ist es nicht leicht, Einstellungen von Eltern zu verändern. In jedem Fall ist es aber wichtig, Eltern über realistische Leistungsziele und Unterstützungsmöglichkeiten zu informieren und zu versuchen, überzogene Leistungserwartungen zu korrigieren.

7.4 Theorien der Angstentstehung

In der Psychologie gibt es zahlreiche Theorien aus unterschiedlichen Theorietraditionen, die die Entstehung und Aufrechterhaltung von Ängsten zu erklären versuchen. Einer der ersten Erklärungsversuche stammt aus der Tiefenpsychologie, die psychische Belastungen auf der Basis verborgener psychischer Instanzen und unbewusster Motive interpretiert. Ein sehr bekannter Vertreter ist beispielsweise Sigmund Freud mit der von ihm entwickelten Psychoanalyse. Freud interessierte sich bereits früh für die Entstehung von Ängsten (Freud, 1895/1991). Die Psychoanalyse postuliert zwei Haupttriebe: Thanatos (Todes- oder Aggressionstrieb) und Libido (Lebenserhaltungstrieb). Ihr Ursprung liege im nicht bewusst zugänglichen »Es«. Dem stünde das »Über-Ich« gegenüber, das die Moralvorstellungen und das Gewissen beinhalte. Zwischen diesen psychischen Instanzen stehe das »Ich«, das zwischen dem Es und dem Über-Ich vermittle. Die Psychoanalyse geht davon aus, dass die Triebenergie der beiden Triebe sich fortlaufend aufbaut und ausgelebt werden muss, um sie zu reduzieren. Dabei entstünde ein Konflikt mit dem Über-Ich. Können Konflikte zwischen diesen Instanzen nicht gelöst werden und staue sich die

Triebenergie immer weiter auf, so entstünden Angststörungen. Gleiches passiere, wenn die Triebe – beispielsweise Sexualität – nicht kontrolliert werden können. Ungelöste Konflikte der frühen Kindheit würden in Stresssituationen erneut aktiviert und dann entstünde Angst. Verschiedene Vertreter tiefenpsychologischer Theorien beschrieben unterschiedliche Angstquellen, beispielsweise Alfred Adler den auf soziale Zurückweisungen und mangelnde Anerkennung basierenden »Minderwertigkeitskomplex« (Adler, 1912), Angst vor Kastration (Freud, 1909), Geburtstraumata, Hilflosigkeit, Konflikte des Ich mit dem Über-Ich (=moralische Angst), aufgestaute Triebe aus dem Es (Neurose) und auch reale Bedrohungen (Realangst) und viele mehr (Lacan, 2011). Heutzutage ist die Bedeutung tiefenpsychologischer Theorien in der Angsttherapie eher gering. Ihre wichtigste Rolle spielt sie auf dem Gebiet posttraumatischer Belastungsstörungen, beispielsweise, wenn nach dem Erleiden extremer Gewalterfahrungen Erinnerungen kaum zugänglich sind (Yovell, 2000), diese dann aber in unvorhergesehenen Momenten plötzlich reaktiviert werden. Eine besondere Renaissance erlebten tiefenpsychologische Angsttheorien mit der sog. Terror-Management-Theorie (Greenberg et al., 1997), die als ultimative, existenzielle Angst die Angst vor dem Tod beschreibt. Die Theorie fasst die Entstehung und Weitergabe von Kultur und Weltanschauungen als Versuch auf, etwas zu erschaffen, das den eigenen Tod überdauert. Es konnten empirische Belege erbracht werden, die diese Annahme tatsächlich stützen. Unterschwellig mit dem Tod konfrontiert – z. B. indem man Personen zufällig auf der Straße vor einem Bestattungsinstitut befragt – neigen Menschen dazu, die gesellschaftliche Zustimmung zu ihren eigenen Überzeugungen zu überschätzen und andere Meinungen abzuwerten (Greenberg et al., 1992).

Auch der Behaviorismus beschäftigte sich von Beginn an mit der Konditionierung von Angstreaktionen. In dieser Theorie wird davon ausgegangen, dass Menschen eine angeborene Reaktionstendenz auf bedrohliche Reize haben (Staats & Eifert, 1990). Diese sog. unkonditionierten Angstauslöser sind unmittelbar aversiv (Schmerz, Atemnot, plötzlicher Lärm, verschiedene Tiere ...) oder sie wirken indirekt angstauslösend wie beim Ausbleiben von Sicherheitsreizen (z. B. bei kleinen Kindern das Alleingelassen werden). Die Erwartung dieser unangenehmen Reize und Situationen, z. B. angekündigt durch entsprechende Signalreize, löst Angst aus. Dieser Lernprozess wird als Konditionierung bezeichnet und die Signalreize heißen dementsprechend konditionierte Angstauslöser. Konditionierte Angstauslöser können dann auftreten, wenn Signale konsistent mit angsterzeugenden Situationen gekoppelt werden, sodass sie als Hinweisreiz fungieren können (s. Fallgeschichte »Kleiner Albert«).

Psychologische Forschung auf Abwegen: Die Angstkonditionierung des »Kleinen Albert«

Die Studie von Watson und Rayner (1920) gilt als früheste und aus heutiger Sicht unethische Studie zur Konditionierung von Ängsten. In Anlehnung an Pawlows Experimente an Hunden untersuchten Watson und Rayner, ob Angst vor Tieren konditioniert werden kann. Sie zeigten »Albert« – dem 9 Monate alten Sohn einer Säuglingsschwester einer Geburtsklinik – verschiedene Tiere wie z. B. eine Ratte, einen Hund, einen Hasen etc. Albert zeigte vor diesen Tieren keine Angst. Während der Studie wurde Albert eine weiße Ratte auf den Schoß gelegt, während hinter ihm ein Hammer auf eine Metallstange geschlagen wurde. Albert zeigte eine Schreckreaktion und begann zu weinen. Nachdem diese Prozedur mehrmals wiederholt worden war, zeigte Albert die Angstreaktion bereits, wenn nur die Ratte präsentiert wurde. Es hatte also eine Verknüpfung des Stimulus Ratte und der Schreckreaktion stattgefunden. Der neutrale Stimulus wurde zu einem konditionierten Angstauslösereiz. Im weiteren Verlauf generalisierten die Ängste auch auf andere Tiere und Objekte mit Fell. Filmaufnahmen zeigen Watson mit einer Nikolausmaske direkt vor dem Gesicht des kleinen Jungen (Originalvideoaufnahme verfügbar unter https://go.uniwue.de/albert), der wegzukrabbeln versucht – eine erwartungskonforme Reaktion eines Kleinkinds nicht nur in diesem Alter, selbst wenn vorher keine Angstkonditionierung stattgefunden hat. Aus heutiger Sicht gibt es viele Bedenken gegen die Studie, sowohl was die Verletzung von Kinderrechten angeht als auch die eingeschränkte wissenschaftliche Aussagekraft. Unabhängig von diesen Bedenken kann die Konditionierbarkeit von Ängsten als gesichert gelten.

Der Angstkonditionierung schließt sich häufig in einem zweiten Schritt Vermeidungsverhalten an. Die Erwartung eines aversiven Reizes führt dazu, die belastende Situation zu meiden, und dies führt zunächst zu einem sofortigen Rückgang der Angst, wenn es gelingt, der Situation zu entkommen. Dieser Rückgang stellt eine negative Verstärkung dar, die das Vermeidungsverhalten weiter verstärkt (sog. Zwei-Phasen-Theorie der Angstentstehung nach Mowrer, 1960). Hat also eine Angstkonditionierung stattgefunden (Phase 1) und sich Vermeidungsverhalten etabliert (Phase 2), dann entsteht eine sehr löschungsresistente Angst, da keine Erfahrung mit dem angstauslösenden Reiz mehr gemacht wird und keine Handlungsalternativen erworben werden können. Auf diese Weise konservieren und verstärken sich Ängste über sehr lange Zeit. Sehr bedeutsam ist dieser Mechanismus, wenn eine Person keine Vorerfahrung hat. Ist beispielsweise die erste Erfahrung mit Hunden, gebissen zu werden, oder gehen Eltern mit ihrem Kind zum ersten Mal zum Zahnarzt, wenn eine schmerzhafte Zahnbehandlung durchgeführt werden muss, dann ist die Gefahr einer Chronifizierung besonders groß. Leider führt kein Weg daran vorbei, sich den angstbesetzten Stimuli auszusetzen, wenn man eine unrealistische Angst wieder abbauen möchte (▶ Abb. 7.3). Begibt man sich in die aversive Situation und bleibt lange genug dort, dann wird das Erregungsniveau von alleine zurückgehen. Durch das bewusste Durchleben des Rückgangs der Angst in der unangenehmen Situation nach einiger Zeit wird sich das Angstniveau in Zukunft reduzieren. Flieht man dagegen auf dem Höhepunkt der Angst aus der Situation, so kommt es zur Verstärkung der Angst. Dieser Mechanismus liegt bei vielen Ängsten vor, beispielsweise vor Höhe, vor Tieren oder vor sozialen Situationen. Der Erwerb von Kompetenzen im Umgang mit der Problemsituation und das Durchleben der Situationen stellt eine effektive Möglichkeit in der Reduktion von Angst dar. Wichtig dabei ist, so lange in der Situation zu verharren – z. B. auf einem hohen Turm –, bis ein Rückgang der Angst zu erleben ist.

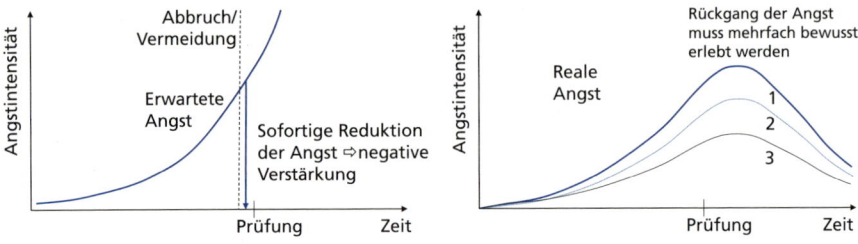

Abb. 7.3: Bei Ängsten, z. B. vor Prüfungen, bestehen meist unrealistische Einschätzungen hinsichtlich der Belastungen. Prüfungsängstliche Personen erwarten, dass die Angst bis ins Unerträgliche steigt (linke Seite). Der Abbruch und der Rückzug kurz vor der Prüfung führt zu einem unmittelbaren Rückgang der Angst. Die damit verbundene Erleichterung stellt eine negative Verstärkung des Vermeidungsverhaltens da. Bei zukünftigen Prüfungen wird sich die Angst vermutlich weiter steigern. Wird die Prüfung dagegen bewusst durchlebt (rechte Seite, Kurve 1), so nimmt das Angstniveau vielleicht zuerst weiter zu, erreicht dann aber ein Plateau und geht schließlich von alleine zurück. Auch dies ist eine negative Verstärkung. In der Folge wird das Angstlevel in zukünftigen Prüfungen weiter abnehmen (Kurven 2 und 3).

Manche Ängste, bzw. generell Konditionierungen, werden leichter erworben als andere. Garcia et al. (1955) setzen Ratten Röntgenstrahlung aus. Die Strahlung selbst ist für die Tiere nicht wahrnehmbar, aber sie führt zu einer starken Übelkeit. Zuvor waren die Tiere mit verschiedenen Stimuli konfrontiert, z. B. Zucker, Tönen oder Lichteffekten. Die Tiere erwarben eine Konditionierung von Übelkeit und dem süßen Geschmack von Zucker und mieden diesen in der Folge, wohingegen eine Verknüpfung von Licht und Übelkeit bzw. Tönen und Übelkeit nicht erworben wird. Säugetiere scheinen also dafür vorbereitet (»prepared«) zu sein, Übelkeit und Nahrung in Verbindung zu bringen. Dieses schnelle Erlernen bestimmter Reiz-Reaktions-Verbindungen wird in der Psychologie als »Preparedness« bezeichnet und sie scheint eine evolutionäre Ursache zu haben, die uns vor Schaden bewahrt. Haben wir uns einmal an einer vermeintlich leckeren Beere vergiftet, so sollten wir diese in Zukunft besser meiden. Auch bei Ängsten ist dies offensichtlich der Fall (Öhman & Mineka, 2001; Seligman, 1970, 1971). Ängste, die für das Überleben wichtig waren oder sind, z. B. zur Initiierung von Vorsicht vor gefährlichen Tieren (Schlangen, Spinnen, Hunden ...) oder Umweltbedingungen (große Höhe, Gewitter ...), werden sehr schnell erworben. Es reicht meist bereits, wenn ein Kind angsterfülltes Verhalten seiner Eltern beobachtet, um diese Reiz-Reaktionsverbindung zu erwerben (Butcher et al., 2009; Marks & Nesse, 1994). Die Angst vor Spinnen ist deshalb leicht erlernbar, da Spinnenbisse in anderen Regionen der Welt und in unserer Vergangenheit gefährliche Vergiftungen bis zum Tod bewirken können bzw. konnten. Dieses Phänomen lässt sich auch bei Affen beobachten, die erst dann vor Schlangen Angst haben, wenn sie sehen, wie andere Affen Furcht zeigen. Auf der anderen Seite kann jedoch Vorerfahrung, beispielsweise mit Hunden, dazu führen, dass selbst ein Hundebiss keine Angst vor Hunden auslösen wird, da bereits Vorerfahrung und Copingmöglichkeiten erworben wurden. Hat jemand jedoch keinerlei Vorerfahrungen und wird gebissen, dann löst das eventuell dauerhafte Angst aus und die

Person meidet fortan diese Situation. Personen, die Angst vor Höhe haben, sind i. d. R. nicht diejenigen, die als Kinder auf einen Baum geklettert und gestürzt sind, sondern es sind diejenigen, die nie auf einen Baum geklettert sind.

Aus der Sicht kognitiver Theorien resultieren Angststörungen aus der übertriebenen Einschätzung von Bedrohung. Diesen Einschätzungen liegen maladaptive Überzeugungen und kognitive Schemata zugrunde, die die Informationsverarbeitung in einer Weise verzerren, sodass hauptsächlich schemakonsistente Informationen verarbeitet werden (Ehring, 2014). Ähnlich wie bei der Zwei-Phasen-Theorie nach Mowrer wird hierdurch verhindert, dass neue Informationen die Überzeugungen und Schemata korrigieren können. Zudem ergreifen ängstliche Personen ungünstige Coping-Strategien auf Verhaltensebene, wie z. B. die Flucht aus der angstbesetzten Situation, Sicherheitsverhalten, oder auf kognitiver Ebene, wie die Unterdrückung von Gedanken und eine negative gefärbte Sichtweise auf die Umwelt. Diese maladaptiven Coping-Strategien verstärken die Angstsymptome. Die Entstehung von Angst ist in dieser Theorietradition also eine Folge subjektiver Erwartungen, persönlicher Bewertungsprozesse und Interpretationen. Fehlerhafte und verzerrte Interpretationen und Deutungen führen dazu, dass die Gefährlichkeit überschätzt und Angst ausgelöst wird. An dieser Stelle sei erneut auf Epikur verwiesen: »So groß ist der Unverstand, ja sogar der Wahnsinn der Menschen, dass einige aus Angst vor dem Tod in den Tod getrieben werden« (Brief von Epikur an Menoikeus). Wie im Falle der Preparedness können auch die Überzeugungen durch Modelllernen erworben werden. Angst ist in diesem Sinne also erlernbar und durch die Änderung der Schemata ebenfalls wieder verlernbar. Ein wichtiges Element in der Angsttherapie ist deshalb die Überprüfung von als gefährlich wahrgenommenen Situationen auf ihren wahren Bedrohungscharakter.

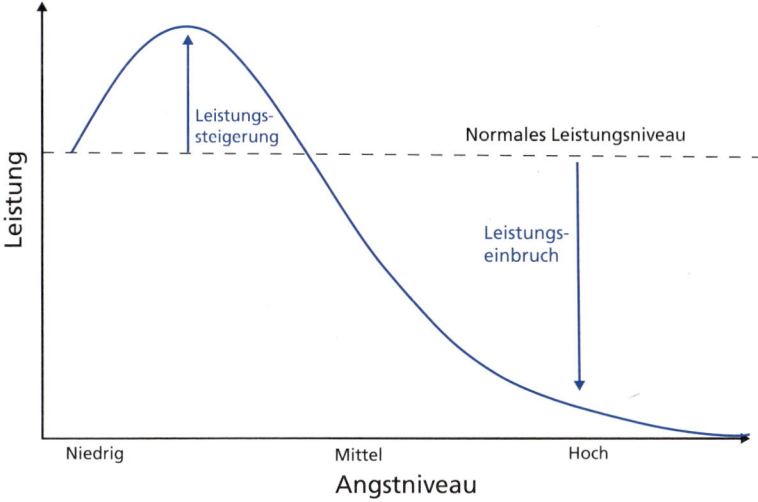

Abb. 7.4: Das Yerkes-Dodson-Gesetz beschreibt den Zusammenhang zwischen Erregung und Leistung. Zunächst führt die Zunahme des Angstlevels zu einem Anstieg der Leistung. Übersteigt dieses eine bestimmte Intensität, so wirkt es blockierend.

Abschließend soll als Gesetz zur Erklärung der Auswirkung von Angst das sog. Yerkes-Dodson-Gesetz zu Erregungsniveau und Leistung (Yerkes & Dodson, 1908; ▶ Abb. 7.4) dargestellt werden. Es beschreibt, wann Angst Leistung fördert und wann Angst Leistung hemmt. Es wird davon ausgegangen, dass Angst zu Erregung führt und die Erregung v. a. bei einfachen Aufgaben und intensiv trainierten Tätigkeiten zunächst leistungssteigernd wirkt. Bei völliger Entspannung oder Unterforderung kann keine optimale Leistung abgerufen werden. Übersteigt die Erregung ein bestimmtes Level, so bricht die Leistung ein. Automatisierte Handlungen profitieren stärker von der Zunahme von Erregung, wohingegen bei komplexen Aufgaben – mithin die Aufgaben, die in schulischen Leistungserhebungen wichtig sind – viel schneller eine Blockade eintritt. Eine leichte Anspannung kann also durchaus zu einer verbesserten Leistung führen, zumindest wenn die Aufgaben gut beherrscht werden. Bei komplexen und wenig automatisierten Aufgabenstellungen wirkt Angst dagegen sehr viel schneller störend.

7.5 Spezifische Angststörungen im Fokus

Wie bereits dargestellt, wird grundlegend zwischen Angst und Furcht unterschieden und dementsprechend gibt es bei Angststörungen die Aufteilung in Ängste, die nicht auf konkrete Objekte gerichtet sind, und Phobien, die sich auf konkrete Objekte wie z. B. Tiere beziehen. Leider ist diese Unterscheidung mit Bezug zur Schule nicht vollständig kohärent. Im Folgenden werden für die Schule besonders relevante Angstformen und -störungen dargestellt und hierbei auf Ängste als Ursache von Schulverweigerung, Ängste mit Bezug zu Bewertungssituationen und spezifische Phobien eingegangen. Damit ist allerdings das Spektrum von Angststörungen noch nicht erschöpfend behandelt. Interessierte Leser und Leserinnen finden weiterführende Darstellungen bei Steinhausen (2019) und Butcher et al. (2009).

7.5.1 Ängste mit Bezug zu Schulverweigerung: Schulphobie, Schulangst und Absentismus

Es gibt verschiedene Angstphänomene, die zu Schulverweigerung führen können (Steinhausen, 2019, S. 187), und es ist wichtig, hinsichtlich der Ursache zu differenzieren. Zentral bedeutsam und leicht verwechselbar sind die beiden Phänomene Schulphobie und Schulangst, deren Begrifflichkeit der eigentlichen Taxonomie von Angststörungen widerspricht:

Die *Schulphobie* ist eigentlich eine Trennungsangst (im ICD-11-Schema unter 6B05 gelistet) und somit eine ungerichtete bzw. nicht auf die Schule gerichtete Angst. Der Kern der Schulphobie ist eine übermäßig starke Bindung zur primären Bezugsperson, verbunden mit der Unfähigkeit, sich von der Person auch nur vorübergehend zu trennen. Die Kinder befürchten, die Bezugspersonen zu verlieren, und sie reagieren darauf mit starken somatischen Symptomen, wie z. B. Bauchschmerzen und Übelkeit. Bereits die Erwartung der Trennungssituation führt dazu, dass die Kinder sich an die Eltern klammern, weinen oder schreien. Die betreffenden Eltern ergreifen in der Folge häufig zusätzliche Schutzmechanismen, behüten die Kinder noch stärker und tragen auf diese Weise zur Aufrechterhaltung des Problems bei. Eine leichte Trennungsangst ist natürlich in bestimmten Altersbereichen völlig normal und sie spiegelt sich in leichter Form als Heimweh auf Schullandheimaufenthalten wider. Spätestens aber, wenn Kinder in die Schule kommen, sollten sie in der Lage sein, zumindest für ein paar Stunden ohne ihre Eltern zurechtzukommen. Sollte sich Trennungsangst mit 6 Jahren noch nicht gelegt haben, ist sie behandlungsbedürftig, da sie mit den Anforderungen dieses Lebensalters kollidiert und sich sehr stark auf das Leben der Betroffenen auswirkt. Das ist insbesondere dann der Fall, wenn hierdurch der Schulbesuch dauerhaft verweigert wird. Auch in anderen Situationen, wie beim Zubettgehen oder beim Auswärtsschlafen, haben die Kinder oftmals Probleme und sie schlafen häufig noch bei Schuleintritt im Bett der Eltern. Zur Überwindung der Schulphobie müssen klare Absprachen mit den Eltern und den Kindern getroffen werden, um die Anwesenheitsdauer in der Schule allmählich zu steigern. Dabei sollte keine übermäßige Milde gezeigt werden, da diese zur Aufrechterhaltung der Störung führt. Übermäßige Strenge sollte ebenfalls vermieden werden, um keine Schulangst auszulösen. Durch eine schrittweise Erhöhung der Trennung erwerben Kinder die notwendige Selbstständigkeit. Durch die starke Involvierung der Eltern in das Angstgeschehen muss eine begleitende Elternarbeit stattfinden.

Im Gegensatz dazu ist die *Schulangst* eigentlich eine Phobie, da sie sich auf direkt bedrohliche Situationen in der Schule bezieht (angstauslösendes Verhalten von Lehrkräften und anderen Schülerinnen und Schülern; chronisches Schulversagen z. B. aufgrund von Lernstörungen). Während des Schulbesuchs ist die Angst meist latent immer vorhanden und sie variiert je nach Bedrohlichkeit der Situation. Da die Ursache häufig in einer chronischen Überforderung besteht, ist die Diagnose der Schulleistung und die Abklärung von Lernstörungen besonders wichtig. Sollten sich Hinweise auf Lernstörungen ergeben, so bieten viele Erlasse der Kultusbehörden der Bundesländer die Möglichkeit, Nachteilsausgleiche, Notenschutz und zusätzliche Hilfsmittel zu gewähren. Auch schulisches Mobbing und Konflikte mit einzelnen Lehrkräften können die Ursache von Schulangst darstellen. Diese Probleme müssen dementsprechend angegangen werden, z. B. durch Vermittlung von Beratungslehrkräften oder durch den schulpsychologischen Dienst. Und schließlich kann eine Schulangst Teil einer umfassenden Angstproblematik sein, z. B. als Symptom einer generalisierten Angststörung, von sozialen Ängsten, spezifischen Phobien, Agoraphobie und Panikstörung.

Von den beiden Angststörungen ist das Schulschwänzen als Form delinquenten Verhaltens abzugrenzen. Dieses geht nicht mit Ängstlichkeit einher, sondern es steht eher im Zusammenhang mit dissozialem Verhalten und tritt bei Vernachlässigung durch die Eltern auf. Es ist eher im Zusammenhang mit einer Störung des Sozialverhaltens zu sehen.

7.5.2 Prüfungsangst, Leistungsangst und soziale Ängste

»Leistungsangst ist die Besorgnis und Aufgeregtheit angesichts von Leistungsanforderungen, die als selbstwertbedrohlich eingeschätzt werden« (Schwarzer, 2000, S. 105). Zur Entstehung der Angst trägt also einerseits die Leistungsanforderung bei, andererseits aber auch die subjektive Einschätzung der eigenen Fähigkeiten und die daraus resultierende Aufregung und Besorgtheit. Wie bereits mit dem Yerkes-Dodson-Gesetz bei den Erklärungsmodellen erörtert, ist von der höchsten Leistungsfähigkeit bei einem (aufgabenabhängigen) mittleren Erregungsniveau auszugehen. Dementsprechend wird die Leistung suboptimal ausfallen, wenn kaum Erregung vorhanden ist. Bezogen auf Prüfungssituationen bedeutet dies, dass keine optimale Leistung erbracht werden kann, wenn die Prüfung als irrelevant empfunden wird. Wird die Prüfung als relevant betrachtet, die Anforderung jedoch als bedrohlich wahrgenommen und interpretiert, so kommt es zu Leistungsangst, die ebenfalls die Leistung einschränkt. Die in Leistungssituationen auftretenden Kognitionen gelten als sehr gut erforscht (Cortina, 2008): Die Aufgeregtheit (»Emotionality«: körperliche Erregung, zitternde Hände ...) tritt vor allem zum Beginn der Prüfungen auf und nimmt dann schnell ab. Besorgniskognitionen (»Worry«) beziehen sich auf Gedanken mit Bezug zum antizipierten Misserfolg, den damit verbundenen negativen Konsequenzen und den sozialen Vergleichsprozessen. Das Ausmaß der Besorgtheit ist im Laufe der Prüfung meist konstant vorhanden und bleibt auch nach der Prüfung noch einige Zeit bestehen. Aufgeregtheit und Besorgtheit nehmen einen Teil der kognitiven Ressourcen in Anspruch und deshalb wirken v. a. Angstkognitionen leistungsmindernd: Je mehr Aufmerksamkeit auf aufgabenirrelevante Gedanken gelenkt wird, desto weniger Kapazität ist für die eigentliche Aufgabenstellung verfügbar (Schwarzer, 2000, S. 105 ff.). Leistungsängstliche lenken ihre Aufmerksamkeit auf selbstbezogene Gedanken, die sich um das Scheitern drehen. Sie antizipieren Selbst- und Fremdbewertungen und es kommt oft zu selbstabwertenden Kommentaren in Leistungssituationen und Selbstbeschuldigungen bei Misserfolg. Sie fokussieren auf periphere Hinweisreize (»In der Reihe vor mir ist jemand bereits mit den Aufgaben auf Seite 1 fertig!«) und sie attribuieren Leistungsergebnisse ungünstig (▶ Abb. 7.5). Die Angst selbst wirkt also nicht direkt leistungsmindernd, sondern eher durch die Abnahme der aufgabenbezogenen Aufmerksamkeit. Es gibt einen starken Bezug zwischen Leistungsangst und sozialer Angst, insbesondere da Leistungsbewertungen i. d. R. in einem sozialen Rahmen stattfinden und weil leistungsängstliche Personen besonders empfänglich für soziale bewertende Reize sind. Dementsprechend ist beispielsweise eine öffentliche Abfrage oder ein Referat besonders angstbesetzt, da dies nicht nur hinsichtlich des Leistungsergebnisses als bedrohlich wahrgenommen, sondern weil zusätzlich die Abwertung und der Gesichtsverlust durch andere befürchtet wird. Kommt es bei der öffentlichen Prüfungssituation bedingt durch die Leistungsangst zum Scheitern (Stottern, Blackout ...), so fühlt sich die Person der Lächerlichkeit preisgegeben und es etabliert sich ein Teufelskreis aus Leistungsangst, Scheitern, ineffektiver Prüfungsvorbereitung und selbstabwertenden Bewertungsprozessen. Dementsprechend neigen leistungsängstliche Personen dazu, Prüfungsvorbereitungen aufzuschieben, schlechter zu strukturieren und ineffektiver zu lernen (Cortina, 2008).

7.5 Spezifische Angststörungen im Fokus

Ungünstige Kausalattributionsmuster stabilisieren die Leistungsangst weiter. Niedrigängstliche Personen führen Erfolg eher auf ihre eigene Fähigkeit zurück und suchen die Gründe für Misserfolg außerhalb ihrer eigenen Fähigkeiten. Hochängstliche Personen vermuten als Ursache von Misserfolg dagegen einen Mangel an Fähigkeit und sie beziehen Erfolg weniger stark auf ihre Fähigkeit (▶ Abb. 7.5).

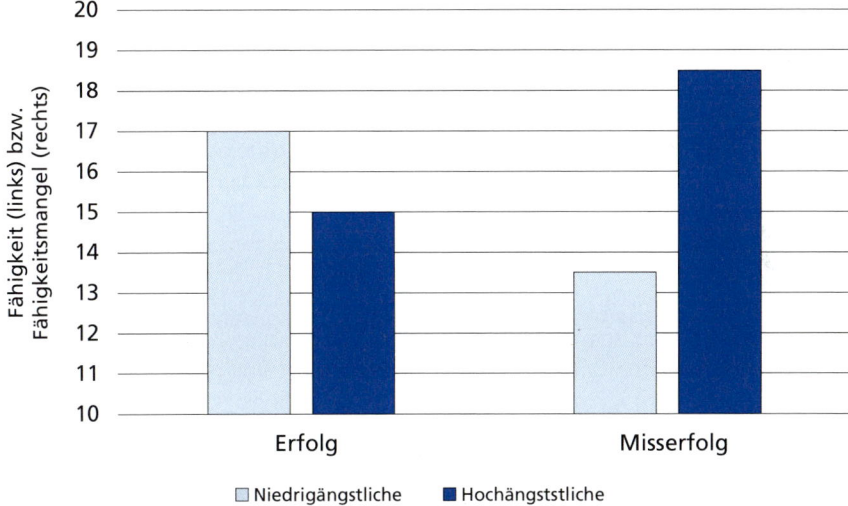

Abb. 7.5: Personen mit hoher Ängstlichkeit attribuieren Leistungsergebnisse ungünstig. Erfolg führen sie weniger auf die eigenen Fähigkeiten zurück und Misserfolg erklären sie mit Fähigkeitsmangel (Grafik nach Schwarzer, 2000, S. 109).

Metaanalysen zeigen eine beträchtliche Variation des Zusammenhangs zwischen Angst und Leistung (vgl. Schwarzer, 2000, S. 112 ff.), die von $r = -.66$ bis $r = .37$ reicht, im Mittel aber negativ ist. Kognitive Leistungen werden sowohl von Aufgeregtheit wie auch Besorgtheit negativ beeinflusst, bei Sportleistungen wirkt vor allem die Besorgtheit deutlich ungünstig. Mädchen werden in vielen Schulfächern hinsichtlich ihrer Leistung stärker negativ beeinflusst als Jungen, jedoch leidet im Mittel auch die Leistungsfähigkeit der Jungen.

Erfassung von Prüfungsangst

Es gibt im deutschen Sprachraum einige standardisierte Fragebögen zur Erfassung der Prüfungsangst (z. B. Differentielles Angstinventar, DAI: Rost & Schermer, 1997; Angstfragebogen für Schüler, AFS: Wieczerkowski et al., 2016; Prüfungsangstfragebogen, PAF: Hodapp et al., 2011). Auch wenn keines dieser Verfahren hinsichtlich des Aufbaus oder der Normierung für den Einsatz in der Schule ideal ist, soll an dieser Stelle der Prüfungsangstfragebogen (PAF) herausgegriffen werden. Der PAF weist insgesamt vier Skalen auf, die sehr gut mit der

> theoretischen Modellvorstellung übereinstimmen: »Aufgeregtheit«, »Besorgtheit«, »Interferenz« und »Mangel an Zuversicht« werden über einen Fragebogen mit 20 Aussagen erfasst, die die Testpersonen auf einer 4-stufigen Skala von »fast nie« bis »fast immer« auf sich selbst beziehen sollen. Die vier Skalen werden anschließend zu einem Gesamtwert verrechnet. Für die Unterskalen, wie auch für den Gesamtwert, gibt es Normwerte getrennt für weibliche und männliche Studierende. Für die Schule existieren leider keine Vergleichswerte.

Soziale Ängste (Steinhausen, 2019, S. 188) teilen mit der Leistungsangst die Befürchtung, durch andere bewertet zu werden. Es handelt sich um eine ausgeprägte Furcht vor sozialen Situationen (sich mit anderen unterhalten; in der Öffentlichkeit essen oder trinken; eine Rede oder ein Referat zu halten; vgl. 6B04, ICD-11). Die Angst vor der Bewertung durch andere ist so stark, dass die sozialen Situationen gemieden werden. Auch hier gilt, dass diese Ängste bis zu einem gewissen Grad normal sind, z. B. wenn man sich nicht traut, der oder dem Angebeteten seine Liebe zu offenbaren oder vor großen Menschenmengen das Wort zu ergreifen. Es existieren entwicklungstypische Ängste mit Bezug zu sozialen Situationen, wie das »Fremdeln« im Alter ab 8 Monaten und die Angst vor Fremden im Vorschulalter, bei intakter Beziehung zu den primären Bezugspersonen. Wird die Angst jedoch so stark, dass es zu Einschränkungen in der schulischen Entwicklung oder der eigenen Biografie kommt, so wird diese als Angststörung klassifiziert. Beispielsweise kann diese Angst dazu führen, keinen guten Schulabschluss zu erzielen oder keinen Partner bzw. keine Partnerin zu finden, sofern dies grundsätzlich gewollt ist. Es gibt viele spezifische Angststörungen, die im Kontext sozialer Ängste gesehen werden können, beispielsweise der selektive Mutismus (ICD-11: 6B06) im Kindealter (Kinder können nicht mit fremden Personen sprechen) oder die Erythrophobie (Angst bei Gesprächen zu erröten). In der Kindheit sind klinisch relevante soziale Ängste zunächst noch selten (soziale Angst ist ja teilweise entwicklungstypisch), aber sie nehmen zum Jugend- und Erwachsenenalter hin zu und gehen häufig mit anderen Angststörungen, Depression und Substanzmissbrauch einher (Butcher et al., 2009, S. 235).

Prüfungsangst (englisch »Test anxiety«) schließlich wird von einigen Autoren wie Leistungsangst definiert (s. z. B. Fehm & Fydrich, 2011, S. 6). Andere Autoren sehen sie als Kombination von Leistungsängsten und sozialen Ängsten an (Schumacher, 2016, S. 31). Ein einheitlicher Sprachgebrauch existiert leider nicht, jedoch sollte klar sein, dass praktisch alle Leistungssituationen eine soziale Komponente haben und deshalb Leistungsbewertungen und soziale Bewertungen bzw. die damit einhergehenden Ängste einen hohen Überlappungsbereich aufweisen.

7.5.3 Spezifische Phobien

Spezifische Phobien sind nach ICD-11 (6B03) durch eine ausgeprägte und übermäßige Angst oder Furcht gekennzeichnet, die immer dann auftritt, wenn man einem oder mehreren spezifischen Objekten oder Situationen ausgesetzt ist. Die Ängste beziehen sich auf

- den Kontakt zu bestimmten Tieren (»Tiertypus«),
- Dunkelheit, Gewitter und Höhe (»Umwelttypus«),
- Anblick von Blut oder Verletzungen (»Blut-Injektions-Verletzungs-Typus«; einzige Angst mit Gefahr von Ohnmachtsanfällen),
- Verkehrsmittel, Tunnel, Brücken, Fahrstühle, geschlossene Räume, große Plätze (»Situativer Typus«; in der ICD-11 getrennt als »Agoraphobie« gelistet),
- Situationen mit Bezug zu Erbrechen, Ersticken, laute Geräusche, »Monster« …

Wichtig dabei ist, dass die Ängste in keinem Verhältnis zur tatsächlichen Gefahr stehen. Die phobischen Objekte oder Situationen werden gemieden oder aber nur mit intensiven Angstzuständen ertragen. Die Symptome bleiben mindestens mehrere Monate lang bestehen und sind schwerwiegend genug, um zu erheblichen Ängsten oder erheblichen Beeinträchtigungen im persönlichen, familiären, sozialen, erzieherischen, beruflichen Umfeld oder in anderen wichtigen Funktionsbereichen zu führen. Die betroffenen Personen zeigen eine starke Tendenz, die phobischen Reize zu meiden, und aus der Situation zu flüchten (s. Vermeidungsverhalten). Mit zunehmendem Alter ist den Personen die Irrationalität der Ängste immer mehr bewusst, aber sie können diese nicht kontrollieren.

> **Systematische Desensibilisierung und Reizkonfrontation**
>
> Es existieren sehr effektive, verhaltenstherapeutische Behandlungsmöglichkeiten für spezifische Phobien, die aber in einem therapeutischen Setting stattfinden müssen. Allen Herangehensweisen ist eine Exposition gemein, also die direkte Konfrontation mit dem angstauslösenden Reiz oder der Situation (s. Butcher et al., 2009, S. 232 ff., S. 746 ff.), entweder real, in der Vorstellung oder in virtuellen Umgebungen. Beim »Flooding« wird die Person mit der maximalen Ausprägungsstufe des Angstreizes konfrontiert. Wichtig ist, so lange in der Situation zu bleiben, bis die Erregung abnimmt – eine Herangehensweise zu der normalerweise nur Erwachsene bewusst zustimmen können. Im Kindes- und Jugendalter wird stattdessen i. d. R. eine graduelle Vorgehensweise gewählt, die systematische Desensibilisierung. Zurückgehend auf die Arbeiten von Mary Cover Jones (1924) entwickelte Wolpe (1948) ein gestaffeltes Vorgehen, bei dem sukzessive Angstsituationen mit ansteigender Intensität gemeistert werden. Es wird zunächst eine Angsthierarchie aufgestellt, wobei mit dem Kind gemeinsam erörtert wird, welche Situationen mit Angst besetzt sind, und diese Situationen werden nach Intensität geordnet. Ginge es beispielsweise um eine Spinnenphobie, wäre das Vorstellen einer Spinne mit eher wenig, das Berühren einer Spinne dagegen mit starker Angst besetzt. Diese Hierarchie wird dann der Reihe nach abgearbeitet, bis die Angst abnimmt. Therapiesitzungen beginnen normalerweise mit einer Entspannungsübung – meist eine progressive Muskelrelaxation –, bevor eine Konfrontation in Gedanken (in sensu) oder in der Realität (in vivo) stattfindet. Zwar ist die reale Konfrontation erheblich effektiver, jedoch hat diese Vorgehensweise den Vorteil, bei Kindern leichter graduell abstimmbar zu sein.

7.6 Umgang mit Ängsten und Reduktion von Angstursachen

Lauras Angsttherapie

Eine sehr eindrucksvolle Entwicklung wird im Beitrag »Lauras Angsttherapie« (erschienen bei ZDF tivi; René Autor, 2011; verfügbar unter: https://youtu.be/Ng4WrkGLRy4) über den Zeitraum von 2 Jahren gezeigt. Laura ist eine Schülerin der gymnasialen Oberstufe, die eine deutlich ausgeprägte Angstsymptomatik zeigt, insbesondere in Zusammenhang mit sozialen Situationen und schulischen Prüfungen. Der Film zeigt einen stationären Klinikaufenthalt mit Elementen einer kognitiv-behavioralen Psychotherapie, bei der soziale Situationen (z. B. fremde Menschen nach dem Weg fragen) eingeübt und reflektiert werden. Nach der Rückkehr in die Schule dominieren noch immer starke soziale Ängste. Ein Schnitt nach 2 Jahren zeigt Laura bei einem Konzert, bei dem sie vor mehreren hundert Menschen auf verschiedenen Instrumenten vorspielt. Der Film zeigt eindrücklich, dass Ängste überwindbar und große Fortschritte möglich sind. Er kann Schülerinnen und Schülern Hoffnung machen, dass sie ihre eigenen Ängste überwinden können.

Lehrkräfte haben viele Möglichkeiten, Angstsituationen zu entschärfen. Die folgenden Hinweise beziehen sich auf die normale Ängstlichkeit, die die meisten Kinder und Jugendlichen in stressbehafteten Situationen erleben. Sie ersetzen keine Psychotherapie spezifischer Angststörungen, aber sie helfen dabei, die Situation in der Schule und in Leistungserhebungen zu verbessern.

Insbesondere Prüfungen stellen eine der wichtigsten Angstquellen in der Schule dar:

- *Reduktion von Unsicherheit*
  Unsicherheit ist ein Zustand, in dem schwer aktiv an einer Lösung von Problemen gearbeitet werden kann. Alles, was Unsicherheit reduziert, hilft Schülerinnen und Schülern, sich besser auf eine Situation vorzubereiten. Mit Bezug auf Prüfungen gehört hierzu insbesondere die klare Eingrenzung von Prüfungsinhalten, die transparente Kommunikation von Bewertungsmaßstäben und die Vermittlung von Selbstregulation zur strukturierten Prüfungsvorbereitung (Lernpläne, Vorschläge für Lernzeitallokation …).
- *Prüfungsgestaltung*
  Vermeiden Sie unter allen Umständen den Einsatz von Prüfungen als Strafmaßnahme und die Androhung schwerer Prüfungen zur Herstellung der Disziplin. Prüfungen dienen der Ermittlung der Leistungsfähigkeit und nicht der Messung, wie gut Personen mit Bedrohungen umgehen können. Reduzieren Sie den Zeitdruck in Prüfungen und vermeiden Sie unangekündigte Leistungserhebungen. Achten Sie auf eine Schwierigkeitsreihung der Aufgaben, da ansonsten Schülerinnen und Schüler mit Leistungsängsten und niedrigem Selbstkonzept bereits zu

Beginn an schwer lösbaren Aufgaben hängen bleiben. Die Validität der Prüfung leidet in diesem Fall. Achten Sie auf Leistungsrückmeldungen, die nicht die Person abwerten. Bewerten Sie die Leistung, nicht die Person. Eine individuelle Bezugsnormorientierung (sofern möglich) hilft beim Aufbau von Motivation, günstiger Kausalattribution und sie beugt Frustration vor.

- *Einsatz von Entspannungstechniken*
Hohe Erregungsniveaus (siehe Yerkes-Dodson-Gesetz) führen zum Einbruch der Leistung vor allem bei komplexen Aufgaben. Eine der Prüfungssituation vorgelagerte kurze Entspannung (z. B. Atemtechniken) dient der Steigerung der Konzentration und der Reduktion aufgabenirrelevanter kognitiver Last.

Ängste sind nicht immer unbegründet. Fehlende Kompetenzen und ineffektive, desorganisierte Prüfungsvorbereitung reduzieren die Wahrscheinlichkeit auf Erfolg. Die Verbesserung von Kompetenz, die Passung mit den Leistungszielen und der Umgang mit Misserfolgen ist deshalb ebenfalls ein wichtiger Aspekt:

- *Passung von Leistungsprofil und Leistungsanforderung*
Chronische Überforderung führt zur Erwartung, in Leistungssituationen zu scheitern. Die Prüfung, ob notwendige Voraussetzungen für den Erfolg in Prüfungen gegeben sind, ist deshalb ebenfalls wichtig. Verfügen die Schülerinnen und Schüler über die notwendigen Arbeitstechniken, sich strukturiert vorzubereiten? Ist die Passung zwischen dem Bildungsgang und den Fähigkeiten der Kinder und Jugendlichen gegeben? Liegen unerkannte Lernstörungen vor?
- *Lernpsychologische Optimierung des Unterrichts*
Es kommt nicht alleine auf Charakteristika der Schülerinnen und Schüler an. Auch der Unterricht kann problematische Eigenschaften aufweisen. Die strukturierte, sachlogisch aufbauende Vermittlung von Wissen und Fähigkeiten, verbunden mit häufigem, korrektivem Feedback, positiver Verstärkung und Individualisierung der schulischen Inhalte erleichtert den Erwerb von Kompetenzen.
- *Individuelle Beratung und Arbeit an der Kausalattribution*
Misserfolgsorientierte Schülerinnen und Schüler attribuieren Erfolg und Misserfolg ungünstig und sie antizipieren weitere Misserfolge. Dies führt zum Einbruch intrinsischer Motivation. Der Aufbau einer positiven Leistungserwartung durch die Wahl realistischer Aufgaben, die Attribution von Erfolg auf Fähigkeit und Anstrengung und die Attribution von Misserfolg auf external variable Faktoren (Zufall) bzw. internal variable Aspekte (fehlende Anstrengung) helfen dabei, eine positive Erwartungshaltung aufzubauen. Achten Sie darauf, wie Leistungsergebnisse kommuniziert werden.

Jenseits der Lern- und Prüfungssituation gibt es viele weitere Beratungsanlässe:

- *Abbau schulischer Konflikte*
Destruktive Konkurrenzsituationen und reale Bedrohungen in der Schule sind generell mit dem Auftrag von Bildungseinrichtungen unvereinbar. Tolerieren Sie Gewalt nicht und versuchen Sie, schulische Konflikte abzubauen (▶ Kap. 8).

- *Entschärfung typischer Krisensituationen*
  Übergänge in der Schule (Einschulung, Wahl der weiterführenden Schulform, Schulabschluss und Übergang in das Berufsleben) stellen kritische Ereignisse dar, die gut vorbereitet und begleitet werden müssen.
- *Abbau überzogener Leistungserwartungen der Eltern*
  Nicht immer haben Eltern ein realistisches Bild von der Leistungsfähigkeit ihres Kindes und der erreichbaren Bildungsabschlüsse. Hilfreich ist zudem die Vermittlung von Wissen, wie Eltern ihre Kinder im Kompetenzerwerb unterstützen können. Die Androhung von Strafen bei Leistungsversagen führt i. d. R. nicht zur Steigerung der Leistungen der Kinder und Jugendlichen.

Zusammenfassung

Angst gehört zum Emotionsrepertoire jedes Menschen und ist lebensnotwendig. Ängste werden dann bedeutsam, wenn sie die Person oder das Umfeld stark belasten und den Handlungsrahmen deutlich einschränken. Angst spielt sich im Organismus auf vielen Ebenen ab (physisch, kognitiv, affektiv …) und sie beeinflusst, wie wir Informationen verarbeiten. Im Schulkontext spielen das Verhalten der Lehrkraft, die Prüfungsgestaltung, die Fähigkeiten der Schülerinnen und Schüler und soziale Beziehungen eine große Rolle. In Leistungssituationen haben sowohl Aufregung als auch Angstkognitionen einen Einfluss, wobei vor allem die Angstkognitionen die Leistung einschränken, da weniger Kapazität zur Lösung der Aufgaben verfügbar ist. Die Arbeit an Überzeugungen und das Erlernen von Coping-Möglichkeiten zum Umgang mit angstbesetzten Stimuli und Situationen ist der zentrale Weg, diese zu überwinden.

Weiterführende Literatur

Emmelkamp, P. M. G. & Ehring, T. (2014). *The Wiley handbook of anxiety disorders*. Hoboken, NJ: John Wiley & Sons Ltd.
Rost, D. H., Schermer, Franz, J. & Sparfeldt, J. R. (2018). Leistungsängstlichkeit. In D. H. Rost, J. R. Sparfeldt, & S. Buch (Hrsg.), *Handwörterbuch Pädagogische Psychologie* (S. 424–438). Weinheim: Beltz.
Steinhausen, H.-C. (2019, Kap. 13). *Psychische Störungen bei Kindern und Jugendlichen*. Amsterdam: Elsevier.
Lauras Angsttherapie, verfügbar unter https://youtu.be/Ng4WrkGLRy4

Fragen

Unter welchen Bedingungen führt Leistungsangst zum Einbruch von Schulleistungen? (Single Choice)

☐ Leistungsangst wirkt besonders stark einschränkend, wenn die betreffenden Kinder und Jugendlichen sehr aufgeregt sind.

☐ Leistungsangst wirkt bereits bei geringer Intensität deutlich negativ auf die Leistungen.
☐ Leistungsangst wirkt bei Jungen stärker negativ als bei Mädchen, insbesondere wenn die betroffenen Kinder ein hohes Leistungsmotiv haben.
☐ Leistungsangst wirkt besonders negativ, wenn hieraus Angstkognitionen (Worry) resultieren.

Welche Aussagen treffen bezüglich der Zwei-Phasen-Theorie zum Vermeidungslernen von Mowrer zu? (Multiple Choice)

☐ Die Theorie verbindet Aspekte der klassischen und der operanten Angstkonditionierung miteinander.
☐ Die Theorie erklärt die Entstehung und die Aufrechterhaltung löschungsresistenter Ängste.
☐ Die Theorie beruht auf dem behavioralen Ansatz.
☐ Die Theorie bezieht Aspekte des Modelllernens mit ein.

8 Aggression und schulische Gewalt

»Und der HERR redete mit Mose und sprach: Übe Rache für die Israeliten an den Midianitern ... Da redete Mose mit dem Volk und sprach: Rüstet unter euch Leute zum Kampf gegen die Midianiter, die die Rache des HERRN an den Midianitern vollstrecken [...] Und sie zogen aus zum Kampf gegen die Midianiter, wie der HERR es Mose geboten hatte, und töteten alles, was männlich war [...] Und die Israeliten nahmen gefangen die Frauen der Midianiter und ihre Kinder; all ihr Vieh, alle ihre Habe und alle ihre Güter raubten sie und verbrannten mit Feuer alle ihre Städte, wo sie wohnten, und alle ihre Zeltdörfer. Und sie nahmen allen Raub und alles, was zu nehmen war, Menschen und Vieh, und brachten es zu Mose und zu Eleasar, dem Priester, und zu der Gemeinde der Israeliten, nämlich die Gefangenen und das genommene Vieh und das geraubte Gut, ins Lager im Jordantal der Moabiter gegenüber Jericho. Und Mose und Eleasar, der Priester, und alle Fürsten der Gemeinde gingen ihnen entgegen, hinaus vor das Lager. Und Mose wurde zornig über die Hauptleute des Heeres, die Hauptleute über tausend und über hundert, die aus dem Feldzug kamen, und sprach zu ihnen: Warum habt ihr alle Frauen leben lassen? [...] So tötet nun alles, was männlich ist unter den Kindern, und alle Frauen, die nicht mehr Jungfrauen sind, aber alle Mädchen, die unberührt sind, die lasst für euch leben.« (4. Buch Mose, Kapitel 31)

Menschen sind zu unvorstellbar grausamen Taten fähig. Eine Spur von Verwüstung, Brutalität und Völkermord, oftmals verbrämt durch nationale, machtpolitische oder religiöse Rechtfertigungsversuche, zieht sich durch die Menschheitsgeschichte. Textstellen aus dem Alten Testament, das Leid, das der europäische Kolonialismus über die Menschheit gebracht hat und unsere eigene, jüngere, gewaltdurchzogene Geschichte Deutschlands im 20. Jahrhundert zeigen dies überdeutlich. Frieden, staatliche Ordnung und persönliche Sicherheit sind nicht der Normalzustand menschlicher Gesellschaften, sondern eine einzigartige und zugleich fragile zivilisatorische Leistung, die es zu bewahren gilt.

Dabei wäre es einfach und bequem anzunehmen, dass Aggression und Grausamkeiten nur von besonders gewalttätigen Personen verübt werden. Beispiele aus der Geschichte zeigen leider das Gegenteil: Friedfertige Menschen, die in einen unglücklichen Kontext gebracht werden oder unter problematischen Bedingungen aufwachsen, können sich auf sehr gewalttätige Weise verhalten. Ein erheblicher Teil des Massenmords im Zweiten Weltkrieg wurde von durchschnittlichen Menschen verübt, noch dazu ohne dass sie dazu gezwungen wurden (Browning, 1998). Der Genozid in Ruanda 1994, bei dem innerhalb eines Monats 500 000 Menschen der Bevölkerungsminderheit der Tutsi ermordet wurden, geht in wesentlichen Teilen auf die Organisation und Beteiligung von katholischen Priestern und Nonnen zurück (Longman, 2001), also von Menschen, von denen man besondere Friedfertigkeit erwarten würde.

Auch wenn die einleitenden Beispiele extreme Ereignisse darstellen, so zeigen sie, wie stark menschliches Verhalten von der Situation abhängt. Das Potenzial zu aggressivem Verhalten ist in jedem Menschen grundgelegt und es kann im Laufe von Kindheit und Jugend und in Gruppen besonders zutage treten. Das Kapitel fasst mehrere Themenkomplexe zusammen, die sich um aggressives Verhalten drehen und sich zum Teil, aber nicht vollständig überlappen. Zum einen werden Störungen behandelt, die Verhaltensprobleme auf individueller Ebene kennzeichnen und die in den Diagnosemanualen definiert werden, darunter das oppositionelle Verhalten, die explosible Störung und die Störung des Sozialverhaltens. Wie bereits dargestellt, ist Verhalten aber nicht alleine von individuellen Eigenschaften abhängig, sondern es wird sehr stark vom situationalen Rahmen beeinflusst. Dieser Rahmen ist also eine wesentliche Determinante des individuellen Verhaltens und ein wichtiger sozialer Ort für Kinder und Jugendliche ist die Schule. Aus diesem Grund wird zum anderen schulische Gewalt thematisiert, mit ihren Bedingungen, prototypischen Rollen und schließlich der Darstellung von präventiven Maßnahmen und Hinweisen zum Umgang mit schulischer Gewalt, wenn sich diese bereits entfaltet hat.

> **Lernziele**
>
> - Kenntnis psychologischer Erklärungsmodelle für aggressives Verhalten,
> - Kenntnis der wichtigsten aggressiven Störungen auf individueller Ebene und ihrer Auftretenshäufigkeit,
> - Kenntnis der Auftretenshäufigkeit und Bedingungsfaktoren schulischer Gewalt,
> - Kenntnis von Präventions- und Interventionsmaßnahmen auf individueller Ebene, der Klassenebene und der Schule.

8.1 Wie schlimm ist die gegenwärtige Situation?

8.1.1 Kriminalstatistik

Zur Einschätzung der Kriminalitätsbelastung veröffentlicht das Bundeskriminalamt jährlich die polizeiliche Kriminalstatistik, die nicht nur die aktenkundig gewordenen Vorfälle widerspiegelt, sondern aus der auch unterschiedlichste Merkmale der Täter und Opfer hervorgehen. Die Tatverdächtigenbelastungszahl (▶ Abb. 8.1) bezeichnet den Anteil an aktenkundig gewordenen Personen je 100 000 Personen des gleichen Altersbereichs. Auffällig ist die deutliche Zunahme der Belastung von der Kindheit bis zum Erwachsenenalter, mit einem Maximum an Taten im Altersbereich der 14- bis 18-Jährigen bei Diebstahldelikten und Verstößen gegen die sexuelle Selbstbestimmung. Taten mit Bezug zu Körperverletzungen nehmen zum jungen Erwachsenenalter (18- bis 21-Jährige) hin noch leicht zu und Tötungsdelikte finden im jungen Erwachsenenalter ihr Maximum. Im Erwachsenenalter fällt die Belastung wieder und die Zahlen nähern sich jenen der Kindheit an. Jungen, männliche Jugendliche und Erwachsene zeigen über alle Arten von Delikten hinweg eine dreifach höhere Belastung als Mädchen bzw. Frauen. Etwa 75 % der Kriminalität wird somit von Jungen bzw. Männern verursacht.

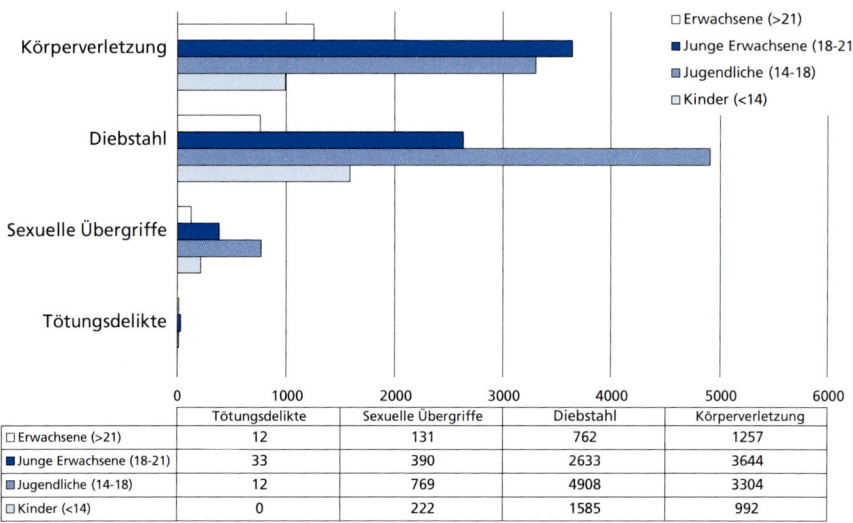

Abb. 8.1: Tatverdächtigenbelastungszahlen (TVBZ) je 100 000 Personen der gleichen Altersgruppe im Berichtsjahr 2019 (Darstellung basierend auf Bundeskriminalamt, 2020b)

Auch bei den Opfern zeigt sich ein klarer Alterstrend mit einem deutlichen Peak im Jugend- und jungen Erwachsenenalter. Während männliche und weibliche Personen etwa gleich häufig bedroht werden (▶ Abb. 8.2), zeigt sich ein deutlicher Geschlechtsunterschied bei Straftaten gegen die sexuelle Selbstbestimmung, unter denen mit weitem Abstand vor allem weibliche Personen zu leiden haben, wohingegen männliche Personen sehr viel häufiger Opfer von Gewaltkriminalität werden. Über alle Straftaten hinweg sind Männer ca. 50 % häufiger betroffen als Frauen.

Es lassen sich somit zwei wesentliche Zusammenhänge festhalten: a) Die Jugend und das junge Erwachsenenalter sind besonders gefährdete Altersbereiche im Leben des Menschen und die Gefahr, Täter oder Opfer delinquenten Verhaltens zu werden, ist hier am höchsten. Die episodenhafte Häufung im Jugend- und im jungen Erwachsenenalter spricht dafür, dass delinquentes Verhalten zumindest in Teilen im Rahmen der normalen Entwicklung auftreten kann und viele der Täter und Täterinnen eine insgesamt günstige Prognose haben. B) Der überwiegende Teil der Straftaten wird nicht nur von männlichen Personen ausgeübt, sondern Jungen und Männer sind auch überdurchschnittlich häufig Ziel delinquenter Handlungen, insbesondere was körperliche Aggressionen angeht.

Allerdings ist die gegenwärtige Situation keineswegs besonders schlimm. Seit dem Jahr 2009 konnte ein deutlicher Rückgang der Jugendkriminalität beobachtet werden (Deutsches Jugendinstitut, 2019, S. 6), mit einer annähernden Halbierung im

8.1 Wie schlimm ist die gegenwärtige Situation?

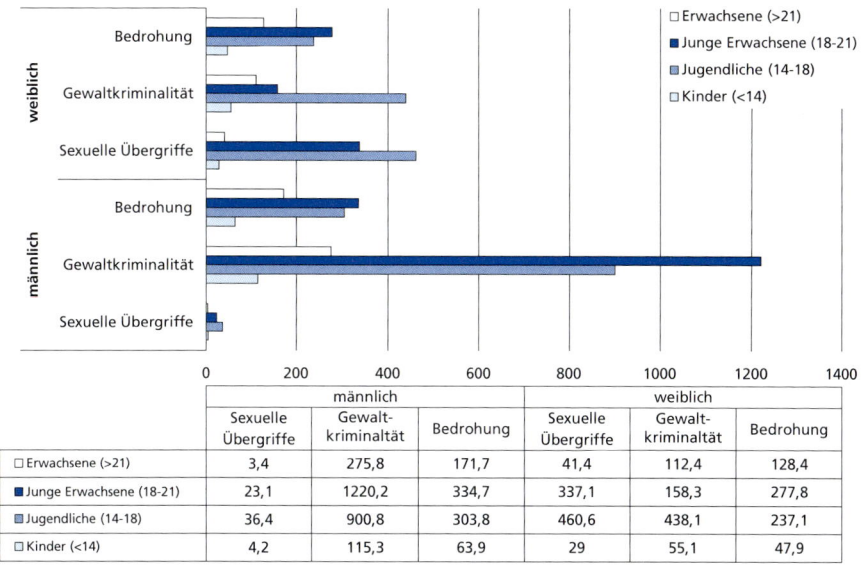

Abb. 8.2: Opfergefährdungszahlen (OGZ) nach Alter und Geschlecht bezogen auf 100 000 Personen der gleichen Altersgruppe im Berichtsjahr 2019 (Darstellung bezogen auf Bundeskriminalamt, 2020a; nur vollzogene Taten)

Altersbereich der 14- bis 21-Jährigen. Insgesamt betrachtet leben wir aktuell folglich in einer relativ friedlichen und sicheren Zeit und anders als häufig durch besonders brutale Vorfälle suggeriert, ist Jugendkriminalität zurzeit kein massives gesellschaftliches Problem – auch wenn jeder einzelne Vorfall für sich gesehen tragisch ist.

8.1.2 Schulische Situation

Schülerinnen und Schüler sind während des Schulbesuchs versichert. Für Vorfälle an Schulen gibt es deshalb belastbare Statistiken, die zwar nicht das gesamte Spektrum schulischer Gewalt abbilden, aber zumindest die gewaltbedingten Unfälle, die sich direkt in der Schule ereignen (▶ Abb. 8.3). Der Verlauf der Daten der Unfallversicherer kann deshalb als Indikator für die allgemeine Entwicklung herangezogen werden. Anders als viele Menschen erwarten würden, verlief die Entwicklung in den letzten Jahrzehnten insgesamt sehr positiv. Seit dem Beginn der 90er-Jahre bis zum Jahr 2018 hat sich die Anzahl der Unfälle pro 1000 Schülerinnen und Schüler pro Jahr von ca. 16 auf ungefähr 8 fast halbiert. Seit 2011 sind die Anteile weitgehend konstant, mit kleineren jährlichen Schwankungen. Auch gibt es keine Hinweise auf eine Zunahme der Brutalität, da bei gewaltbedingten Knochenbrüchen eine vergleichbare Abnahme zu verzeichnen ist. Die vielen Bemühungen und Maßnahmen zur Prävention schulischer Gewalt und die Bemühungen um eine Verbesserung der Schulqualität scheinen also insgesamt zu wirken. Auch wenn leider noch viele Fälle auftreten, so ist der Trend eindeutig positiv.

8 Aggression und schulische Gewalt

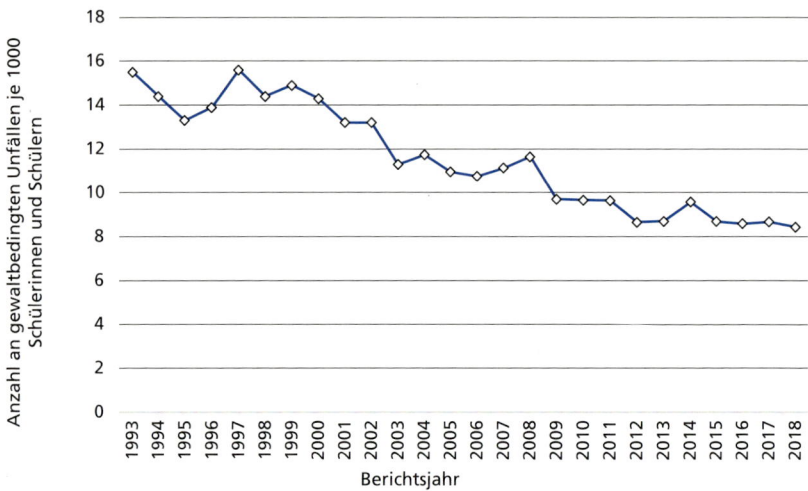

Abb. 8.3: Anzahl der gewaltbedingten Unfälle pro Jahr pro 1000 Schülerinnen und Schüler, die sich direkt in der Schule ereigneten (direkte Auskunft der Deutschen Gesetzlichen Unfallversicherung vom 27.05.2020).

Jungen sind an allgemeinbildenden Schulen etwa 2,3-mal häufiger Opfer von Gewalthandlungen als Mädchen (DGVU, 2016, S. 7). Zudem gibt es deutliche Unterschiede zwischen den Schulformen (S. 12): Bezogen auf das Jahr 2014 lag die relative Häufigkeit gewaltbedingter Unfälle je 1000 Personen in Gymnasien (4,9) und Grundschulen (6,5) am niedrigsten, gefolgt von Real- (14,3) und Förderschulen (15,6). Mit Abstand die höchste relative Gefahr bestand an den Hauptschulen (31,6), an denen ein um den Faktor 6,5 erhöhtes Risiko im Vergleich zu Gymnasien bestand. 44,6 % der gewaltbedingten Unfälle ereigneten sich in den Pausen, gefolgt von 22 % im Sportunterricht. 30,3 % der Verletzungen betrafen den Kopfbereich und etwa 20 % die Hände – in der Mehrheit (Gehirn-)Erschütterungen und Prellungen (S. 19). Schwerpunkt der Aggressionen ist die siebte bis neunte Klasse (Schubarth, 2018, S. 79) und physische Gewalt wird etwa zwei- bis dreimal häufiger von Jungen als von Mädchen ausgeübt. Hinsichtlich verbaler Aggression unterscheiden sich die Geschlechter dagegen kaum. Ebenso existieren keine wesentlichen regionalen Unterschiede.

Schwieriger wird es, das Ausmaß psychischer Gewalt zu ermitteln, da diese nicht gleichermaßen erfassbar ist. Fragt man die Lehrkräfte, welche Art von Aggressionen in der Schule am häufigsten auftreten, dann werden vor allem verbale Aggression genannt (Schubarth, 2018, S. 84 f.), also vulgäre Beschimpfungen, Hänseleien und Beleidigungen, gefolgt von körperlicher Gewalt und Vandalismus und das heimliche Zerstören oder Verstecken von Eigentum. Physische Gewalt tritt zumindest aus Lehrerperspektive in der Sekundarstufe seltener auf, kann aber als Folge einer Gewaltspirale aus verbalen Aggressionen hervorgehen. Schülerinnen und Schüler sowie Eltern berichten von mehr aggressiven Vorfällen – sie sind schließlich direkt davon betroffen –, kommen aber hinsichtlich der Relation verschiedener Aggressionsformen zur gleichen Einschätzung wie Lehrkräfte.

In anonymen Befragungen geben 15 % bis 35 % der Schülerinnen und Schüler der Grundschule an, schikaniert zu werden (Schäfer & Letsch, 2018), und etwa 4 % der Kinder sind über weite Abschnitte der Grundschulzeit stabil in einer Opferrolle. Bei einer Grundschulklasse mit 20 bis 25 Kindern betrifft es im Schnitt also etwa ein Kind. An den weiterführenden Schulen geht der Anteil insgesamt zurück. Nur noch 5 % bis 15 % der Schülerinnen und Schüler berichten von Schikanen, jedoch sind die Rollen nun erheblich stabiler und die Wahrscheinlichkeit, über mehrere Jahre in der Opferrolle zu verharren, liegt für betroffene Personen bei etwa 70 %. Anteile an Kindern und Jugendlichen, die als Täter auftreten, zeigen keinen so klaren Alterstrend. In der Grundschule liegt der Anteil schätzungsweise bei 7 % bis 12 %, in den weiterführenden Schulen bei 10 % (Schäfer & Letsch, 2018).

Gewalttaten gegen Lehrkräfte sind eher selten. Berichte von Lehrkräften legen eine Zunahme der Gewalt nahe, jedoch wird dies durch die Statistiken nicht abgebildet (Schubarth, 2018, S. 16 ff.). Zwar hat es fast an jeder zweiten Schule innerhalb der letzten 5 Jahre entsprechende Vorfälle gegeben und 26 % der Schulleitungen berichten von körperlichen Angriffen innerhalb dieses Zeitraums sowie etwa 20 % von Cybermobbing, jedoch bewegt sich die Anzahl an Vorfällen auf einem niedrigen Niveau, mit einer deutlichen Abnahme seit der Mitte der 90er-Jahre. Häufiger als physische ist vermutliche psychische Gewalt gegenüber Lehrkräften zu finden. 25 % der Lehrkräfte geben an, Beschimpfungen, Bedrohungen oder Mobbing, nicht nur durch Schülerinnen und Schüler, sondern insbesondere durch deren Eltern erlebt zu haben. Verbale Aggression ist vermutlich die häufigste Form von Gewalt, unter der Lehrkräfte zu leiden haben (Schubarth, 2018, S. 84).

8.2 Definitionen und Erklärungsmodelle zur Entstehung von Gewalt

Aggression ist jedes menschliche Verhalten, das auf ein anderes Individuum gerichtet ist und mit der Intention ausgeführt wird, zu schaden (Anderson & Bushman, 2002). Das Verhalten ist absichtsvoll, d. h. die Person, von der die Aggression ausgeht, muss dies in der Annahme tun, einer anderen Person Schaden zuzufügen. Aus diesem Grund ist eine versehentliche Schädigung (z. B. ein unbeabsichtigter Unfall) oder die Zufügung von Schmerzen ohne Schädigungsabsicht (z. B. im Rahmen einer zahnärztlichen Behandlung) keine aggressive Handlung im engeren Sinn. Der beabsichtige oder tatsächliche Schaden muss keineswegs ausschließlich physisch sein. Auch jene Handlungen, die andere bewusst einschränken, indem sie Angst auslösen, einschüchtern und psychisch verletzen, sind als eine Form von Aggression zu verstehen. Erweiterte Aggressionsdefinitionen, beispielsweise aus dem Bereich der Verhaltensbiologie (s. z. B. Kappeler, 2017), verzichten auf das Kriterium der Intentionalität und beziehen sämtliche Konkurrenzsituationen und Konflikte ein, beispielsweise innerartlich die Verteidigung des Reviers, der Nahrungsressourcen, der sozialen Stellung oder der sexuellen Reproduktionschancen. Zwischenartliche Aggression liegt beispielsweise im Fall von Jagdverhalten vor, z. B. wenn ein Raubtier ein Beutetier angreift und dieses sich verteidigt. Bei Menschen können Aggressionen anhand der folgenden grundlegenden Dimensionen klassifiziert werden:

- *Feindselig versus instrumentell*: Steht beim Verhalten primär die Schädigungsabsicht im Vordergrund, so wird die Aggression als feindselig bezeichnet. Dieses Verhalten ist stark affekt- oder impulsgeleitet. Wird dagegen ein Nutzen verfolgt (Stärkung der eigenen Rangposition, Erlangung von Ressourcen durch Raub ...), so ist das Verhalten auf ein anderes primäres Ziel gerichtet und es wird somit als instrumentell bezeichnet. Die Aggression ist in diesem Fall Mittel zum Zweck und wird billigend zur Erreichung des Ziels in Kauf genommen.
- *Offen versus verdeckt*: Offene Aggressionen umfassen unmittelbare physische Auseinandersetzungen und psychische Gewalt (z. B. verbale Beleidigungen). Verdeckte Formen sind dagegen für das Opfer weniger leicht zu erkennen, beispielsweise heimliches Zerstören oder Entwenden von Eigentum, Lügen, Ausstreuen von Gerüchten und andere Maßnahmen zur Beschädigung der sozialen Stellung einer dritten Person.
- *Aktiv versus reaktiv*: Geht die Aggression initiativ von einer Person aus, so ist es eine aktive Aggression, reagiert eine Person dagegen auf eine Bedrohung und möchte diese abwenden, so ist die Aggression reaktiv. In einem konkreten sozialen Geschehen ist es häufig schwierig, diese Aspekte zu identifizieren, da Handlungen wechselseitig aufeinander bezogen sind und sich gegenseitig aufschaukeln. Eine verbale Provokation wird z. B. mit einem physischen Angriff vergolten, der dann noch gravierendere Racheakte nach sich zieht.
- *Physisch versus verbal versus relational*: Es liegt auf der Hand, dass körperliche Angriffe eine Form aggressiven Verhaltens sind und dass auch Beleidigungen und verbale Verletzungen hierzu gehören. Subtiler verhält es sich mit relationaler Aggression, da diese weniger leicht als Gewalt zu erkennen ist, sondern in der Schädigung menschlicher Beziehungen, der Ausnutzung von sozialen Hierarchien und der Manipulation anderer Menschen besteht.

Die Art und Weise, wie aggressives Verhalten ausgelebt wird, hängt sowohl vom Alter als auch vom Geschlecht ab. Im Vorschulalter bestehen noch deutliche Unterschiede hinsichtlich der Aggressionsform (Crick et al., 2006): Jungen agieren häufiger physisch aggressiv, Mädchen dagegen stärker relational. Die Aggressionen sind zudem vorwiegend an Mitglieder des eigenen Geschlechts gerichtet. Im Entwicklungsverlauf geht physisch aggressives Verhalten zurück und verbale und relationale Aggressionen gewinnen an Bedeutung (Scheithauer et al., 2008) und beide Geschlechter gleichen sich zunächst an, bevor in der Jugend erneut Geschlechtsunterschiede auftreten. Jungen sind über die gesamte Kindheit und Jugend im Schnitt aggressiver als Mädchen, allerdings bewegt sich der Geschlechtsunterschied mit $d = 0{,}5$ lediglich im mittleren Bereich (Hyde, 1984) und er ist auch nur bei physischer Aggression und nicht bei feindseligem Verhalten zu finden. Dies ist auf die großen Unterschiede zwischen den Personen des gleichen Geschlechts zurückzuführen, sodass der mittlere Unterschied im Vergleich zur Streubreite eher klein ausfällt. Hinsichtlich verbaler und relationaler Aggressionsformen gibt es zwischen Jungen und Mädchen vermutlich nur geringe Unterschiede (Hyde, 1984; Scheithauer et al., 2008).

Der Versuch der Erklärung aggressiven Verhaltens begleitet die psychologische und verhaltensbiologische Theoriebildung seit ihren Anfängen. Die folgende Darstellung charakterisiert einige wichtige Erklärungsversuche, ohne Anspruch auf Vollständigkeit zu erheben.

8.2.1 Tiefenpsychologie, Ethologie und evolutionspsychologische Erklärungen

In der ersten Hälfte des 20. Jahrhunderts gab es eine sehr starke Strömung, die als Grundlage für menschliche Verhaltensweisen verschiedene Triebe annahm. Beispielsweise postulierte Freud (Freud & Mitscherlich, 1981, Band 3) die beiden Triebe Libido und Thanatos. Die Libido (= Lebenstrieb) sei dabei wesentlich für die Lebenserhaltung, da Verhaltensweisen mit Bezug zu Ernährung, Sexualität etc. hierdurch gespeist wurden. Thanatos, der Todestrieb, umfasse dagegen aggressive Verhaltensweisen. Zur Selbsterhaltung gehen beide Triebe eine Verbindung ein. Im Sinne der Psychoanalyse stellt beispielsweise der Verzehr einer kross gebackenen Pizza eine Verknüpfung beider Triebe dar, einerseits da die Pizza beim Verzehr zerstört und andererseits, da hierdurch die Ernährung und somit das eigene Leben sichergestellt wird. Weiterhin wurde angenommen, dass jeder Trieb über eine Energiequelle verfüge und die angestaute Energie zeitweise durch Ausleben entladen werden müsse, da es sonst zu psychischen Störungen komme. Diese Hypothese wird als Katharsis bezeichnet und beispielsweise im Kontext sexueller Übergriffe als populäres Erklärungsmodell verwendet, insbesondere, wenn von Triebtätern die Rede ist. Auch im Bereich gewalthaltiger Computerspiele oder bei der Praktizierung von Kampfsportarten wird diese Hypothese angeführt, um auf potenziell positive Wirkungen für die eigene Psyche zu verweisen: Das Herauslassen angestauter Aggressionen würde gemäß dieser Hypothese zur psychischen Gesundheit beitragen. Das Triebmodell wurde zudem auch in der Ethologie übernommen, beispielsweise durch Lorenz in Form des »psychohydraulischen Instinktmodells« (Lorenz, 1978). Trotz dieser hohen alltagspsychologischen Plausibilität gilt das Konzept heute als umfassend widerlegt und dies betrifft nicht nur die Katharsishypothese (Geen & Quanty, 1977), sondern auch das gesamte Triebkonzept, da es menschliches Verhalten zu stark vereinfacht.

Es gibt jedoch auch in jüngerer Zeit mit der Evolutionspsychologie (Buss, 2019) eine Teildisziplin der Psychologie, die sich mit den evolutionären Ursprüngen menschlichen Verhaltens beschäftigt und die folglich eine gewisse Nähe zur Ethologie aufweist. Auf der Basis evolutionärer Erklärungsmodelle wird hierbei danach gefragt, wie die Mechanismen Mutation und Selektion menschliches Verhalten, z. B. unsere Präferenz in der Partnerwahl, prägten. Was empfinden wir als attraktiv und welche Strategien verfolgen wir, um uns erfolgreich fortzupflanzen? Es wird folglich überprüft, welche Spuren sehr ursprüngliche biologische Mechanismen in unserem Verhaltensrepertoire hinterlassen haben, die weiterwirken, obwohl sich die Rahmenbedingungen menschlichen Lebens seit der Steinzeit deutlich geändert haben.

Die Evolutionspsychologie versucht, diese Einflüsse zu identifizieren und die Hypothesen empirisch zu überprüfen. Aggressives Verhalten kann gemäß dieser Theorie in vielfältiger Weise adaptiv sein, beispielsweise indem Männer durch dominantes Verhalten höhere gesellschaftliche Positionen erreichen und somit für Frauen attraktiver werden. Sie steigern auf diese Weise ihre reproduktiven Chancen – eine mögliche Erklärung für die vorwiegend von Männern gegenüber anderen Männern ausgeübte körperliche Gewalt (vgl. Buss, 2019, Kap. 10).

8.2.2 Frustration, Erregung und Aggression

Die Frustrations-Aggressions-Hypothese (Dollard et al., 1939) geht von der starken Annahme aus, dass jeder Aggression eine Frustration vorausginge. Auch wenn Frustrationen sicher Aggressionen stark begünstigen, ist diese Hypothese in der starken Form nicht haltbar (Berkowitz, 1989). Weder resultiert jede Aggression aus Frustrationen, noch mündet Frustration immer zwangsläufig in Aggression. Berkowitz geht davon aus, dass Frustrationen zunächst negative Emotionen auslösen. Treffen Menschen auf Hindernisse, die sie daran hindern, ihr Ziel zu erreichen, so entsteht einerseits Ärger und andererseits Angst. Umgebungsbedingungen und die Stärke des negativen Effekts beeinflussen, ob diese Emotionen zu aggressivem Verhalten führen.

> Stellen Sie sich vor, Sie müssen zu einer Klausur, stehen aber im Stau. Nur wenige Meter vor Ihnen ist eine Unfallstelle, aber Sie werden daran gehindert, diese zu umfahren. Sie dürfen nicht aus dem Auto aussteigen (Sie stehen auf der Autobahn), kommen nicht vorwärts, nicht zurück, die Sonne brennt auf das Dach und Sie werden immer stärker frustriert, da der Start der Klausur näher rückt. Dadurch baut sich eine Erregung oder Frustration auf. Nun kommt es darauf an, welche Umgebungsreize vorhanden sind. Zeigen andere Menschen aggressives Verhalten, z. B. mittels Hupen oder Schimpfen, so ist die Wahrscheinlichkeit hoch, ebenfalls aggressiv zu werden. In der Schule ist das Thema Frustration ebenfalls sehr relevant. Schülerinnen und Schüler, die permanent überfordert sind oder die angegriffen oder gedemütigt werden, bauen Frustrationen auf, die sich in Aggressionen Bahn brechen können.

8.2.3 Aggression als erlerntes Phänomen

Lerntheorien zum klassischen und operanten Konditionieren sowie zum Modelllernen gehen davon aus, dass Verhaltensweisen erlernt sind, indem entweder angeborene Reflexe mit Stimuli gekoppelt werden oder die Auftretenswahrscheinlichkeit einer Verhaltensweise durch Verstärkerprozesse ansteigt. Klassisches Konditionieren findet beispielsweise statt, wenn eine Lehrkraft Schüler provoziert oder demütigt. Die Lehrkraft wird damit zu einem konditionierten Stimulus für Wut und löst automatisch Ärger aus. Bereits die Begegnung oder Gedanken an die Lehrerkraft führen zu einer Erhöhung des Aggressionslevels. Operantes Konditionieren liegt dann vor, wenn aggressive Verhaltensweisen zu einem erwünschten Zielzustand führen, entweder indem positive Konsequenzen erreicht werden (Erlangung von Ressourcen, Dominanz, Aufmerksamkeit von Mitschülern ...) oder indem negative Situationen abgewendet werden (Abwehr von Bedrohung ...). Im Falle des Modelllernens (Sozial-kognitive Lerntheorie sensu Bandura, 1977) reicht die Beobachtung aus, dass andere Personen durch Aggressionen ihr Ziel erreichen, damit die Wahrscheinlichkeit zur Imitation dieses Verhaltens zunimmt. Dies wurde eindrucksvoll in der sog. Bobo-Doll-Studie (Bandura, 1965) demonstriert, bei der Kinder aggressives Verhalten gegenüber einer Puppe imitierten, welches sie zuvor bei Erwachsenen gesehen hatten. Lerntheoretische Grundlagen der Aggressionsentstehung gelten als äußerst gut belegt. Für den schulischen Alltag bedeutet dies: Wenn Kinder in einer Klasse aggressives Verhalten zeigen und dadurch Vorteile erhalten, dann besteht die realistische Gefahr, dass andere Kinder durch Modelllernen dieses Verhalten übernehmen und sich die Situation hierdurch verschlimmert. Aggression ist also selbstverstärkend und führt dazu, dass weitere Kinder sich aggressiv verhalten, sofern Problemverhalten nicht unterbunden wird.

8.2.4 Sozialpsychologische Erklärungsmodelle

Es gibt zahlreiche Erklärungsmodelle aus dem Gebiet der Sozialpsychologie, die die Entstehung von Aggressionen thematisieren (s. Aronson et al., 2016, Kap. 13). Menschen werden in ihrem Verhalten durch die tatsächliche oder vorgestellte Anwesenheit anderer Menschen oder durch ihr Gefühl der Zugehörigkeit zu einer Gruppe beeinflusst. Hinsichtlich der Entstehung aggressiven Verhaltens sind unter anderem die folgenden Mechanismen relevant, die hier extrem verdichtet dargestellt werden:

- *Kognitive Dissonanz*: Stehen Einstellungen und Verhalten im Widerspruch, dann entsteht ein unangenehmer Spannungszustand (Festinger, 2001). Dieser kann aufgelöst werden, indem das Verhalten mit der Einstellung in Einklang gebracht oder aber die Einstellung dem Verhalten angeglichen wird. Häufig ist Letzteres der Fall. Behandelt eine Person entgegen der eigenen Einstellung jemanden schlecht, z. B. weil sie sich in einer Zwangslage befindet, sich sozialem Druck unterordnet oder nicht hinreichend kognitive Ressourcen frei hat, so wird sie häufig nach den Handlungen eine Rechtfertigung suchen. Diese könnte darin bestehen, das Opfer der Aggression abzuwerten und so die eigenen Handlungen vor sich selbst zu entschuldigen. Hierdurch kann es zu weiteren Verletzungen des Opfers und zusätzlichen Demütigungen kommen.
- *Outgroup-Homogenität*: Menschen tendieren dazu, ein differenziertes Bild von den Mitgliedern der eigenen sozialen Gruppe zu haben, Mitglieder anderer Gruppen dagegen undifferenzierter zu betrachten und sie tendenziell negativ zu sehen.
- *Ressourcenkonflikte*: Konflikte zwischen Gruppen verschärfen sich, wenn diese um Ressourcen (Territorium, Lebensmittel ...) konkurrieren.
- *Verteidigung oder Erlangung bestimmter sozialer Rollen in einer Gruppe*: Aggressionen und dominantes Verhalten können dazu dienen, die eigene Stellung zu festigen, sich gegenüber Konkurrenten zu behaupten, Bedrohung abzuwenden, soziale Anerkennung und begehrte Rollen zu erreichen.

- *Sex-Aggression- und Sex-Power-Link*: Wird das Konzept Sexualität unbewusst aktiviert, so neigen viele Menschen dazu, sich aggressiver zu verhalten (Ainsworth & Maner, 2012). Auch umgekehrt ist dies der Fall: Die Aktivierung der Konzepte Aggression und Macht aktiviert bei vielen Personen das Konzept Sexualität.
- »*Suche nach einem Sündenbock*« und »*Glaube an eine gerechte Welt*«: Die Annahme, dass eine grundlegende Gerechtigkeit existiert, hilft uns, das Leben als kontrollierbar wahrzunehmen. Schlechte Dinge passieren dieser kognitiven Verzerrung zufolge zurecht und folglich sind Menschen an ihrem Unglück selbst schuld. Dies hilft uns dabei, eine positive Sicht auf unser eigenes Leben und die Zukunft aufrechtzuerhalten: Verhalten wir uns moralisch integer, dann sollte uns ja nichts Schlimmes passieren. Wird eine Person Opfer eines Verbrechens, so finden sich sehr rasch Erklärungsversuche, die die Schuld beim Opfer suchen. Wird beispielsweise eine Frau vergewaltigt, dann werden Gründe in ihrem Kleidungsstil und Verhalten gesucht, obwohl alle diese Aspekte für die Schuldfrage irrelevant sind. Eine extreme Ausprägung findet der »Just World Belief« in der buddhistischen Karmalehre, bei der eine imaginäre Schuld in einem vorangegangenen Leben als Begründung für Leid im aktuellen Leben behauptet wird. Im Bereich Bullying ist umstritten, ob der »Just World Belief« zu einer Steigerung aggressiven Verhaltens führt (Fox et al., 2010).

> Wie sehr Menschen dazu neigen, Verbrechen der eigenen sozialen Gruppe zu rechtfertigen, zeigt das folgende Beispiel, in welchem vielfältige sozialpsychologische Mechanismen zutage treten:
>
> »Heutzutage variieren die Einstellungen der weißen Australier ihrer eigenen blutrünstigen Vergangenheit gegenüber enorm. Während die Regierung und viele Privatleute immer stärkere Sympathien gegenüber den Aborigines zeigen, streiten andere die Verantwortung für den Genozid ab. Beispielsweise veröffentlichte ›The Bulletin‹, eines der wichtigsten australischen Nachrichtenmagazine, 1982 den Brief einer Dame namens Patricia Cobern, die entrüstet verneinte, dass die weißen Siedler die Tasmanier ausgerottet hätten. Tatsächlich, so Cobern, waren die weißen Siedler friedliebende Menschen von hoher Moral, wohingegen die Tasmanier niederträchtige, verräterische, mordlüsterne, kriegerische, Ungeziefer-verseuchte und von Syphilis entstellte Wesen waren. Darüber hinaus kümmerten sie sich nicht um ihre Kinder, badeten nie und praktizierten abstoßende Ehe-Riten. Sie starben aufgrund dieses schlechten Gesundheitsverhaltens und der abscheulichen ehelichen Verhaltensweisen aus. Es war bloßer Zufall, dass nach tausenden von Jahren der Existenz, das Aussterben gerade dann passierte, als der Konflikt mit den weißen Siedlern ausbrach. Die einzigen Massaker wurden nicht von den weißen Siedlern, sondern von den Tasmaniern verübt. Außerdem trugen die Siedler Schusswaffen nur zur Selbstverteidigung, kannten sich mit Waffen gar nicht aus und erschossen nie mehr als 42 Tasmanier auf einmal.« (Diamond, 2009, S. 354 f.)

- *Sensation Seeking*: Aggression kann auch mit dem Ziel des Nervenkitzels ausgeübt werden. Hierzu gehören nicht alleine sadistische Verhaltensweisen, sondern generell riskantes Verhalten, mit dem Ziel der Stimulation und um die eigene Identität zu demonstrieren.

8.2.5 Soziale Informationsverarbeitung

Die Art und Weise, wie wir Wissen über die Welt kognitiv organisieren, beeinflusst, welche Informationen wir wahrnehmen, wie wir Situationen interpretieren und wie wir reagieren. Die sog. soziale Informationsverarbeitungstheorie verknüpft die sozial-kognitive Lerntheorie nach Bandura und Informationsverarbeitungstheorien der Kognitiven Psychologie, um zu erklären, wie wir soziale Informationen enkodieren, interpretieren, Antwortverhalten auswählen und umsetzen (Dodge & Crick, 1990). Besondere Anwendung fand diese Theorie zur Erklärung aggressiven Verhaltens und in der Forschung zu gewalthaltigen Medien. Der Informationsverarbeitungsprozess läuft gemäß dieser Theorie in fünf Schritten ab:

1. *Enkodierung*: Aus einer großen Anzahl an Stimuli der Umwelt werden über selektive Aufmerksamkeit die besonders bedeutsamen ausgewählt. Hierbei ist wichtig, welche Schemata und Skripte eine Person bereits im Laufe der Entwicklung erworben hat. Schema-kongruente Information kann leichter aufgenommen werden als unerwartete Informationen.
2. *Interpretation*: Es folgt ein Abgleich mit Langzeitgedächtnisinhalten. Die wahrgenommene Situation wird auf der Basis des Vorwissens interpretiert. Hierzu gehören beispielsweise Attributionsprozesse und die Anwendung von bereits erworbenen Schemata auf die gegenwärtige Situation. Die Grundannahme der Kognitiven Psychologie besteht darin, dass dieses Wissen in Form von propositionalen Netzwerken, Schemata, Skripten und Prototypen gespeichert ist. Werden Inhalte des Langzeitgedächtnisses aktiviert, so breitet sich die Aktivierung eines Wissensknotens im Netzwerk auf benachbarte Knotenpunkte aus. Konzepte, die mehrfach gemeinsam aktiviert werden, bilden Verbindungen aus.
3. *Handlungsauswahl*: Handlungsoptionen, die besonders leicht verfügbar sind, da sie eine hohe Gewohnheitsstärke haben und da Überzeugungen zur Angemessenheit eines Verhaltens vorliegen, oder die aufgrund der sich ausbreitenden Aktivierung verfügbar sind, werden mit einer hohen Wahrscheinlichkeit als Reaktion ausgewählt. Beispielsweise führt eine feindselige Attribution der Situation (Schritt 2) mit hoher Wahrscheinlichkeit zur Auswahl einer aggressiven Vergeltungsreaktion.
4. *Entscheidung*: Nicht jede ausgewählte Handlungsoption wird auch umgesetzt. Die Vorwegnahme der Konsequenzen oder Empathie kann zu einer Unterdrückung aggressiven Verhaltens führen. Besteht hingegen eine hohe Gewohnheitsstärke und ist ein Kind daran gewöhnt, Aggressionen instrumentell zur Zielerreichung einzusetzen, so wird das Verhalten mit einer höheren Wahrscheinlichkeit umgesetzt.
5. *Ausführung*: Mithilfe von Skripten wird das Verhalten umgesetzt, verbal oder motorisch. Es wird beobachtet, ob das gewünschte Ziel erreicht wurde, und so startet der Zyklus unter Umständen von vorne.

Die soziale Informationsverarbeitungstheorie wurde sehr erfolgreich beim Themengebiet aggressives Verhalten bei Kindern eingesetzt (Dodge & Crick, 1990), zum einen da sie einen spannenden Ordnungsrahmen für eine Reihe empirischer Befunde bietet und gleichzeitig auch Interventionsmöglichkeiten nahelegt, da auf allen diesen fünf Ebenen angesetzt werden kann.

8.3 Aggressionen auf individueller Ebene: Externalisierende Verhaltensstörungen

Wie im vorangegangenen Kapitel dargestellt, gibt es viele Erklärungen für aggressives Verhalten und dementsprechend hat das Verhalten viele verschiedene Funktionen. Gewalt kann aus einer ungeschickten Kontaktaufnahme resultieren. Sie kann ein Zeichen für Hilflosigkeit oder eine Antwort auf Provokation sein. Sie kann verwendet werden, um Identität oder Selbstbewusstsein zu gewinnen. Sie kann ein Appell für mehr Zuwendung sein oder für das Durchsetzen der eigenen Interessen genutzt werden, und außerdem kann sie eine Reaktion auf vermeintliche Bedrohungen darstellen. Häufig entsteht ein Teufelskreislauf, der erworbenes Verhalten und Wahrnehmungsgewohnheiten weiter festigt und so zu einer Stabilisierung problematischen Verhaltens beiträgt. Aggressive Kinder haben häufig Probleme, soziale Situationen zu deuten, oder sie nehmen diese verzerrt war (Dodge & Crick, 1990). Sind sie sich sozialer Interaktionen und in der Interpretation derselben unsicher, nehmen sie diese Situationen tendenziell als bedrohlich war. Da diese Kinder gelernt haben, Aggression instrumentell einzusetzen, werden sie in sozialen Situationen mit einer höheren Wahrscheinlichkeit mit aggressivem Verhalten reagieren. Dies führt zunächst zu einer negativen Verstärkung durch Abwendung des Bedrohungsgefühls und vielleicht auch zu positiver Verstärkung aufgrund von Aufmerksamkeit und Anerkennung durch andere Kinder, langfristig kommt es jedoch zu Vergeltung durch Mitschüler und Strafen durch Erziehende und Lehrkräfte. Die reale Bedrohung nimmt also zu und das Kind greift zu den Handlungsoptionen, die es verfügbar hat. Es reagiert mit vermehrter Aggression und der Kreislauf stabilisiert sich.

In den Klassifikationsmanualen ICD-11 und DSM-5 gibt es mit dem oppositionellen Trotzverhalten, der Störung des Sozialverhaltens und der explosiblen Störung drei Facetten von Problemverhalten in Kindheit und Jugend. Zusätzlich wird mit der sog. »Disruptive Mood Dysregulation Disorder« eine Form atypischer Depression in diesem Altersbereich beschrieben. Auf die ersten drei Phänomene soll im Folgenden genauer eingegangen werden.

8.3.1 Oppositionelles Trotzverhalten

Kinder ab dem zweiten Lebensjahr beginnen häufig, Trotzverhalten zu zeigen. Sie widersetzen sich ihren Eltern und werfen sich beispielsweise wütend auf den Boden, wenn ihre Wünsche nicht erfüllt werden. In diesem Altersbereich entspricht das Verhalten der normalen Entwicklungslogik, die es erfordert, eine eigene Identität zu

8.3 Aggressionen auf individueller Ebene: Externalisierende Verhaltensstörungen

entwickeln und Unabhängigkeit von den Eltern zu erlangen. Problematisch wird das Verhalten dann, wenn es lange andauert und sehr intensiv ist (ICD-11: 6C90 Oppositional defiant disorder, ODD). Damit eine entsprechende Diagnose erfolgt, muss das Verhalten bei Kindern unter 5 Jahren über einen Zeitraum von mindestens 6 Monaten täglich auftreten und weit über das normale Maß hinaus von Feindseligkeit, oppositionellem Verhalten und Irritabilität gekennzeichnet sein (DSM-5; American Psychiatric Association, 2013, S. 463). Bei Kindern ab 5 Jahren sollte dies wöchentlich der Fall sein. Kennzeichen der Störung:

1. *Wutanfälle und Irritabilität*: Das Kind ist leicht verärgert, häufig empfindlich und wütend oder beleidigt.
2. *Argumentatives und oppositionelles Verhalten*: Es hinterfragt alles und widerspricht selbst bei kleinsten Aufforderungen, reizt Grenzen aus, streitet sich oft mit Erwachsenen, verärgert andere absichtlich und schiebt Schuld für eigene Fehler auf andere.
3. *Feindseligkeit*: Es ist rachsüchtig, boshaft und nachtragend.

Betreffende Personen zeigen normalerweise keine delinquenten Verhaltensweisen und keine physisch aggressiven Verhaltensweisen gegenüber Menschen oder Tieren. Bei leichten Fällen ist die Problematik aufs Elternhaus begrenzt – nicht jedoch ausschließlich auf den Umgang mit Geschwistern. Intensivere Fälle zeigen das Verhalten auch zunehmend in anderen Lebensbereichen, also in der Schule bzw. der Erziehungseinrichtung, bei der Arbeit etc. Das Verhalten ist nicht instrumentell. Die Person merkt nicht, dass sie auch sich selbst massiv schadet, und es existiert üblicherweise keine Einsicht. Autoritäres und inkonsistentes Erziehungsverhalten ist häufig im Zusammenhang mit der Verhaltensstörung zu beobachten, wobei schwer ermittelbar ist, ob das Problemverhalten den problematischen Erziehungspraktiken vorausging oder umgekehrt oder ob eine Interaktion aus problematischem Erziehungsverhalten und kindlichem Verhalten vorliegt. Neben schwierigem Temperament und problematischem Erziehungsverhalten stehen in der Forschung Verstärkerprozesse im Zentrum der Aufmerksamkeit. Kinder mit oppositionellem Problemverhalten zeigen reduziertes Vermeidungsverhalten (Matthys et al., 2013). Strafen führen also nicht zu einer Reduktion problematischen Verhaltens. Gleichzeitig scheinen die Kinder für positive Verstärkung weniger empfänglich zu sein, was sich bei Jugendlichen in riskantem Verhalten und Substanzkonsum äußern kann. Sie haben zudem eine geringere Kontrolle über ihr emotionales Erleben und schlechter ausgeprägte exekutive Funktionen.

Die Prävalenz beträgt ca. 3,3 % und die Störung kommt im Kindesalter etwas häufiger bei Jungen vor. Ab dem Jugendalter ist die Geschlechtsverteilung ausgeglichen. Oppositionelles Problemverhalten tritt häufig in Zusammenhang mit ADHS und der Störung des Sozialverhaltens auf. Letztere geht bei Jungen häufiger, bei Mädchen dagegen kaum aus dem oppositionellem Verhalten hervor (Rowe, Costello et al., 2010). Viele Personen mit oppositionellem Trotzverhalten haben im Erwachsenenalter emotionale Probleme, insbesondere Angststörungen und affektive Störungen. Das erste Auftreten der Störung manifestiert sich üblicherweise in der Vorschulzeit.

8.3.2 Störung des Sozialverhaltens (SSV)

Merkmale dieser Störung (ICD-11-Code 6C91) sind sich wiederholende Verhaltensmuster, die die Verletzung grundlegender Rechte anderer sowie wichtiger altersrelevanter Normen und Regeln umfassen. Gemäß DSM-5 ist eine Störung des Sozialverhaltens dadurch gekennzeichnet, dass das Kind bzw. der Jugendliche andere häufig bedroht oder einschüchtert, Schlägereien beginnt, Waffen benutzt, die anderen schweren körperlichen Schaden zufügen können, grundlos Eigentum zerstört, körperlich grausam zu Menschen ist, Tiere quält, in Konfrontationen mit dem Opfer stiehlt oder andere zu sexuellen Handlungen zwingt. Es umschließt also die gesamte Bandbreite schwerer Verstöße gegen gesetzliche Regelungen, vor allem aber gegen gesellschaftliche Normen und die Rechte anderer Menschen. Die Störung ist nicht dichotom, sondern graduell: Die meisten Jugendlichen verstoßen irgendwann im Rahmen der Entwicklung einer selbstständigen Persönlichkeit gegen Regeln, ohne dass dies sofort problematisch sein muss. Es gibt also ein fließendes Kontinuum von sehr leichten Fällen bis hin zu massiven Verletzungen der Rechte Dritter. Isolierte dissoziale oder kriminelle Handlungen reichen für die Diagnose einer SSV nicht aus, sondern es muss sich um ein wiederkehrendes Muster handeln. Zusätzlich werden zwei verschiedene Typen unterschieden: einerseits ein Typus mit Beginn in der Kindheit vor dem 10. Geburtstag (»childhood onset«) und andererseits ein Typus mit Beginn in der Adoleszenz ohne Vorkommnisse in der Kindheit (»adolescent onset«), beispielsweise delinquente Jugendliche ohne vorherige Auffälligkeiten.

Es gibt starke Hinweise darauf, dass diese beiden Varianten tatsächlich unterschiedliche Phänotypen darstellen. Beim »Childhood Onset« scheint es eine starke neurologische, neuropsychologische und genetische Basis zu geben, die die Fähigkeit zum Empfinden von Emotionen und prosozialen Gefühlen stark einschränkt und schließlich in die Ausbildung von Psychopathologie und antisozialen Persönlichkeitsstörungen führt (Wakschlag et al., 2018). Die Unfähigkeit zum Empfinden von Schuld und Empathie tritt bereits im Vorschulalter auf. Sie stellt einen Hochrisikofaktor für die Entstehung einer SSV dar (Rowe, Maughan et al., 2010) und etwa die Hälfte der betreffenden Kinder entwickelt tatsächlich diese Störung. Häufig geht sie zudem aus einer Störung mit oppositionellem Trotzverhalten hervor oder tritt komorbide mit dieser auf (Rowe, Costello et al., 2010) und mündet schließlich in eine delinquente Karriere. Etwa 50 % der Fälle entwickeln im Erwachsenenalter eine antisoziale Persönlichkeitsstörung (Fairchild et al., 2019).

Die starke Zunahme der Konflikte mit dem Gesetz in der Jugend spricht dafür, dass der »Adolescent Onset«-Typus zumindest in Teilen ein entwicklungsspezifisches Phänomen ist. Die betreffenden Jugendlichen normalisieren zum Erwachsenenalter hin ihr Verhalten in den meisten Fällen – auch ohne dass die Handlungen strafrechtlich sanktioniert werden. Massive Sanktionierungen wie z. B. Gefängnisstrafen scheinen das Problem eher zu verschlimmern (Fairchild et al., 2019).

Die häufigsten komorbiden Störungen sind das oppositionelle Trotzverhalten, ADHS, Sprachstörungen, Lernstörungen, Angststörungen, Depressionen, posttraumatische Belastungsstörungen und Substanzmissbrauch. Etwa 3 % der Jugend-

8.3 Aggressionen auf individueller Ebene: Externalisierende Verhaltensstörungen

lichen im Schulalter sind betroffen und Jungen sind etwa doppelt so häufig belastet wie Mädchen. Auch wenn die Diagnosen auf der Basis des Verhaltens der Kinder und Jugendlichen getroffen werden, so muss im Blick behalten werden, dass das Umfeld speziell beim »Adolescent Onset«-Typus maßgeblich an der Entstehung der Störung beteiligt ist und in Zwillingsstudien mehr als 50 % der Varianz auf Umweltfaktoren zurückgeht (Fairchild et al., 2019). Extreme Strafen und inkonsistente Erziehung, Misshandlung und familiäre Konflikte einerseits und der problematische Einfluss delinquenter Peers andererseits sind die bedeutsamsten Faktoren in der Entstehung dieser Störung. Dementsprechend gilt Prävention durch frühzeitige Elternarbeit als ein wichtiger Ansatz, um die Entstehung dieser Störung, die großen gesellschaftlichen Kosten und das Leid aufseiten der Betroffenen, ihrer Familien und des sozialen Umfelds zu vermeiden.

Ein Fallbeispiel für eine Person mit SSV stellt Hoffmann (1845) in »Die Geschichte vom bösen Friederich« in seinem weithin bekannten Buch »Der Struwwelpeter oder lustige Geschichten und drollige Bilder mit 13 schön kolorierten Tafeln für Kinder von 3-6 Jahren« dar:

> »Der Friederich, der Friederich, das war ein arger Wüterich! Er fing die Fliegen in dem Haus und riß ihnen die Flügel aus. Er schlug die Stühl' und Vögel tot, die Katzen litten große Not. Und höre nur, wie bös er war: Er peitschte seine Gretchen gar ...«

8.3.3 Intermittierende explosible Störung

Die intermittierende explosive Störung (landläufig auch »Wutsyndrom« genannt) ist in der ICD-11 den Störungen der Impulskontrolle zugeordnet (Code 6C73). Sie ist durch wiederholte kurze Episoden verbaler oder physischer Aggressionsausbrüche oder Zerstörung von Eigentum gekennzeichnet. Das Verhalten stellt ein Versagen der Kontrolle aggressiver Impulse dar. Die Intensität des Ausbruchs oder der Grad der Aggressivität steht in keinem Verhältnis zur Provokation oder zu den auslösenden psychosozialen Stressfaktoren. Die betreffenden Menschen zeigen plötzliche aggressive Ausbrüche, die nicht instrumentell sind und kein Ziel verfolgen. Die Symptome dürfen nicht durch andere Störungen, wie z. B. das oppositionelle Trotzverhalten, erklärbar sein und sie müssen so schwer sein, dass sie zu einer deutlichen Beeinträchtigung und Leid im persönlichen, sozialen oder beruflichen Bereich führen, beispielsweise indem massive Konflikte in Schule und Erziehungseinrichtung ausgelöst werden. Diagnostiziert wird diese Störung frühestens ab einem Alter von 6 Jahren. Im Schnitt beginnt sie im Alter von 14 Jahren. Die 12-Monats-Prävalenz beträgt ca. 3,9 % (Kessler et al., 2006) mit einer geschätzten Anzahl von 40 Aggressionsausbrüchen über die Lebensspanne, die zu erheblichem Sachschaden und Körperverletzungen führen. Der Zusammenhang mit sozio-demografischen Hintergrundvariablen ist eher schwach ausgeprägt. Männer sind etwa 1,7-mal häufiger betroffen als Frauen und komorbide Störungen umfassen vor allem affektive Störungen, Substanzabhängigkeit und Angst.

8.4 Aggression im schulischen Kontext: Bullying und Mobbing

 Aggressives Verhalten kann jedoch nicht nur auf individueller Ebene auftreten, sondern sich auch im Rahmen von Gruppendynamiken aufbauen, beispielsweise in Schulklassen oder Unternehmen. Dan Olweus, ein sehr bekannter Vorreiter der Forschung auf diesem Gebiet, definiert Mobbing folgendermaßen: »Ein Schüler oder eine Schülerin ist Gewalt ausgesetzt oder wird gemobbt, wenn er oder sie wiederholt und über eine längere Zeit den negativen Handlungen eines oder mehrerer anderer Schüler oder Schülerinnen ausgesetzt ist« (Olweus, 2011). Hierbei ist das Ungleichgewicht der Kräfte wichtig. Der Schüler oder die Schülerin ist in einer unterlegenen Rolle und hat deshalb nur schwer oder gar nicht die Möglichkeit, sich zu behaupten. Aus diesem Grund ist ein Konflikt in der Schule nicht zwangsläufig mit Mobbing gleichzusetzen, sondern es kommt auf die Stabilität der Rollen und das Kräfteungleichgewicht an. Hierarchische Strukturen begünstigen Mobbingprozesse und das Verhalten der Täter ist insofern funktional, als dass es die eigene Position innerhalb der sozialen Struktur stärkt, indem andere Personen abgewertet werden (Schäfer & Letsch, 2018, S. 714). Starre Gruppen, wie z. B. Schulklassen, verstärken Mobbingprozesse, da das Opfer die aggressiven Handlungen nur schwer vermeiden kann. Sowohl bei Jungen als auch bei Mädchen tritt Gewalt auf, mit einem Schwerpunkt der Ausübung innerhalb des eigenen Geschlechts. Jungen tendieren dazu, andere Jungen zu quälen, Mädchen quälen vorwiegend andere Mädchen. Jungen greifen verstärkt auf physische Gewalt zurück (▶ Kap. 8.1.2). Indirekte, verbale und relationale Gewalt (Ausstreuen von Gerüchten, Beschimpfungen, Ausschluss aus Gruppen, Erpressung oder Bedrohung) wird vermutlich von Jungen und Mädchen gleich häufig eingesetzt.

Der Begriff »Mobbing« selbst geht auf den Verhaltensbiologen Konrad Lorenz zurück, der mit »hassen« ein Gruppenverhalten bei Tieren definierte, bei dem beispielsweise eine Gruppe kleinerer Vögel einen größeren Greifvogel attackiert. Der Begriff wurde unter dem Begriff »mobbning« (sic!) in den 60er-Jahren ins Schwedische übertragen und dort als Bezeichnung für Gewalt bei Gruppen von Menschen, z. B. in Schulklassen und bei kriegerischen Handlungen, verwendet (Olweus, 2013). Über die internationale Forschung wurde der Begriff in den deutschen Sprachraum reimportiert. Mobbing (von Englisch »Mob«) und Bullying (englisch für tyrannisieren) werden im Deutschen weitgehend synonym gebraucht. In der internationalen Forschung ist der Begriff Bullying häufiger zu finden.

8.4.1 Prototypische Rollen

Im Rahmen eines Bullying-Geschehens etablieren sich relativ stabile Rollen, die zum einen unmittelbar am Mobbing-Prozess beteiligt sind (Opfer, Täter, Täter-Opfer) oder die mittelbar die Situation beeinflussen (Assistenten, Verstärker, Verteidiger, unbeteiligte Dritte – sog. »Bystander«; vgl. Schäfer & Letsch, 2018, S. 716). Auch wenn die Taten bei Erwachsenen durchaus strafrechtlich relevant sein können, wird die Bezeichnung »Täter« hier nicht im juristischen Sinn verwendet, sondern es handelt sich schlicht um eine etablierte Terminologie. Auch der Begriff »Opfer«, der im allgemeinen Sprachgebrauch häufig abwertend verwendet wird, kommt hier aus diesem Grund und in Ermangelung einer besseren Alternative zur Anwendung. Die sozialen Rollen im Einzelnen:

- *Opfer*: Prinzipiell kann jede Person in einer Klasse zum Opfer werden, aber es gibt Faktoren, die das Risiko verstärken, in diese Rolle zu geraten. Die betreffenden Kinder und Jugendlichen (vgl. Cook et al., 2010) sind im Schnitt unterdurchschnittlich groß, weniger stark und haben tendenziell unterdurchschnittliche schulische Leistungen. Häufig gibt es äußerliche Abweichungen (z. B. Brille, Übergewicht ...), die aber eher nicht der Auslöser sind, sondern in einem Mobbing-Geschehen als Angriffspunkt missbraucht werden können (Olweus, 2011). Am bedeutsamsten sind Verhaltensmerkmale. Betreffende Kinder verhalten sich unsicher, sie sind ängstlich, still und empfindsam. Sie verfügen über ein negatives Selbstkonzept, unterdurchschnittliche Problemlösefähigkeiten, insbesondere in Bezug auf Schwierigkeiten, soziale Konflikte zu lösen. Hinsichtlich der familiären und sozialen Situation handelt es sich um Personen, die meist sozial isoliert sind und die von ihren Eltern stark behütet werden oder deren Erziehungsverhalten stark strafend ist. Ein autoritativer, unterstützender Erziehungsstil wirkt dagegen protektiv, sowohl hinsichtlich des Risikos, sowohl Opfer als auch Täter zu werden (Baldry & Farrington, 2005). Die Kinder und Jugendlichen sind tendenziell eher passiv und die Täter weisen ein hohes Geschick auf, jene Personen zu identifizieren, die sich vermutlich nicht wehren werden. Die Opfer zeigen oft ein starkes Bestreben, Anschluss zu finden, was vom sozialen Umfeld jedoch häufig als Unterwürfigkeit interpretiert wird.

  Es ist schwer zu klären, welche dieser Merkmale Ursache oder Folge der Ausgrenzungsprozesse sind oder ob eine Interaktion aus beidem stattfindet. Hat sich ein Mobbing-Geschehen erst einmal etabliert, so hat das Opfer fast keine Chance, sich hieraus aus eigener Kraft zu befreien, da jegliches Verhalten von ihm negativ interpretiert und als lächerlich dargestellt wird. Vermutlich befindet sich in der überwiegenden Mehrheit der Schulklassen mindestens ein Kind in der Opferrolle. Die Stabilität der Opferrolle ist in den ersten Schuljahren zunächst noch gering (Schäfer et al., 2005; Schäfer & Letsch, 2018, S. 716 f.), aber sie stabilisiert sich in der Sekundarstufe. 70 % der Personen, die sich in der zehnten Klasse in der Opferrolle befinden, wurden bereits in der fünften Klasse von ihren Mitschülerinnen und -schülern in dieser Rolle gesehen. Mobbing-Opfer haben ein erhöhtes Risiko für die Entwicklung von Angststörungen im Erwachsenenalter (Copeland et al., 2013).

- *Täter*: Diese Personen weisen hinsichtlich der Begabung und Schulleistung oftmals keine besonderen Merkmale auf. Ihre Schulleistung ist selten überdurchschnittlich, jedoch auch selten unterdurchschnittlich, aber sie sind den Opfern meist physisch und kognitiv überlegen (s. auch Cook et al., 2010). Häufig vorhandene überdurchschnittliche körperliche Kräfte ermöglichen es der Person, eine dominante Position einzunehmen und Macht auszuüben. Es finden sich häufiger externalisierende Verhaltensstörungen und das Verhalten ist oftmals durch unterdurchschnittliche Ängstlichkeit und die Neigung zu verbaler und physischer Aggression geprägt. Die Personen erwarten, durch Aggression Ziele erreichen zu können. Da durch das Erreichen der Ziele Aggressionen selbstverstärkend wirken, nimmt die Auftretenswahrscheinlichkeit aggressiven Verhaltens zu, sofern es nicht unterbunden wird. Im familiären Kontext zeigt sich oft eine bestrafende und inkonsistente Erziehung und wenig Kontrolle durch die Eltern, ein Mangel an emotionaler Wärme und gegebenenfalls innerfamiliäre Gewalterfahrungen. Im sozialen Kontext spielt der Einfluss von Gleichaltrigen eine große Rolle, denn eine Einbindung in Gruppen, in denen gewalttätiges und manipulatives Verhalten als soziale Norm akzeptiert ist, motiviert oft dazu, dass alle Mitglieder dieses Verhalten zeigen. Eine solche Gruppenbildung kann durch ein negatives soziales Umfeld, wie das Leben in einem Stadtteil mit hoher Kriminalitätsbelastung, gefördert werden. Das Schulklima spielt jedoch ebenfalls eine enorme Rolle und dabei insbesondere, ob Lehrkräfte schulische Gewalt tolerieren. Ein destruktives, stark kompetitives Klassenklima unter Billigung oder Toleranz von Gewalt trägt zu einer Intensivierung der Problemlage bei.

Hinsichtlich der sozialen Fähigkeiten der Täter herrschte lange Zeit die Sicht vor, diese würden über niedrige soziale Kompetenzen verfügen, was möglicherweise auf »Täter-Opfer«, nicht aber auf proaktiv mobbende Personen zutrifft (Sutton et al., 1999). Diese sind durchaus in der Lage, sich in andere Menschen hineinzuversetzen und zu erkennen, wie sie Personen verletzen und Gruppennormen manipulieren können. Sozial-kognitive Fähigkeiten zur Perspektivenübernahme müssen also vorhanden sein, jedoch besteht kein Schuldgefühl und es wird kein Mitgefühl und Mitleid mit dem Opfer empfunden. Auch deshalb wird das Verhalten oft nicht geändert, weil die Einsicht, dass die eigenen Taten dem Opfer schaden und es verletzen, nicht als negativ erlebt werden. Oftmals sind Täter in der Lage, sich situationsspezifisch adäquat zu verhalten und im Beisein einer Lehrkraft oder eines Elternteils vorbildliches Verhalten an den Tag zu legen – Schäfer und Letsch (2018) sprechen von »Bistrategen«. Für Lehrkräfte kann es deshalb schwierig sein, Problemverhalten zu identifizieren, da sie sich nicht vorstellen können, dass betreffende Schülerinnen und Schüler sich ohne Aufsicht aggressiv verhalten. Die Täter haben ein deutlich erhöhtes Risiko zur Entwicklung einer antisozialen Persönlichkeitsstörung im Erwachsenenalter (Copeland et al., 2013). Die Zugehörigkeit zur Täterrolle ist bereits in der Grundschulzeit sehr stabil und die betreffenden Personen setzen ihr Verhalten mit hoher Wahrscheinlichkeit in der Sekundarstufe fort (Schäfer et al., 2005).

- *Täter-Opfer*: Es gibt Personen, die zwischen beiden Rollen schwanken, zeitweise andere Personen unterdrücken, dann wieder selbst ausgegrenzt werden, um schließlich wieder mit Aggressionen zu reagieren. Diese Kinder und Jugendlichen pendeln also zwischen der Täter- und Opferrolle hin und her, wobei sich ein Kreislauf aus Zurückweisung und aggressiver Reaktion bildet. Täter-Opfer weisen insgesamt die ungünstigsten Merkmale auf, werden von ihren Mitschülerinnen und Mitschülern am negativsten eingeschätzt und sie sind am stärksten proaktiv und reaktiv aggressiv (Salmivalli & Nieminen, 2002). Die Belastung mit externalisierenden und internalisierenden Verhaltensstörungen ist hoch und es besteht eine hohe Komorbidität mit Störungen der Impulskontrolle, wie z. B. im Kontext von ADHS. Die betreffenden Personen haben oftmals ein negatives Bild von sich selbst und ihrem sozialen Umfeld, verfügen über geringe soziale Kompetenzen oder Problemlösungsfähigkeiten und zeigen schlechte akademische Leistungen. Ihr soziales Umfeld ist häufig durch den ungünstigen Einfluss von Peers geprägt, und die Personen erleiden in der Regel soziale Zurückweisung und Isolierung. Die langfristige Prognose unter allen sozialen Rollen des Mobbing-Geschehens ist für sie am ungünstigsten. Im Alter von 25 Jahren haben 25 % eine Angststörung und die Rate an Depressionen und Suizidgedanken ist stark erhöht (Copeland et al., 2013).

- *Assistenten, Verstärker, Verteidiger und unbeteiligte Dritte*: Ein Bullying-Prozess ist ein soziales Geschehen, an dem zwangsläufig auch alle anderen Personen der sozialen Gruppe beteiligt sind. Als Assistenten werden Personen bezeichnet, die sich am Täter orientieren und diesen Täter unterstützen – man denke an Crabe und Goyle als Unterstützer von Draco Malfoy in der Romanreihe »Harry Potter«. Sie greifen entweder direkt in das Geschehen ein, hindern das Opfer daran zu entfliehen oder rechtfertigen die Handlungen des Täters. Nach Salmivalli et al. (1996) gehören hierzu etwa 7 % der Personen im Alter von 12 bis 13 Jahren. Verstärker sind diejenigen, die dem Mobbing-Geschehen Aufmerksamkeit schenken (ca. 20 % der Personen der Klasse), beispielsweise die Traube der Schaulustigen bei einer Schulhofschlägerei, die das Geschehen anfeuert. Als Verteidiger werden diejenigen bezeichnet, die das Opfer unterstützen und versuchen, das Mobbing zu stoppen (ca. 17 %). Die größte Gruppe sind Außenstehende, die das Geschehen zwar wahrnehmen, aber nichts unternehmen (ca. 24 %) oder die nichts mitbekommen (ca. 13 %). In der Aktivierung dieser Außenstehenden liegt der Schlüssel zur Prävention schulischer Gewalt.

8.4.2 Die Rolle der sozialen Umwelt

Situationale Faktoren spielen eine große Rolle bei der Entstehung von Gewalt innerhalb und zwischen Gruppen. Werden von schulischer Seite stabile Gruppen gebildet, die miteinander in Konkurrenz stehen, so entspinnt sich sehr schnell ein aggressives Geschehen, das nur schwer wieder unter Kontrolle gebracht werden kann, wie beispielsweise in den sog. Ferienlager-Studien von Sherif (1961) eindrucksvoll gezeigt wurde. Dies ist in Schulklassen sehr bedeutsam, zum einen aufgrund der Herausbildung unterschiedlicher Cliquen, aber auch weil in kooperativen Lernsettings Gruppen gebildet werden, die möglicherweise miteinander konkurrieren. Um negative Gruppenprozesse zu verhindern, sollte auf eine regelmäßige Änderung der Gruppenzusammensetzungen geachtet und geeignete Sozialformen (z. B. das Gruppenpuzzle) verwendet werden.

Zudem hängt das Ausmaß an Aggressionen vom didaktischen Setting ab. Bei der Entwicklung des Beobachtungssystems BASYS (Wettstein, 2008) wurden etwa 100 Stunden Videomaterial aus verschiedenen Schulformen in der Schweiz analysiert. Das meiste aggressive Verhalten trat während der Abwesenheit der Lehrkraft und beim Wechsel zwischen Unterrichtsformen auf, also immer dann, wenn Unruhe herrscht oder die Situation nicht eindeutig geregelt ist. Stark reglementierte Settings wie Frontalunterricht waren wenig betroffen, da hier kaum die Gelegenheit für Bullying vorhanden ist. Die Lehrkräfte bemerkten jene Vorfälle am häufigsten, bei denen aktiv offene und körperliche Gewalt ausgeübt wurde. Verdeckte Formen von Gewalt wurden dagegen kaum erkannt. Erfahrene Lehrkräfte bemerkten etwa 80 % der Vorfälle. Jüngeren Lehrkräften gelang dies etwa in 50 % der Fälle.

Problematische Gruppenprozesse sind in der Schule generell unerwünscht, aber sie werden systematisch und auf zynische Weise in beliebten Fernsehsendungen zur Unterhaltung eingesetzt und gezielt angeheizt, wie z. B. bei der in Deutschland beliebten Castingshow »Germanys Next Topmodel«:

»Bestes Beispiel dafür ist das bei der Jury beliebte Psycho-Spielchen: Zum nächsten Casting für einen Auftrag können nicht alle mitkommen. Entscheidet selbst, wer zu Hause bleibt. Hatten sich im vergangenen Jahr naiverweise doch tatsächlich die beiden Mädchen mit den bis dato meisten ergatterten Aufträgen freiwillig bereit erklärt zu verzichten (und waren dafür später von Heidi derbe zusammengestaucht worden), war gestern Abend von solch noblen Gesten keine Rede. Eiskalt war sich hier jede selbst die Nächste, als Protokollantin Ira der Reihe nach abfragte, wer wen über die Klinge springen ließ. Erwischt hat es – Riesenüberraschung – die ungeliebte Larissa. Das hatte natürlich nichts mit Antipathie zu tun, erklärten die Mädels, sondern nur damit, dass sie für ein Sonnenbrillen-Casting einfach nicht das richtige Gesicht habe.« (Pohl, 2009)

Während in früheren Zeiten zur Belustigung der Massen Menschen lebendig wilden Tieren zum Fraß vorgeworfen wurden, findet der gleiche Prozess heute unblutiger statt. Davon abgesehen scheint sich diesbezüglich nicht viel geändert zu haben.

8.4.3 Cybermobbing und Cyberbullying

Cybermobbing, bzw. der im englischsprachigen Raum bekanntere Begriff Cyberbullying, bezeichnet ein Phänomen, das eng mit dem Aufstieg der sozialen Medien ab der Jahrtausendwende verknüpft ist. Besondere Bekanntheit erlangte das Phänomen im Zusammenhang mit Suiziden von Teenagern, beispielsweise der Selbsttötung der 13-jährigen Schülerin Megan Meier im Jahr 2006. Sie nahm sich das Leben, nachdem sie sich in eine Onlinebekanntschaft (»Josh«) verliebt hatte und nach einigen Wochen des Flirtens derb zurückgewiesen worden war. Ermittlungen ergaben, dass »Josh« nie real existiert hatte, sondern von der direkt nebenan wohnenden Schulkameradin, deren Mutter und Freundinnen der Mutter inszeniert worden war. Der Fall führte zu gesetzgeberischen Beratungen in den USA (»Megan Meier Cyberbullying Prevention Act«). Seit dieser Zeit gibt es immer wieder Berichte von ähnlich gelagerten Fällen und viel häufiger natürlich auch von Ereignissen, die weniger dramatisch ausgehen, für die Betroffenen aber dennoch sehr belastend und verletzend sind. Die möglicherweise fatalen Auswirkungen unterstreichen die Dringlichkeit, sowohl die potenziellen Opfer als auch die potenziellen Täter präventiv zu schützen, indem Medienpädagogik und Medienerziehung die notwendigen Fähigkeiten zu einem verantwortungsbewussten Umgang mit digitalen Kommunikationsformen vermitteln.

Cyberbullying ist sehr belastend, da diese Aggressionsform über den Schulalltag hinaus weit in die Privatsphäre hineinreicht, sich schnell verbreitet und eventuell sogar weltweit verfügbar ist. Zu den häufigsten Formen gehören der Versand von verletzenden Textnachrichten, Sprachnachrichten und Videobotschaften (P. K. Smith et al., 2008) und vermeintlich lustige anonyme Droh- oder Scherzanrufe (»Pranks«). Indirekte Formen umfassen üble Nachrede, die Erstellung gefälschter, unvorteilhafter Nutzerprofile, Offenlegung persönlicher Korrespondenz, Verleumdung, Ausgrenzung usw. (Willard, 2007). Obwohl die Täter scheinbar anonym sind, weiß die Mehrheit der Opfer, von wem die aggressiven Handlungen ausgehen. Ein Problem der Distanzkommunikation ist der sog. *Disinhibition Effect* (= »Enthemmungseffekt«; vgl. Barlett et al., 2016): Durch das Fehlen der Wahrnehmung der unmittelbaren Auswirkungen der Taten beim Opfer, z. B. der mimische Ausdruck von Schmerz, werden die aggressiven Handlungen nicht unterbrochen. Die Dauer und Intensität der Angriffe fällt deshalb höher aus als bei direkter Kommunikation. Dementsprechend ist der Umgangston in Internetforen oft sehr rau.

> **Projekt »Fremdschämen« – Demonstration des »Disinhibition Effect«**
>
> Im Rahmen einer Aufklärungskampagne in Litauen wurden ahnungslose Personen gebeten, einer farbigen Person Nachrichten auf Social-Media-Plattformen ins Englische zu übersetzen, die der Adressat erhalten habe. Es ist deutlich zu sehen, wie die angefragten Personen mit dieser Aufgabe ringen und welchen Stress und Schmerz es bei Menschen auslöst, anderen Personen rassistische Beleidigungen direkt von Angesicht zu Angesicht sagen zu müssen. Diese Hemmung (= Inhibition) entfällt bei der Distanzkommunikation. Menschen neigen in diesem Fall zu drastischeren Aussagen, die sie vielleicht in der direkten Kommunikation nicht machen würden. Das Video ist bei Spiegel Online unter https://go.uniwue.de/hass verfügbar.

> **Cyberbullying – eine besonders belastende Form von Bullying?**
>
> Olweus (2013) sieht die Berichterstattung auf diesem Gebiet kritisch und argumentiert auf der Basis empirischer Studien, dass es sich bei Cyberbullying nicht um eine vom »traditionellen« Bullying unterscheidbare Form von Gewalt handelt:
>
> 1. *Überlappung*: Cyberbullying ist kein eigenständiges Phänomen oder eine neue Aggressionsform. Sie betrifft die gleichen Personen, die bereits traditionell mobben oder gemobbt werden (etwa 90 % der von Cyberbullying betroffenen Personen).
> 2. *Häufigkeit*: Cyberbullying kommt nicht häufiger vor als traditionelles Bullying, sondern deutlich seltener.
> 3. *Steigerungsraten*: Aufgrund der begrenzten Untersuchungszeiträume ist kein abschließendes Bild möglich. Momentan ergeben sich keine Hinweise auf deutliche Steigerungen über die Zeit.
> 4. *Intensität*: Die Auswirkungen auf die Opfer sind schwer einzuschätzen. Diese gehen vermutlich im Schnitt nicht deutlich über die Folgen traditionellen Bullyings hinaus, was im Umkehrschluss dennoch bedeutet, dass traditionelles Bullying und Cyberbullying beide unbedingt angegangen werden müssen.

8.5 Prävention und Intervention

8.5.1 Externalisierende Verhaltensstörungen auf individueller Ebene

Universelle Prävention im (vor-)schulischen Bereich

Maßnahmen lassen sich gemäß der Breite der Zielgruppe einordnen (Butcher et al., 2009; Fairchild et al., 2019). Universelle Prävention richtet sich an alle Personen einer Bevölkerung. Hierzu gehören beispielsweise das Faustlos-Programm (Cierpka, 2015), sog. »Life-Skills«-Programme, Unterstützung junger Eltern durch Hebammen und Vermittlung von Erziehungskompetenzen für werdende Eltern. Selektive Prävention richtet sich an Kinder mit Risikofaktoren und von indizierter Prävention wird gesprochen, wenn bereits Anzeichen von Verhaltensproblemen auftreten.

Präventionsprogramme zur Verhinderung aggressiver Verhaltensstörungen zeigen umso größere Effekte, je spezifischer die Zielgruppe ist (Hendriks et al., 2018) und indizierte Programme haben insgesamt deutlich stärkere Effekte als universelle und selektive Ansätze. Indizierte Präventionsansätze, insbesondere die psychosoziale Begleitung der Familien, kognitiv-behaviorale Therapieansätze und Elterntrainings, weisen im Schnitt mittlere Effektstärken auf. Andererseits sollten auch kleine Effekte bei universeller Prävention nicht unterschätzt werden. Da die Vorbeugung problematischer Verläufe auf gesellschaftlicher und individueller Ebene einen hohen Nutzen hat und die Breitenwirkung sehr groß ist, sind selbst minimale Effekte hinsichtlich des Kosten-Nutzen-Verhältnisses günstig. Gelingt es, ungünstige Verläufe abzumildern oder manche ganz zu verhindern, dann bleibt den betroffenen Personen, dem sozialen Umfeld und der Gesellschaft viel Leid erspart.

> **Faustlos**
>
> Ein weitverbreitetes Programm zur Prävention aggressiven Verhaltens stellt das Faustlos-Programm (Cierpka, 2015) dar, das in spezifischen Versionen für Kindertagesstätten, Grundschulen und die Sekundarstufe vorliegt. Es verfolgt das Ziel, aggressivem Verhalten vorzubeugen und prosoziales Verhalten zu stärken. Dabei werden die Bereiche Empathie, Impulskontrolle und Umgang mit Ärger und Wut adressiert. Das Programm umfasst 28 Sitzungen und enthält Elemente zur Psychoedukation, Reflexion und verhaltensbasierte Übungen in Form von Rollenspielen. Die Kinder und Jugendlichen lernen, Gefühle bei sich selbst und anderen wahrzunehmen, interpersonelle Konflikte zu lösen und sich adäquat selbst zu behaupten. Es ist ein universelles Gewaltpräventionsprogramm, da alle Kinder der Gruppe daran teilnehmen. Ein Informationsvideo mit Beispielen ist unter https://youtu.be/qK0o5olJNuo verfügbar.

8.5 Prävention und Intervention

Beratung und verhaltensbasierte Erziehungsprogramme

Da im Fall einer Störung des Sozialverhaltens die problematischsten Verläufe früh beginnen, nehmen in Prävention und Intervention Ansätze für die frühe Kindheit und das Vorschulalter eine Schlüsselstellung ein. Dementsprechend zielen die Herangehensweisen vorwiegend auf eine Vorbereitung werdender Eltern und die Vermittlung von Erziehungskompetenzen ab (Fairchild et al., 2019). Hierzu gehören eine unterstützende, positive Beziehung zwischen Eltern und Kind zu schaffen und gleichzeitig konsistentes und konsequentes Erziehungsverhalten zu etablieren, wie dies beispielsweise im Triple-P-Programm (Sanders, 2008) beabsichtigt wird. Als Methoden werden dabei Kontingenzmanagement und operante Methoden eingesetzt, also z. B. positives Feedback bei adäquatem Verhalten und konsequentes Nichtbelohnen von Störverhalten. Einfache, konkrete Möglichkeiten hierfür stellen Token-Systeme und Time-out-Maßnahmen dar. Solchermaßen gestaltete Programme weisen sehr große Effektstärken auf, selbst wenn ihre Dauer nur auf einige Wochen ausgelegt ist (Comer et al., 2013). Rein pragmatisch führen sie über die Lebensspanne betrachtet zu enormen Kosteneinsparungen durch Verhinderung von Folgeschäden unterschiedlichster Art und sind somit – umgangssprachlich formuliert – jeden Cent wert (Sampaio et al., 2018).

Sozial-kognitive Informationsverarbeitung

Fokussierte Interventionen bei Störung des Sozialverhaltens zielen auf Emotionsregulation, moralische Entwicklung und Aufbau prosozialer Fähigkeiten bei gleichzeitiger Reduktion von Entwicklungsstörungen und komorbiden Störungen (Fairchild et al., 2019). Neben sozialen Fähigkeiten müssen gleichzeitig kognitive Fähigkeiten aufgebaut werden und es muss an der Erreichung von Bildungsabschlüssen gearbeitet werden, um eine Lebensperspektive zu eröffnen. Letzteres ist auch deshalb notwendig, um präventiv kriminellen Karrieren vorzubeugen. Die stärksten Effekte werden mit verhaltensorientierten Interventionen erzielt, die auch den häuslichen Kontext und die Peergroup der Kinder oder der Jugendlichen einbeziehen. Bei der Planung der Intervention muss berücksichtigt werden, ob die Kinder und Jugendlichen über einen reduzierten Affekt und unzureichende prosoziale Emotionen verfügen. In diesem Fall sind der Einbezug der Eltern, die Schaffung einer emotional unterstützenden familiären Umwelt und die Vermittlung von Empathie sehr zentrale Bausteine.

Sozial-kognitive Programme legen die Theorie zur sozialen Informationsverarbeitung (▶ Kap. 8.2.5) zugrunde, nach der der Informationsverarbeitungsprozess in den Schritten Enkodierung, Interpretation, Handlungsauswahl, Entscheidung und Ausführung abläuft. Auf allen diesen Stufen kann in der Intervention angesetzt werden: Kinder können lernen, Situationen präziser wahrzunehmen und das Verhalten anderer nicht automatisch als feindlich zu interpretieren. Der Aufbau prosozialer Verhaltensweisen gibt dem Kind mehr Handlungsmöglichkeiten zur Kooperation, Konfliktlösung und der angemessenen Selbstbehauptung und ändert auf diese Weise die Gewohnheitsstärke. Die Antizipation der Handlungsfolgen trägt dazu bei, aggressive Impulse einzudämmen und bessere Handlungsmöglichkeiten auszuwählen. Ein Programm, das diese Art von Intervention verfolgt, ist das »Training mit aggressiven Kindern« (Petermann & Petermann, 2012). Stärker behavioral ausgerichtet und auch Elternarbeit einbeziehend ist das »Training mit hyperkinetischem und oppositionellem Problemverhalten (THOP)« (Döpfner et al., 2013; ▶ Kap. 6.7.2).

Unwirksame oder schädliche Interventionen

Sehr viele Interventionen in diesem Bereich wurden nicht oder nicht gemäß der dafür notwendigen methodischen Standards evaluiert, sodass häufig keine Aussage über ihre Wirksamkeit getroffen werden kann. Selbst wenn Programme lediglich nicht effektiv sind, entsteht hierdurch ein Schaden, da wertvolle Zeit verschenkt wird. Eindeutig schädliche Auswirkungen haben harte, militärisch geprägte »Bootcamp«-Programme und Programme, die versuchen, delinquente Kinder- und Jugendliche durch Gefängnisbesuche abzuschrecken (Fairchild et al., 2019).

8.5.2 Prävention und Intervention bei schulischer Gewalt

Wie bereits in der Forschung zu schulischem Bullying stammen wesentliche Impulse für Prävention und Intervention aus dem skandinavischem Bereich, insbesondere die beiden sehr umfassend evaluierten Programme »Olweus-Bullying-Prevention-Programm (OBPP)« (vgl. Olweus, 2013) und das in der Arbeitsgruppe um Salmivalli entwickelte »KiVa«-Programm aus Finnland (Evaluation s. Kärnä et al., 2011), die beide nachgewiesenermaßen effektiv sind (für eine Übersicht über die Effektivität von Anti-Bullying-Maßnahmen siehe die Metaanalyse s. Ttofi & Farrington, 2009).

Das Ziel des Olweus-Interventionsprogramms (Olweus, 2011) ist, durch die Verbesserung der Beziehungen unter den Kindern und Jugendlichen die mittelbare und unmittelbare Gewalt zu reduzieren und generell lebenswertere Bedingungen an Schulen zu schaffen, soziale Kompetenzen zu fördern und das Schulklima zu verbessern. Es ist ein Ansatz, der nicht nur auf der individuellen Ebene greift, sondern auch auf Klassen- und Schulebene ansetzt. Nach Olweus sind Maßnahmen nur dann effektiv, wenn alle diese Ebenen berücksichtigt werden. Diese Ebenen bieten jeweils unterschiedliche Ansatzmöglichkeiten:

- *Individuelle Ebene*: Von zentraler Bedeutung ist die Bereitschaft der Lehrkraft, auf Mobbingprozesse zu achten und diese auch tatsächlich anzugehen. Gewalt und ausgrenzende Gruppennormen dürfen nicht toleriert werden. Hat sich bereits ein Mobbinggeschehen etabliert, so ist es wichtig, zuerst Gespräche auf individueller Ebene zu suchen, da das Opfer, das sich in einer isolierten Position befindet, bei einer direkten Konfrontation im Klassenkontext kaum eine Chance hätte. Die Täter handeln häufig in der Gruppe, werden sich gegenseitig unterstützen und viele Argumente generieren, die ihre Handlungen rechtfertigen.
Die Maßnahmen richten sich je nach Problemlage und insbesondere bei Kindern in der Opferrolle muss individuell vorgegangen werden. Beim sog. »Befriending«

und »Mentoring«, das insbesondere bei Mädchen sinnvoll ist, wird ein sozial hochgestelltes Mädchen der Klasse gebeten, ein Mädchen in der Außenseiterrolle zu unterstützen (s. z. B. Menesini et al., 2003). Diese Maßnahme hilft nicht nur bei der Reduktion von Viktimisierung, sondern zudem auch dabei, Bullying-Einstellungen abzubauen, da diese inkompatibel mit der Mentorenrolle sind. Bei Personen in der Opfer-Täter-Rolle stehen das Training sozialer Fähigkeiten, die Verstärkung der Impulskontrolle und gegebenenfalls die Behandlung von Aufmerksamkeitsproblematiken im Vordergrund.

Auf der Täterebene muss aggressives Verhalten unterbunden werden, zum einen um die Opfer zu schützen, aber zum anderen auch aufgrund der selbstverstärkenden Wirkung instrumenteller Aggression. Bei den Tätern handelt es sich um erziehungsbedürftige Kinder und Jugendliche, die darauf angewiesen sind, adäquate Alternativen zu aggressivem Verhalten vermittelt zu bekommen. Prosoziales Verhalten sollte also systematisch verstärkt und die Empathie gefördert werden. Hierfür steht die Methode der pädagogischen Verhaltensmodifikation zur Verfügung, begleitet durch Elternarbeit.

Der wichtigste Ansatzpunkt auf individueller Ebene setzt jedoch bei den Mitschülern an. Tolerieren diese Bullying nicht, dann werden nicht nur Ausgrenzungsprozesse gestoppt, sondern auch in Zukunft verhindert. Hier geht es darum, Zivilcourage zu vermitteln und opferspezifische Vorurteile abzubauen.

- *Klassenebene*: Die Bildung stabiler Gruppen, die miteinander in Konkurrenz stehen, muss vermieden werden. Gruppennormen spielen eine zentrale Rolle bei der Entstehung und Verhinderung von Mobbing-Prozessen. Diese Normen sollten gemeinsam in der Klasse erarbeitet und nicht diktiert werden. Wichtig ist, dass alle Beteiligten den vereinbarten Regeln zustimmen und sich öffentlich dazu bekennen, beispielsweise in Form eines gemeinsamen Vertrages. In diesem sollte auch festgelegt werden, wie Regelüberschreitungen sanktioniert oder wiedergutgemacht werden können, beispielsweise in Form schriftlicher Reflexionen oder durch einen Täter-Opfer-Ausgleich. Kontinuierliche Klassengespräche können dabei helfen, ein gutes Klassenklima zu wahren. Da aggressives Verhalten selbstverstärkend ist, darf es nicht toleriert werden. Präventionsprogramme wie z. B. das Faustlos-Programm oder https://www.fairplayer.de/ können bei der Vorbereitung von Projektwochen sehr hilfreich sein. Medienerziehung zur Vorbeugung von Cyberbullying ist in der Sekundarstufe ebenfalls ein wichtiger Baustein. Hat sich bereits Mobbing etabliert, so können Mediationsprogramme wie der »No Blame Approach« dabei helfen, die Krisensituation zu entschärfen.
- *Schulebene*: Nach Olweus (2011) ist es wichtig, typische Gefahrensituationen in der Schule zu entschärfen. Hierzu zählen die Intensivierung der Pausenaufsicht und die Aufsicht in Fluren, Klassenräumen und beim Sportunterricht, verbunden mit aktivem Eingreifen bei Auseinandersetzungen. Gleichzeitig sollte die Schulumwelt, beispielsweise der Pausenhof, attraktiv umgestaltet werden, um nicht-aggressive Freizeitbeschäftigungen zu ermöglichen. Die Einrichtung von Konfliktsprechstunden, Kummerkästen oder Sorgentelefonen hilft Schülerinnen und Schülern, sich bei Sorgen Hilfe zu suchen. Zudem muss ein Schulethos »gewaltfreie Schule«, beispielsweise über pädagogische Tage und die Einberufung von Initiativrunden (Eltern, Lehrkräfte Schülerschaft), etabliert werden.

Olweus (2011) berichtet davon, dass die Gewalt durch diese Vorgehensweise um 50 % zurückgeht, sowohl bezogen auf physische als auch auf relationale Gewalt. Die Gewalt verlagert sich nicht von der Schule auf den Schulweg und generell ist ein deutlicher Rückgang delinquenten Verhaltens wie Vandalismus, Diebstahl, Schulschwänzen und Substanzkonsum zu verzeichnen. Das Klassen- und Schulklima verbessert sich. Seit der ursprünglichen Evaluation gab es viele weitere Programmentwicklungen und Evaluationen, die z. T. auf dem Olweus-Programm basierten (Ttofi & Farrington, 2011). Im Schnitt erbrachten diese etwas niedrigere, aber immer noch deutlich positive Effekte.

Zusammenfassung

Aggressives Verhalten hat viele verschiedene Ursachen, sowohl auf individueller Ebene als auch bedingt durch die sozialen Rahmenbedingungen. Physische Aggressionen treten häufiger bei Jungen und Männern auf. Hinsichtlich verbaler und relationaler Gewalt gibt es vermutlich kaum Geschlechtsunterschiede. Zentrale Störungsbilder auf individueller Ebene sind die Störung mit oppositionellem Trotzverhalten, die Störung des Sozialverhaltens sowie die intermittierend explosible Störung.

Schulische Gewalt ist weit verbreitet mit einer insgesamt günstigen Entwicklung in den letzten Jahrzehnten. Bullying resultiert aus Gruppenprozessen und es bilden sich dabei prototypische Rollen heraus, die vor allem in der Sekundarstufe über lange Jahre stabil sein können. Kennzeichen von Bullying in der Schule ist ein andauerndes Machtgefälle zwischen Personen in der Täter- und der Opferrolle. Ursachen zur Entstehung von Bullying liegen sowohl in den individuellen Eigenschaften (dominantes Verhalten auf Täterseite), situationalen Faktoren (hohe Konkurrenz in der Klasse; soziale Akzeptanz von Ausgrenzung) und Gruppendynamiken.

Prävention und Intervention auf individueller Ebene sind umso effektiver, je früher sie ansetzen. Zur Anwendung kommen Elterntrainings, verhaltensbasierte Trainings sozialer Fertigkeiten mit Betonung der sozialen Informationsverarbeitung, Kontrolle von Impulsen, Umgang mit Ärger und Wut und Förderung der Empathie. Interventionen auf Klassenebene zielen auf die Schaffung von Gruppennormen, die Gewalt und Ausgrenzung nicht tolerieren. Auf Schulebene geht es darum, Ansprechmöglichkeiten zu schaffen, die Pausenaufsicht zu verstärken, attraktive Betätigungsmöglichkeiten anzubieten und ein Ethos »Gewaltfreie Schule« zu etablieren.

Weiterführende Literatur und Medien

Störung des Sozialverhaltens:
Fairchild, G., Hawes, D. J., Frick, P. J., Copeland, W. E., Odgers, C. L., Franke, B., Freitag, C. M. & Brito, S. A. de (2019). Conduct disorder. *Nature Reviews Disease Primers, 5(1)*, 43.

Oppositionelles Trotzverhalten:
Rowe, R., Costello, E. J., Angold, A., Copeland, W. E. & Maughan, B. (2010). Developmental pathways in oppositional defiant disorder and conduct disorder. *Journal of Abnormal Psychology, 119*(4), 726–738.

Eine gut verständliche Einführung zum Thema Bullying:
Olweus, D. (2011). Gewalt in der Schule: Was Lehrer und Eltern wissen sollten – und tun können. Bern: Huber.

Medienbeispiel für den Disinhibition-Effect:
https://go.uniwue.de/hass

Infomercial zur Bedeutung der Bystander (Kooperation zwischen Fairplayer und Burgerking):
https://youtu.be/0e8fcpYX5us und https://www.fairplayer.de/mediathek.html

---

Fragen

Als Großmutter gerade im Garten mit ihrer neuen Kaffeemühle Kaffeebohnen malt, kommt auf einmal Räuber Hotzenplotz. Ihm gefällt die Kaffeemühle, da sie beim Drehen so schön »Alles neu macht der Mai« spielt und er will auch so eine Mühle haben. Da Großmutter sie nicht freiwillig hergibt, bedroht er sie mit seiner Pistole und nimmt ihr die Kaffeemühle weg. Wie würde man aus psychologischer Sicht das Verhalten von Hotzenplotz bezeichnen (Single Choice)?

- ☐ Aggression aus Frustration,
- ☐ Intergruppenkonflikt,
- ☐ instrumentelle Aggression,
- ☐ Dominanzverhalten,
- ☐ reaktive Aggression.

Welche der folgenden Situationen beschreibt am besten Bullying? (Single Choice)

- ☐ Eine Person ist über einen längeren Zeitraum immer wieder Angriffen durch eine oder mehrere Personen ausgesetzt und kann sich kaum wehren.
- ☐ Eine Person verhält sich provokativ und wird deshalb aus der Klassengemeinschaft ausgegrenzt.
- ☐ Zwei Kinder und Jugendlichen stehen in einem Konflikt. Sie attackieren sich gegenseitig verbal und/oder physisch und versuchen die Peers für ihren jeweiligen Standpunkt zu gewinnen.
- ☐ Kinder und Jugendliche ärgern sich auf dem Pausenhof gegenseitig, was ab und an zu einem handfesten Streit eskaliert.

Maßnahmen wie »Boot-Camps«, »Warnschussarrest« und drastische Strafen führen meist nicht zu einer Verbesserung, sondern zu einer Verschlimmerung des Verhaltens. Erklären Sie auf der Basis psychologischer Lerntheorien, wieso dies der Fall ist, und identifizieren Sie Ansätze, die zum Abbau problematischen Verhaltens beitragen.

Literatur

Adler, A. (1912). *Über den nervösen Charakter: Grundzüge einer vergleichenden Individualpsychologie und Psychotherapie.* Wiesbaden: Bergmann.
Ainsworth, S. E. & Maner, J. K. (2012). Sex begets violence: Mating motives, social dominance, and physical aggression in men. *Journal of Personality and Social Psychology, 103*(5), 819–829.
Akmatov, M. K., Holstiege, J., Hering, R., Schulz, M., Steffen, A. & Bätzing, J. (2018). *Ambulante Versorgung von Kindern und Jugendlichen mit Aufmerksamkeitsdefizit-/Hyperaktivitätsstörung (ADHS) – Teil 3 – Identifizierung raumzeitlicher Cluster der Diagnoseprävalenz im Zeitraum 2009 bis 2016.* Berlin: Zentralinstitut für die kassenärztliche Versorgung in Deutschland.
American Psychiatric Association. (2013). *Diagnostic and statistical manual of mental disorders: DSM-5* (5. ed.). American Psychiatric Publishing.
Anderson, C. A. & Bushman, B. J. (2002). Human aggression. *Annual Review of Psychology, 53*, 27–51.
Aronson, E., Wilson, T. D. & Akert, R. M. (2016). *Social psychology* (Ninth edition, revised edition of the authors' Social psychology, 2013). London: Pearson Education.
Asendorpf, J. (2004). *Psychologie der Persönlichkeit* (3., überarb. und aktualisierte Aufl.). *Springer-Lehrbuch.* Berlin: Springer.
Baddeley, A. D. & Hitch, G. J. (2000). Development of working memory: Should the Pascual-Leone and the Baddeley and Hitch models be merged? *Journal of Experimental Child Psychology, 77*(2), 128–137.
Baldry, A. C. & Farrington, D. P. (2005). Protective Factors as Moderators of Risk Factors in Adolescence Bullying. *Social Psychology of Education, 8*(3), 263–284.
Bandura, A. (1965). Influence of models' reinforcement contingencies on the acquisition of imitative responses. *Journal of Personality and Social Psychology, 1*, 589–595.
Bandura, A. (1977). *Social learning theory. Prentice-Hall series in social learning theory.* XXXXXX: Prentice-Hall.
Barkley, R. A. (1997). Behavioral inhibition, sustained attention, and executive functions: Constructing a unifying theory of ADHD. *Psychological Bulletin, 121*(1), 65–94.
Barlett, C. P., Gentile, D. A. & Chew, C. (2016). Predicting cyberbullying from anonymity. *Psychology of Popular Media Culture, 5*(2), 171–180.
Becker, M., McElvany, N. & Kortenbruck, M. (2010). Intrinsic and extrinsic reading motivation as predictors of reading literacy: A longitudinal study. *Journal of Educational Psychology, 102* (4), 773–785.
Beesdo, K., Knappe, S. & Pine, D. S. (2009). Anxiety and anxiety disorders in children and adolescents: Developmental issues and implications for DSM-V. *The Psychiatric Clinics of North America, 32*(3), 483–524.
Berger, N., Küspert, P., Lenhard, W., Marx, P., Schneider, W. & Weber, J. (2016). *Würzburger orthografisches Training: Ein adaptierbares Rechtschreibtrainingsprogramm für die Grundschule* (1. Auflage). Berlin: Cornelsen.
Berkowitz, L. (1989). Frustration-aggression hypothesis: Examination and reformulation. *Psychological Bulletin, 106*(1), 59–73.
Bertet, R. & Keller, G. (2011). *Gewaltprävention in der Schule: Wege zu prosozialem Verhalten* (1. Aufl.). Bern: Huber.
Biederman, J., Petty, C. R., Evans, M., Small, J. & Faraone, S. V. (2010). How persistent is ADHD? A controlled 10-year follow-up study of boys with ADHD. *Psychiatry Research, 177* (3), 299–304.

Birbaumer, N.-P. & Schmidt, R. F. (2018). *Biologische Psychologie. Springer-Lehrbuch.* Berlin: Springer.
Boring, E. G. (1923). Intelligence as the tests test it. *New Republic, 35*(6), 35–37.
Breitenbach, E. & Lenhard, W. (2001). Aktuelle Forschung auf der Suche nach neurobiologischen Korrelaten der Lese-Rechtschreib-Störung. *Zeitschrift für Kinder- und Jugendpsychiatrie und Psychotherapie, 29*(3), 167–177.
Browning, C. R. (1998). *Ordinary men: Reserve Police Battalion 101 and the final solution in Poland* (Reissued.). New York: Harper-Perennial.
Bruchmüller, K., Margraf, J. & Schneider, S. (2012). Is ADHD diagnosed in accord with diagnostic criteria? Overdiagnosis and influence of client gender on diagnosis. *Journal of Consulting and Clinical Psychology, 80*(1), 128–138.
Brunner, R., Kaess, M., Parzer, P., Fischer, G., Carli, V., Hoven, C. W., ... Wasserman, D. (2014). Life-time prevalence and psychosocial correlates of adolescent direct self-injurious behavior: A comparative study of findings in 11 European countries. *Journal of Child Psychology and Psychiatry, 55*(4), 337–348.
Bundeskriminalamt (2020a). *Polizeiliche Kriminalstatistik: Opfergefährdungszahlen.*
Bundeskriminalamt (2020b). *Polizeiliche Kriminalstatistik: Tatverdächtigenbelastungszahlen der deutschen Wohnbevölkerung ab 8 Jahren nach Alter und Geschlecht (TVBZ).*
Burton, D. M. (Ed.). (2011). *The history of mathematics: An introduction* (7. edition). New York: McGraw-Hill.
Buss, D. M. (2019). *Evolutionary psychology: The new science of the mind* (Sixth edition). London: Routledge.
Butcher, J., MINEKA, S. & Hooley, J. (2009). *Klinische Psychologie.* Person Studium.
Butterworth, B. (2008). Developmental dyscalculia. In J. Reed & J. Warner-Rogers (Eds.), *Child Neuropsychology: Concepts, Theory, and Practice* (pp. 357–374). Blackwell.
Butterworth, B., Varma, S. & Laurillard, D. (2011). Dyscalculia: From brain to education. *Science (New York, N.Y.), 332*(6033), 1049–1053.
Campbell, S. B., Shaw, D. S. & Gilliom, M. (2000). Early externalizing behavior problems: Toddlers and preschoolers at risk for later maladjustment. *Development and Psychopathology, 12*(3), 467–488.
Carroll, J. B. (1993). *Human cognitive abilities: A survey of factor-analytic studies. Human cognitive abilities: A survey of factor-analytic studies.* New York, NY: Cambridge University Press.
Chodura, S., Kuhn, J.-T. & Holling, H. (2015). Interventions for Children With Mathematical Difficulties. *Zeitschrift für Psychologie, 223*(2), 129–144.
Chrichton, A. (1798). *An Inquiry Into the Nature and Origin of Mental Derangement: Comprehending a Concise System of the Physiology and Pathology of the Human Mind. And a History of the Passions and Their Effects.* London: Westminster Hospital.
Cierpka, M. (2015). *Faustlos – wie Kinder Konflikte gewaltfrei lösen lernen* (2. Aufl.). Herder Spektrum: Vol. 6341. Freiburg: Herder.
Coltheart, M., Rastle, K., Perry, C., Langdon, R. & Ziegler, J. (2001). Drc: A dual route cascaded model of visual word recognition and reading aloud. *Psychological Review, 108*(1), 204–256.
Comer, J. S., Chow, C., Chan, P. T., Cooper-Vince, C. & Wilson, L. A. S. (2013). Psychosocial treatment efficacy for disruptive behavior problems in very young children: A meta-analytic examination. *Journal of the American Academy of Child and Adolescent Psychiatry, 52*(1), 26–36.
Cook, C. R., Williams, K. R., Guerra, N. G., Kim, T. E. & Sadek, S. (2010). Predictors of bullying and victimization in childhood and adolescence: A meta-analytic investigation. *School Psychology Quarterly: The Official Journal of the Division of School Psychology, American Psychological Association, 25*(2), 65–83.
Copeland, W. E., Wolke, D., Angold, A. & Costello, E. J. (2013). Adult psychiatric outcomes of bullying and being bullied by peers in childhood and adolescence. *JAMA Psychiatry, 70*(4), 419–426.
Cortina, K. (2008). Leistungsängstlichkeit. In W. Schneider & M. Hasselhorn (Hrsg.), *Handbuch der pädagogischen Psychologie* (S. 50–61). Göttingen: Hogrefe.
Crichton, A. (1798). *An inquiry into the nature and origin of mental derangement: On attention and its diseases.* In the Strand: Cadell & Davies.

Crick, N. R., Ostrov, J. M., Burr, J. E., Cullerton-Sen, C., Jansen-Yeh, E. & Ralston, P. (2006). A longitudinal study of relational and physical aggression in preschool. *Journal of Applied Developmental Psychology, 27*(3), 254–268.

Cromley, J. G. & Azevedo, R. (2007). Testing and refining the direct and inferential mediation model of reading comprehension. *Journal of Educational Psychology, 99*(2), 311–325.

Dehaene, S. (1992). Varieties of numerical abilities. *Cognition, 44*(1–2), 1–42.

Dehaene, S. (2012). *Lesen: Die größte Erfindung der Menschheit und was dabei in unseren Köpfen passiert* (H. Reuter, Trans.) (Genehmigte Taschenbuchausg., 1. Aufl.). *btb: Vol. 74394*. btb.

Deutsches Jugendinstitut. (2019). *Jugendgewalt: Zahlen – Daten – Fakten*. https://www.dji.de/fileadmin/user_upload/jugendkriminalitaet/Z-D-F_Jugendgewalt_Apr2019.pdf

DGKJP (2015). *S3-Leitlinie: Lese- und/oder Rechtschreibstörung bei Kindern und Jugendlichen, Diagnostik und Behandlung*. Registernummer 028 – 044. http://www.awmf.org/leitlinien/detail/ll/028-044.html

DGKJP (2017). *S3-Leitlinie: ADHS bei Kindern, Jugendlichen und Erwachsenen*. Leitlinie Registernummer 028 - 045. https://www.awmf.org/leitlinien/detail/ll/028-045.html

DGKJP (2018). *S3-Leitlinie: Diagnostik und Behandlung der Rechenstörung*. Registernummer 028 – 046. http://www.awmf.org/leitlinien/detail/ll/028-046.html

DGVU (2016). *Gewaltbedingte Unfälle in der Schülerunfallversicherung 2014*. https://publikationen.dguv.de/widgets/pdf/download/article/3183

Diamond, J. M. (2009). *Der dritte Schimpanse: Evolution und Zukunft des Menschen* (Erweiterte u. aktualisierte Neuausgabe, 4. Auflage). *Fischer: Vol. 17215*. Frankfurt: S. Fischer.

Dodge, K. A. & Crick, N. R. (1990). Social Information-Processing Bases of Aggressive Behavior in Children. *Personality and Social Psychology Bulletin, 16*(1), 8–22.

Dollard, J., Miller, N. E., Doob, L. W., Mowrer, O. H. & Sears, R. R. (1939). *Frustration and aggression*. Yale University Press.

Döpfner, M. & Banaschewski, T. (2013). Aufmerksamkeitsdefizit-/Hyperaktivitätsstörungen (ADHS). In F. Petermann (Hrsg.), *Lehrbuch. Lehrbuch der klinischen Kinderpsychologie* (7. Auflage, S. 271–291). Göttingen: Hogrefe.

Döpfner, M., Schürmann, S. & Frölich, J. (2019). *Therapieprogramm für Kinder mit hyperkinetischem und oppositionellem Problemverhalten: THOP* (6. Auflage). Beltz.

Dreisörner, T. & Georgiadis, J. (2011). Sensitivität und Spezifität computergestützter Verfahren zur Diagnostik von Aufmerksamkeitsdefizit-/Hyperaktivitätsstörung (ADHS) im Kindes- und Jugendalter. Die Testbatterie zur Aufmerksamkeitsprüfung (TAP) und Testbatterie zur Aufmerksamkeitsprüfung für Kinder (KITAP). *Empirische Sonderpädagogik, 3*(1), 3–19.

Eckert, C., Schilling, D. & Stiensmeier-Pelster, J. (2006). Einfluss des Fähigkeitsselbstkonzepts auf die Intelligenz- und Konzentrationsleistung. *Zeitschrift für Pädagogische Psychologie, 20*(1/2), 41–48.

Ehring, T. (2014). Cognitive Theory. In P. M. G. Emmelkamp & T. Ehring (Eds.), *The Wiley handbook of anxiety disorders* (pp. 104–124). New York: John Wiley & Sons Ltd.

Eid, M., Gollwitzer, M. & Schmitt, M. (2017). *Statistik und Forschungsmethoden: Mit Online-Materialien* (5., korrigierte Auflage). Weinheim: Beltz.

Ekman, P. (1992). Are there basic emotions? *Psychological Review, 99*(3), 550–553.

Emond, V., Joyal, C. & Poissant, H. (2009). Neuroanatomie structurelle et fonctionnelle du trouble déficitaire d'attention avec ou sans hyperactivité (TDAH) [Structural and functional neuroanatomy of attention-deficit hyperactivity disorder (ADHD)]. *L'Encephale, 35*(2), 107–114.

Endlich, D., Berger, N., Küspert, P., Lenhard, W., Marx, P., Weber, J. & Schneider, W. (2017). *Würzburger Vorschultest*. Göttingen: Hogrefe.

Endlich, D., Küspert, P., Lenhard, W., Marx, P. & Schneider, W. (2019). *LRS-Screening Laute, Reime, Sprache – Würzburger Screening zur Früherkennung von Lese-Rechtschreibschwierigkeiten*. Göttingen: Hogrefe.

Ennemoser, M., Marx, P., Weber, J. & Schneider, W. (2012). Spezifische Vorläuferfertigkeiten der Lesegeschwindigkeit, des Leseverständnisses und des Rechtschreibens. *Zeitschrift für Entwicklungspsychologie und Pädagogische Psychologie, 44*(2), 53–67.

Ennemoser, M., Sinner, D. & Krajewski, K. (2015). Kurz- und langfristige Effekte einer entwicklungsorientierten Mathematikförderung bei Erstklässlern mit drohender Rechenschwäche. *Lernen und Lernstörungen, 4*(1), 43–59.

Erikson, R., Goldthorpe, J. H. & Portocarero, L. (1979). Intergenerational class mobility in three Western European societies: England, France and Sweden. *The British Journal of Sociology, 30* (4), 415–441.
Esser, G., Wyschkon, A. & Schmidt, M. H. (2002). Was wird aus Achtjährigen mit einer Lese- und Rechtschreibstörung. *Zeitschrift für Klinische Psychologie und Psychotherapie, 31*(4), 235–242.
Fairchild, G., Hawes, D. J., Frick, P. J., Copeland, W. E., Odgers, C. L., Franke, B., Freitag, C. M. & Brito, S. A. de (2019). Conduct disorder. *Nature Reviews. Disease Primers, 5*(1), 43.
Faraone, S. V., Perlis, R. H., Doyle, A. E., Smoller, J. W., Goralnick, J. J., Holmgren, M. A. & Sklar, P. (2005). Molecular genetics of attention-deficit/hyperactivity disorder. *Biological Psychiatry, 57*(11), 1313–1323.
Fehm, L. & Fydrich, T. (2011). *Prüfungsangst.* Göttingen: Hogrefe.
Festinger, L. (2001). *A theory of cognitive dissonance.* Stanford University Press.
Feuillet, L., Dufour, H. & Pelletier, J. (2007). Brain of a white-collar worker. *The Lancet, 370* (9583), 262.
Fischbach, A., Schuchardt, K., Brandenburg, J., Klesczewski, J., Balke-Melcher, C., Schmidt, C., Büttner, G., Grube, D., Mähler, C. & Hasselhorn, M. (2013). Prävalenz von Lernschwächen und Lernstörungen: Zur Bedeutung der Diagnosekriterien. *Lernen und Lernstörungen, 2*(2), 65–76.
Fox, C. L., Elder, T., Gater, J. & Johnson, E. (2010). The association between adolescents' beliefs in a just world and their attitudes to victims of bullying. *The British Journal of Educational Psychology, 80*(Pt 2), 183–198.
Freud, S. (1909). *Analyse der Phobie eines fünfjährigen Knaben.* Fischer Psychologie: Vol. 10448. Frankfurt: Fischer-Taschenbuch-Verlag.
Freud, S. (1991, Original 1895). *Über die Berechtigung von der Neurasthenie einen bestimmten Symptomenkomplex als »Angst-Neurose« abzutrennen.* In Gesammelte Werke: Werke aus den Jahren 1892-1899. Frankfurt: Fischer.
Freud, S. & Mitscherlich, A. (1981). *Psychologie des Unterbewußten.* Frankfurt: Fischer.
Fritz, A. & Ricken, G. (2005). Früherkennung von Kindern mit Schwierigkeiten im Erwerb von Rechenfertigkeiten. In M. Hasselhorn, H. Marx & W. Schneider (Hrsg.), *Tests und Trends: Diagnostik von Mathematikleistungen* (S. 5–27). Göttingen: Hogrefe.
Fuson, K. C. (1988). *Children's counting and concepts of number. Springer series in cognitive development.* Berlin: Springer.
Garcia, J., Kimeldorf, D. & Koelling, R. (1955). Conditioned aversion to saccharin resulting from exposure to gamma radiation. *Science, 122*(3160), 157–158.
Geen, R. G. & Quanty, M. B. (1977). The Catharsis of Aggression: An Evaluation of a Hypothesis. In L. Berkowitz (Hrsg.), *Advances in Experimental Social Psychology. Advances in experimental social psychology* (Vol. 10, pp. 1–37). Cambridge, MA: Academic Press.
Gold, A. (2018). *Lernschwierigkeiten: Ursachen, Diagnostik, Intervention* (2., erweiterte und überarbeitete Auflage). Kohlhammer Standards Psychologie. Kohlhammer Verlag.
Gordon, J. A., & Moore, P. M. (2005). ADHD among incarcerated youth: An investigation on the congruency with ADHD prevalence and correlates among the general population. *American Journal of Criminal Justice, 30*(1), 87–97.
Goswami, U. (2015). Sensory theories of developmental dyslexia: Three challenges for research. *Nature Reviews. Neuroscience, 16*(1), 43–54.
Graetz, B. W., Sawyer, M. G., Hazell, P. L., Arney, F. & Baghurst, P. (2001). Validity of DSM-IVADHD subtypes in a nationally representative sample of Australian children and adolescents. *Journal of the American Academy of Child and Adolescent Psychiatry, 40*(12), 1410–1417.
Greenberg, J., Simon, L., Pyszczynski, T., Solomon, S. & Chatel, D. (1992). Terror management and tolerance: Does mortality salience always intensify negative reactions to others who threaten one's worldview? *Journal of Personality and Social Psychology, 63*(2), 212–220.
Greenberg, J., Solomon, S. & Pyszczynski, T. (1997). Terror Management Theory of Self-Esteem and Cultural Worldviews: Empirical Assessments and Conceptual Refinements. In M. P. Zanna (Ed.), *Advances in Experimental Social Psychology. Advances in experimental social psychology* (Vol. 29, pp. 61–139). Cambridge, MA: Academic Press.
Grigorenko, E. L. (2004). Genetic bases of developmental dyslexia: A capsule review of heritability estimates. *Enfance, 56*(3), 273.

Grobe, T. G., Bitzer, E. & Schwartz, F. W. (2013). Barmer GEK Arztreport 2013. *Schriftreihe Zur Gesundheitsanalyse, 18*, 160–173.

Günther, K. B. (2004). Kindliche Erwerbsstrategien beim Lesen- und Schreibenlernen. In A. Möckel, E. Breitenbach, W. Drave & H. Ebert (Hrsg.), *Lese-Schreibschwäche: Vorbeugen, Erkennen, Helfen* (S. 27–53). Würzburg: Edition Bentheim.

Guttorm, T. K., Leppänen, P. H., Richardson, U. & Lyytinen, H. (2001). Event-related potentials and consonant differentiation in newborns with familial risk for dyslexia. *Journal of Learning Disabilities, 34*(6), 534–544.

Harstad, E. B., Weaver, A. L., Katusic, S. K., Colligan, R. C., Kumar, S., Chan, E., Voigt, R. G. & Barbaresi, W. J. (2014). ADHD, stimulant treatment, and growth: A longitudinal study. *Pediatrics, 134*(4), e935-44.

Hasselhorn, M. & Gold, A. (2013). *Pädagogische Psychologie: Erfolgreiches Lernen und Lehren* (3., vollständig überarbeitete und erweiterte Auflage). *Standards Psychologie*. Stuttgart: Kohlhammer.

Heller, K. A. (2006). Das Münchner Hochbegabungsmodell und seine Relevanz für die Identifizierung und Förderung hoch begabter Sekundarstufenschüler. In A. Ziegler, Th. Fitzner, H. Stöger & Th. Müller (Hrsg.), *Beyond Standards: Hochbegabtenförderung weltweit – Frühe Förderung und Schule* (S. 1–26). Bad Boll: Akademie Multimedia.

Hendriks, A. M., Bartels, M., Colins, O. F. & Finkenauer, C. (2018). Childhood aggression: A synthesis of reviews and meta-analyses to reveal patterns and opportunities for prevention and intervention strategies. *Neuroscience and Biobehavioral Reviews, 91*, 278–291.

Hilbert, S., Schwaighofer, M., Zech, A., Sarubin, N., Arendasy, M. & Bühner, M. (2017). Working memory tasks train working memory but not reasoning: A material- and operation-specific investigation of transfer from working memory practice. *Intelligence, 61*, 102–114.

Hodapp, V., Rohrmann, S. & Ringeisen, T. (2011). *Prüfungsangstfragebogen: PAF*. Göttingen: Hogrefe.

Hoffmann, W. (2005). *Ein Nachmittag im Leben eines rechenschwachen Kindes*. https://www.zahlbegriff.de/PDF/Nachmittag.pdf

Hölling, H. & Schlack, R. (2007). Essstörungen im Kindes- und Jugendalter. Erste Ergebnisse aus dem Kinder- und Jugendgesundheitssurvey (KiGGS) [Eating disorders in children and adolescents. First results of the German Health Interview and Examination Survey for Children and Adolescents (KiGGS)]. *Bundesgesundheitsblatt, Gesundheitsforschung, Gesundheitsschutz, 50*(5–6), 794–799.

Holmes, J., Gathercole, S. E., Place, M., Alloway, T. P., Elliott, J. G. & Hilton, K. A. (2010). The Diagnostic Utility of Executive Function Assessments in the Identification of ADHD in Children. *Child and Adolescent Mental Health, 15*(1), 37–43.

Howard, S. R., Avarguès-Weber, A., Garcia, J. E., Greentree, A. D. & Dyer, A. G. (2019). Numerical cognition in honeybees enables addition and subtraction. *Science Advances, 5*(2), eaav0961.

Huck, L. & Schröder, A. (2016). *PuLs-Studie: Psychosoziale Belastungen und Lernschwierigkeiten*. Duden-Institut für Lerntherapie. https://www.duden-institute.de/10316_PuLs-Studie.htm

Hult, N., Kadesjö, J., Kadesjö, B., Gillberg, C. & Billstedt, E. (2018). ADHD and the QbTest: Diagnostic Validity of QbTest. *Journal of Attention Disorders, 22*(11), 1074–1080.

Hyde, J. S. (1984). How large are gender differences in aggression? A developmental meta-analysis. *Developmental Psychology, 20*(4), 722–736.

Hyman, I. E., Sarb, B. A. & Wise-Swanson, B. M. (2014). Failure to see money on a tree: Inattentional blindness for objects that guided behavior. *Frontiers in Psychology, 5*, 356.

Ise, E., Dolle, K., Pixner, S. & Schulte-Körne, G. (2012). Effektive Förderung rechenschwacher Kinder. *Kindheit und Entwicklung, 21*(3), 181–192.

Ise, E., Engel, R. R. & Schulte-Körne, G. (2012). Was hilft bei der Lese-Rechtschreibstörung? *Kindheit und Entwicklung, 21*(2), 122–136.

Iudici, A., Faccio, E., Belloni, E. & Costa, N. (2014). The Use of the ADHD Diagnostic Label: What Implications Exist for Children and their Families? *Procedia – Social and Behavioral Sciences, 122*, 506–509.

Jaeggi, S. M., Buschkuehl, M., Jonides, J. & Perrig, W. J. (2008). Improving fluid intelligence with training on working memory. *Proceedings of the National Academy of Sciences of the United States of America, 105*(19), 6829–6833.

Jensen, P., Hinshaw, S., Kraemer, H., Lenora, N., Newcorn, J., Abikoff, H., March, J., Arnold, L., Cantwell, D., Conners, C., Elliott, G., Greenhill, L., Hechtman, L., Hoza, B., Pelham, W., Severe, J., Swanson, J., Wells, K., Wigal, T. & Vitiello, B. (2001). ADHD comorbidity findings from the MTA study: Comparing comorbid subgroups. *Journal of the American Academy of Child and Adolescent Psychiatry*, 40(2), 147–158.

Jensen, P., Arnold, L., Swanson, J., Vitiello, B., Abikoff, H., Greenhill, L., Hechtman, L., Hinshaw, S., Pelham, W., Wells, K., Conners, C., Elliott, G., Epstein, J., Hoza, B., March, J., Molina, B., Newcorn, J., Severe, J., Wigal, T. & Hur, K. (2007). 3-year follow-up of the NIMH MTA study. *Journal of the American Academy of Child and Adolescent Psychiatry*, 46(8), 989–1002.

Jones, M. C. (1924). A Laboratory Study of Fear: The Case of Peter. *Pedagogical Seminary*, 31, 308.

Kadesjö, B. & Gillberg, C. (2001). The comorbidity of ADHD in the general population of Swedish school-age children. *Journal of Child Psychology and Psychiatry, and Allied Disciplines*, 42(4), 487–492.

Kappeler, P. M. (2017). *Verhaltensbiologie*. Berlin: Springer Spektrum.

Karbach, J. & Kray, J. (2007). Developmental Changes In Switching Between Mental Task Sets: The Influence Of Verbal Labeling In Childhood. *Journal of Cognition and Development*, 8(2), 205–236.

Kärnä, A., Voeten, M., Little, T. D., Poskiparta, E., Kaljonen, A. & Salmivalli, C. (2011). A large-scale evaluation of the KiVa antibullying program: Grades 4–6. *Child Development*, 82(1), 311–330.

Kennedy, M., Kreppner, J., Knights, N., Kumsta, R., Maughan, B., Golm, D., Rutter, M., Schlotz, W. & Sonuga-Barke, E. J. S. (2016). Early severe institutional deprivation is associated with a persistent variant of adult attention-deficit/hyperactivity disorder: Clinical presentation, developmental continuities and life circumstances in the English and Romanian Adoptees study. *Journal of Child Psychology and Psychiatry, and Allied Disciplines*, 57(10), 1113–1125.

Kessler, R. C., Coccaro, E. F., Fava, M., Jaeger, S., Jin, R. & Walters, E. (2006). The prevalence and correlates of DSM-IV intermittent explosive disorder in the National Comorbidity Survey Replication. *Archives of General Psychiatry*, 63(6), 669–678.

Kim, M. (2016). A meta-analysis of the effects of enrichment programs on gifted students. *Gifted Child Quarterly*, 60(2), 102–116.

Kistner, J. A., Osborne, M. & LeVerrier, L. (1988). Causal attributions of learning-disabled children: Developmental patterns and relation to academic progress. *Journal of Educational Psychology*, 80(1), 82–89.

Klasen, F., Otto, C., Kriston, L., Patalay, P., Schlack, R. & Ravens-Sieberer, U. (2015). Risk and protective factors for the development of depressive symptoms in children and adolescents: Results of the longitudinal BELLA study. *European Child & Adolescent Psychiatry*, 24(6), 695–703.

Klauer, K.-J. & Lauth, G. W. (1997). Lernbehinderung und Lernschwierigkeiten bei Schülern. In F. E. Weinert (Hrsg.), *Pädagogische Psychologie. Lernbehinderung und Lernschwierigkeiten bei Schülern: Enzyklopädie der Psychologie* (S. 701–738). Göttingen: Hogrefe.

Klemm, K. (2018). *Unterwegs zur inklusiven Schule*. Gütersloh: Bertelsmann-Stiftung.

Klicpera, C. & Schabmann, A. (1993). Do German-speaking children have a chance to overcome reading and spelling difficulties? A longitudinal survey from the second until the eighth grade. *European Journal of Psychology of Education*, 8(3), 307–323.

Klicpera, C., Schabmann, A., Gasteiger-Klicpera, B. & Schmidt, B. (2017). *Legasthenie – LRS: Modelle, Diagnose, Therapie und Förderung : mit 100 Übungsfragen* (5., überarbeitete und erweiterte Auflage). UTB: Vol. 2472. München: Ernst Reinhardt Verlag.

Kobi, E. E. (2004). *Grundfragen der Heilpädagogik: Eine Einführung in heilpädagogisches Denken* (6., bearb. und erg. Aufl.). Berufsverband der Heilpädagogen (BHP).

Kovacs, M., Akiskal, H. S., Gatsonis, C. & Parrone, P. L. (1994). Childhood-onset dysthymic disorder. Clinical features and prospective naturalistic outcome. *Archives of General Psychiatry*, 51(5), 365–374.

Krajewski, K. (2005). Vorschulische Mengenbewusstheit von Zahlen und ihre Bedeutung für die Früherkennung von Rechenschwäche. In M. Hasselhorn, H. Marx & W. Schneider (Hrsg.), *Tests und Trends: N.F., 4. Diagnostik von Mathematikleistungen* (S. 49–70). Göttingen: Hogrefe.

Krajewski, K., Nieding, G. & Schneider, W. (2007). *Mengen, zählen, Zahlen: Die Welt der Mathematik verstehen ; die große Förderbox* (1. Aufl.). Cornelsen.
Kucian, K. & Aster, M. von (2015). Developmental dyscalculia. *European Journal of Pediatrics*, *174*(1), 1–13.
Küspert, P. & Schneider, W. (2010). *Hören, lauschen, lernen: Sprachspiele für Kinder im Vorschulalter; Würzburger Trainingsprogramm zur Vorbereitung auf den Erwerb der Schriftsprache; Anleitung und Arbeitsmaterial*. Göttingen: Vandenhoeck & Ruprecht.
Lacan, J. (2011). *Die Angst*. Wien: Turia + Kant.
Lauth, G. W. & Schlottke, P. F. (2019). *Training mit aufmerksamkeitsgestörten Kindern: Mit E-Book inside und Arbeitsmaterial. Materialien für die klinische Praxis*. Weinheim: Beltz.
Leal, D., Kearney, C. & Kearney, K. (1995). The World's Youngest University Graduate: Examining the Unusual Characteristics of Profoundly Gifted Children. *Gifted Child Today*, *18* (5), 26–41.
Lenhard, A. & Lenhard, W. (2011). Computerbasierte Intelligenzförderung mit den »Denkspielen mit Elfe und Mathis«. Vorstellung und Evaluation eines Computerprogramms für Vor-und Grundschüler. *Empirische Sonderpädagogik*, *3*(2), 105–120.
Lenhard, A., Lenhard, W. & Gary, S. (2019). Continuous norming of psychometric tests: A simulation study of parametric and semi-parametric approaches. *PloS One*, *14*(9), e0222279.
Lenhard, W. & Lenhard, A. (in Vorbereitung). *Aufmerksamkeits-Hyperaktivitätssyndrom: Diagnose-Hilfssystem (A-DHS)*. Psychometrica.
Li, D., Sham, P. C., Owen, M. J. & He, L. (2006). Meta-analysis shows significant association between dopamine system genes and attention deficit hyperactivity disorder (ADHD). *Human Molecular Genetics*, *15*(14), 2276–2284.
Lidzba, K., Christiansen, H. & Drechsler, R. (2013). *Conners-3. Conners Skalen zu Aufmerksamkeit und Verhalten – 3. Deutschsprachige Adaptation der Conners 3rd EditionTM (Conners 3TM) von C. Keith Conners*. Bern: Huber.
Light, J. G. & DeFries, J. C. (1995). Comorbidity of reading and mathematics disabilities: Genetic and environmental etiologies. *Journal of Learning Disabilities*, *28*(2), 96–106.
Longman, T. (2001). Church politics and the genocide in Rwanda. *Journal of Religion in Africa*, *31* (2), 163–186.
Lorenz, K. (1978). *Vergleichende Verhaltensforschung: Grundlagen der Ethologie*. Berlin: Springer.
Lyytinen, H., Aro, M., Eklund, K., Erskine, J., Guttorm, T., Laakso, M., Leppänen, P., Lyytinen, P., Poikkeus, A. & Torppa, M. (2004). The development of children at familial risk for dyslexia: Birth to early school age. *Annals of Dyslexia*, *54*(2), 184–220.
Maehler, C. & Schuchardt, K. (2016). Working memory in children with specific learning disorders and/or attention deficits. *Learning and Individual Differences*, *49*, 341–347.
Mannuzza, S., Klein, R. G., Truong, N. L., Moulton, J. L., Roizen, E. R., Howell, K. H. & Castellanos, F. X. (2008). Age of methylphenidate treatment initiation in children with ADHD and later substance abuse: Prospective follow-up into adulthood. *The American Journal of Psychiatry*, *165*(5), 604–609.
Marks, I. F. & Nesse, R. M. (1994). Fear and fitness: An evolutionary analysis of anxiety disorders. *Ethology and Sociobiology*, *15*(5–6), 247–261.
Marx, P. (2007). *Lese- und Rechtschreiberwerb*. Paderborn: Schöningh.
Matthys, W., Vanderschuren, L. J. M. J. & Schutter, D. J. L. G. (2013). The neurobiology of oppositional defiant disorder and conduct disorder: Altered functioning in three mental domains. *Development and Psychopathology*, *25*(1), 193–207.
Meichenbaum, D. H. & Goodman, J. (1971). Training impulsive children to talk to themselves: A means of developing self-control. *Journal of Abnormal Psychology*, *77*(2), 115–126.
Meichenbaum, D. (1977). *Cognitive-Behavior Modification*. Berlin: Springer.
Melchers, P. & Melchers, M. (2015). *Kaufman Assessment Battery for Children – II*. Frankfurt: Pearson Clinical & Talent Assessment.
Melzer, W., Bilz, L. & Dümmler, K. (2008). Mobbing und Gewalt in der Schule im Kontext sozialer Ungleichheit. In M. Richter (Hrsg.), *Gesundheitsforschung. Gesundheit, Ungleichheit und jugendliche Lebenswelten: Ergebnisse der zweiten internationalen Vergleichsstudie im Auftrag der Weltgesundheitsorganisation WHO* (S. 116–140). Weinheim: Juventa.

Menesini, E., Codecasa, E., Benelli, B. & Cowie, H. (2003). Enhancing children's responsibility to take action against bullying: Evaluation of a befriending intervention in Italian middle schools. *Aggressive Behavior, 29*(1), 1–14.

Metin, B., Wiersema, J. R., Verguts, T., Gasthuys, R., van der Meere, J. J., Roeyers, H. & Sonuga-Barke, E. (2016). Event rate and reaction time performance in ADHD: Testing predictions from the state regulation deficit hypothesis using an ex-Gaussian model. *Child Neuropsychology, 22*(1), 99–109.

Michels, L., O'Gorman, R. & Kucian, K. (2018). Functional hyperconnectivity vanishes in children with developmental dyscalculia after numerical intervention. *Developmental Cognitive Neuroscience, 30,* 291–303.

Miller, E. M. (1994). Intelligence and brain myelination: A hypothesis. *Personality and Individual Differences, 17*(6), 803–832.

Miyake, A., Friedman, N. P., Emerson, M. J., Witzki, A. H., Howerter, A. & Wager, T. D. (2000). The unity and diversity of executive functions and their contributions to complex »Frontal Lobe« tasks: A latent variable analysis. *Cognitive Psychology, 41*(1), 49–100.

Moll, K. & Landerl, K. (2010). SLRT-II: Lese-und Rechtschreibtest. Bern: Huber.

Morgan, W. P. (1896). A Case of Congenital Word Blindness. *British Medical Journal, 2*(1871), 1378.

Mowrer, O. H. (1960). *Learning theory and behavior.* Hoboken, NJ: Wiley.

MPFS. (2019). *JIM-Studie 2018: Jugend, Information Medien.* Landesanstalt für Kommunikation (LFK). https://www.mpfs.de/fileadmin/files/Studien/JIM/2018/Studie/JIM2018_Gesamt.pdf

Müller, K. & Ehmke, T. (2016). Soziale Herkunft und Kompetenzerwerb. In E. Klieme, C. Artelt, J. Hartig, N. Jude, O. Köller, M. Prenzel, W. Schneider, P. Stanat (Hrsg.), *PISA 2009. Bilanz nach einem Jahrzehnt* (S. 285–316). Münster: Waxmann.

Ning, H. K. & Downing, K. (2010). The reciprocal relationship between motivation and self-regulation: A longitudinal study on academic performance. *Learning and Individual Differences, 20*(6), 682–686.

Öhman, A. & Mineka, S. (2001). Fears, phobias, and preparedness: Toward an evolved module of fear and fear learning. *Psychological Review, 108*(3), 483–522.

Olweus, D. (2011). *Gewalt in der Schule: Was Lehrer und Eltern wissen sollten – und tun können.* Bern: Huber.

Olweus, D. (2013). School bullying: Development and some important challenges. *Annual Review of Clinical Psychology, 9,* 751–780.

Orton, S. (1925). Word-Blindness in School Children. *Archives of Neurology and Psychiatry, 14*(5), 581.

Owens, E. B., Zalecki, C., Gillette, P. & Hinshaw, S. P. (2017). Girls with childhood ADHD as adults: Cross-domain outcomes by diagnostic persistence. *Journal of Consulting and Clinical Psychology, 85*(7), 723–736.

Petermann, F. (2017). *Wechsler Intelligence Scales for Children – Version V.* Frankfurt; Pearson Assessment.

Petermann, F. & Petermann, U. (2012). *Training mit aggressiven Kindern: Mit Online-Materialien* (13., überarb. Aufl.). *Materialien für die klinische Praxis.* Weinheim: Beltz.

Peterson, R. L. & Pennington, B. F. (2012). Seminar: Developmental Dyslexia. *Lancet, 379* (9830), 1997–2007.

Peterson, R. L. & Pennington, B. F. (2015). Developmental dyslexia. *Annual Review of Clinical Psychology, 11,* 283–307.

Pliszka, S. R. (1998). Comorbidity of attention-deficit/hyperactivity disorder with psychiatric disorder: an overview. *The Journal of Clinical Psychiatry, 59,* 50–58.

Plume, E. & Schneider, W. (2004). *Spiele mit Buchstaben und Lauten für Kinder im Vorschulalter: Hören, lauschen, lernen 2.* Göttingen: Vandenhoeck & Ruprecht.

Pohl, C. (2009). *Bei Klums Topmodels geht jetzt das Mobbing los.* Welt.de. https://www.welt.de/fernsehen/article3493960/Bei-Klums-Topmodels-geht-jetzt-das-Mobbing-los.html

Polanczyk, G., Lima, M. S. de, Horta, B. L., Biederman, J. & Rohde, L. A. (2007). The worldwide prevalence of ADHD: A systematic review and metaregression analysis. *The American Journal of Psychiatry, 164*(6), 942–948.

Polanczyk, G., Willcutt, E. G., Salum, G. A., Kieling, C. & Rohde, L. A. (2014). ADHD prevalence estimates across three decades: An updated systematic review and meta-regression analysis. *International Journal of Epidemiology, 43*(2), 434–442.

Preckel, F., Holling, H. & Vock, M. (2006). Academic underachievement: Relationship with cognitive motivation, achievement motivation, and conscientiousness. *Psychology in the Schools, 43*(3), 401–411.

Preckel, F. & Vock, M. (2013). *Hochbegabung: Ein Lehrbuch zu Grundlagen, Diagnostik und Fördermöglichkeiten*. Göttingen: Hogrefe.

Prenzel, M. (2013). *PISA 2012: Fortschritte und Herausforderungen in Deutschland*. Münster: Waxmann.

Rammstedt, B. (2013). Grundlegende Kompetenzen Erwachsener im internationalen Vergleich: Ergebnisse von PIAAC 2012. Münster: Waxmann.

Räty, H., Vänskä, J., Kasanen, K. & Kärkkäinen, R. (2002). Parents' Explanations of Their Child's Performance in Mathematics and Reading: A Replication and Extension of Yee and Eccles. *Sex Roles, 46*(3/4), 121–128.

Ravens-Sieberer, U., Auquier, P., Erhart, M., Gosch, A., Rajmil, L., Bruil, J., Power, M., Duer, W., Cloetta, B., Czemy, L., Mazur, J., Czimbalmos, A., Tountas, Y., Hagquist, C. & Kilroe, J. (2007). The KIDSCREEN-27 quality of life measure for children and adolescents: Psychometric results from a cross-cultural survey in 13 European countries. *Quality of Life Research, 16*(8), 1347–1356.

Reid, R. R., Harris, K. R., Graham, S. & Rock, M. (2013). Self-Regulation among Students with LD and ADHD. In B. Y. L. Wong (Ed.), *Learning about learning disabilities* (pp. 141–173). Elsevier.

Reiersen, A. M., Constantino, J. N. & Todd, R. D. (2008). Co-occurrence of motor problems and autistic symptoms in attention-deficit/hyperactivity disorder. *Journal of the American Academy of Child and Adolescent Psychiatry, 47*(6), 662–672.

Reiss, K., Weis, M., Klieme, E. & Köller, O. (Hrsg.). (2019). *PISA 2018: Grundbildung im internationalen Vergleich*. Münster: Waxmann.

Renzulli, J. S. (1978). What makes giftedness? Reexamining a definition. *Phi Delta Kappan, 60*(3), 180.

Resnick, L. B. (1989). Developing mathematical knowledge. *American Psychologist, 44*(2), 162–169.

Reuter-Liehr, C. (2008). *Eine Einführung in das Training der phonemischen Strategie auf der Basis des rhythmischen Syllabierens mit einer Darstellung des Übergangs zur morphemischen Strategie*. Bochum: Winkler.

Reynolds, C. R. & Shaywitz, S. E. (2009). Response to Intervention: Ready or Not? Or, From Wait-to-Fail to Watch-Them-Fail. *School Psychology Quarterly, 24*(2), 130.

Rost, D. H. & Hanses, P. (1997). (1998). Wer nichts leistet, ist nicht begabt? Zur Identifikation. *Zeitschrift für Entwicklungspsychologie und Pädagogische Psychologie, 29*(2), 167–177.

Rost, D. & Buch, S. (2018). Hochbegabung. In D. H. Rost, J. R. Sparfeldt & S. Buch (Hrsg.), *Beltz Psychologie 2018. Handwörterbuch pädagogische Psychologie* (S. 226–241). Weinheim: Beltz.

Rost, D. H. (2013). *Handbuch Intelligenz* (1. Aufl.). Weinheim: Beltz.

Rost, D. H. & Schermer, F. J. (1997). *Differentielles Leistungsangst Inventar: DAI*. Frankfurt: Pearson.

Rost, D. H., Schermer, Franz J. & Sparfeldt, J. R. (2018). Leistungsängstlichkeit. In D. H. Rost, J. R. Sparfeldt & S. Buch (Hrsg.), *Beltz Psychologie 2018. Handwörterbuch pädagogische Psychologie* (5. Auflage, S. 424–438). Weinheim: Beltz.

Rotzer, S., Kucian, K., Martin, E., Aster, M., Klaver, P. & Loenneker, T. (2008). Optimized voxel-based morphometry in children with developmental dyscalculia. *NeuroImage, 39*(1), 417–422.

Rowe, R., Costello, E. J., Angold, A., Copeland, W. E. & Maughan, B. (2010). Developmental pathways in oppositional defiant disorder and conduct disorder. *Journal of Abnormal Psychology, 119*(4), 726–738.

Rowe, R., Maughan, B., Moran, P., Ford, T., Briskman, J. & Goodman, R. (2010). The role of callous and unemotional traits in the diagnosis of conduct disorder. *Journal of Child Psychology and Psychiatry, and Allied Disciplines, 51*(6), 688–695.

Salmivalli, C., Lagerspetz, K., Björkqvist, K., Österman, K. & Kaukiainen, A. (1996). Bullying as a group process: Participant roles and their relations to social status within the group. *Aggressive Behavior, 22*(1), 1–15.
Salmivalli, C. & Nieminen, E. (2002). Proactive and reactive aggression among school bullies, victims, and bully-victims. *Aggressive Behavior, 28*(1), 30–44.
Sampaio, F., Barendregt, J. J., Feldman, I., Lee, Y. Y., Sawyer, M. G., Dadds, M. R., Scott, J. G. & Mihalopoulos, C. (2018). Population cost-effectiveness of the Triple P parenting programme for the treatment of conduct disorder: An economic modelling study. *European Child & Adolescent Psychiatry, 27*(7), 933–944.
Sanders, M. R. (2008). Triple P-Positive Parenting Program as a public health approach to strengthening parenting. *Journal of Family Psychology, 22*(4), 506–517.
Schaarschmidt, U. & Kieschke, U. (2013). Beanspruchungsmuster im Lehrerberuf: Ergebnisse und Schlussfolgerungen aus der Potsdamer Lehrerstudie. In M. Rothland (Hrsg.), *Belastung und Beanspruchung im Lehrerberuf: Modelle, Befunde, Interventionen* (S. 81–97). Springer.
Schäfer, M., Korn, S., Brodbeck, F. C., Wolke, D. & Schulz, H. (2005). Bullying roles in changing contexts: The stability of victim and bully roles from primary to secondary school. *International Journal of Behavioral Development, 29*(4), 323–335.
Schäfer, M. & Letsch, H. (2018). Mobbing im Schulkontext. In W. Schneider & U. Lindenberger (Hrsg.), *Entwicklungspsychologie* (S. 713–727). Weinheim: Beltz.
Scheithauer, H., Haag, N., Mahlke, J. & Ittel, A. (2008). Gender and Age Differences in the Development of Relational/Indirect Aggression: First Results of a Meta-Analysis. *International Journal of Developmental Science, 2*(1–2), 176–189.
Schmiedeler, S. & Schneider, W. (2014). Attention-deficit hyperactivity disorder (ADHD) in the early years: Diagnostic issues and educational relevance. *Clinical Child Psychology and Psychiatry, 19*(3), 460–475.
Schneider, W. J. & McGrew, K. S. (2018). The Cattell–Horn–Carroll theory of cognitive abilities. In D. P. Flanagan & E. M. McDonough (Eds.), *Contemporary intellectual assessment: Theories, tests, and issues* (pp. 73–163). New York: Guilford Press.
Schneider, W. (2017). *Lesen und Schreiben lernen: Wie erobern Kinder die Schriftsprache? Kritisch hinterfragt*. Berlin: Springer.
Schneider, W. & Bullock, M. (2009). *Human development from early childhood to early adulthood: Findings from a 20 year longitudinal study*. Hove: Psychology Press.
Schneider, W., Lenhard, W. & Marx, P. (2019). Lern- und Verhaltensstörungen. In D. Urhahne, M. Dresel & F. Fischer (Hrsg.), *Psychologie für den Lehrberuf* (S. 565–585). Berlin: Springer.
Schneider, W., & Näslund, J. C. (1999). Impact of early phonological processing skills on reading and spelling in school: Evidence from the Munich longitudinal study. In F. E. Weinert, & W. Schneider (Eds.), *Individual development from 3 to 12: Findings from the Munich longitudinal study* (pp. 126–147). New York, NY: Cambridge University Press.
Schröder, U. (2005). *Lernbehindertenpädagogik: Grundlagen und Perspektiven sonderpädagogischer Lernhilfe)*. Stuttgart: Kohlhammer.
Schubarth, W. (2018). *Gewalt und Mobbing an Schulen: Möglichkeiten der Prävention und Intervention* (3., aktualisierte Auflage). Stuttgart: Kohlhammer.
Schulordnung für schulartübergreifende Regelungen an Schulen in Bayern (2018). http://www.gesetze-bayern.de/Content/Document/BaySchO2016
Schuchardt, K., Maehler, C. & Hasselhorn, M. (2008). Working memory deficits in children with specific learning disorders. *Journal of Learning Disabilities, 41*(6), 514–523.
Schumacher, C. (2016). *Prüfungsangst in der Schule*. Münster: Waxmann.
Schwabe, U., Paffrath, D., Ludwig, W.-D. & Klauber, J. (2019). *Arzneiverordnungs-Report 2019*. Berlin: Springer.
Schwarzer, R. (2000). *Streß, Angst und Handlungsregulation)*. Stuttgart: Kohlhammer.
Schwenck, C., Schmiedeler, S., Zenglein, Y., Renner, T., Romanos, M., Jans, T., Schneider, W. & Warnke, A. (2009). Reflective and impulsive reactions in ADHD subtypes. *Attention Deficit and Hyperactivity Disorders, 1*(1), 3–10.
Schwenck, C. (2016). Ist ADHS eine Modediagnose? Haben Aufmerksamkeitsprobleme und Hyperaktivität zugenommen? In W. Lenhard (Hrsg.), *Meet the Expert: Wissen aus erster Hand*.

Psychische Störungen bei Jugendlichen: Ausgewählte Phänomene und Determinanten (S. 91–110). Berlin: Springer.
Segerer, R., Marx, A. & Marx, P. (2012). Unlösbare Items im KFT 4-12+R. *Diagnostica*, *58*(1), 45–50.
Seligman, M. E. (1970). On the generality of the laws of learning. *Psychological Review*, *77*(5), 406–418.
Seligman, M. E. (1971). Phobias and preparedness. *Behavior Therapy*, *2*(3), 307–320.
Seymour, P., Aro, M. & Erskine, J. M. (2003). Foundation literacy acquisition in European orthographies. *British Journal of Psychology*, *94*(2), 143–174
Sherif, M. (1961). *Intergroup conflict and cooperation: The robbers cave experiment*. Norman: University Book Exchange.
Smith, C. A., Haynes, K. N., Lazarus, R. S. & Pope, L. K. (1993). In search of the »hot« cognitions: Attributions, appraisals, and their relation to emotion. *Journal of Personality and Social Psychology*, *65*(5), 916–929.
Smith, P., Mahdavi, J., Carvalho, M., Fisher, S., Russell, S. & Tippett, N. (2008). Cyberbullying: Its nature and impact in secondary school pupils. *Journal of Child Psychology and Psychiatry, and Allied Disciplines*, *49*(4), 376–385.
Sonuga-Barke, E. J. S. (2002). Psychological heterogeneity in AD/HD – a dual pathway model of behaviour and cognition. *Behavioural Brain Research*, *130*(1–2), 29–36.
Sonuga-Barke, E. J. S. (2003). The dual pathway model of AD/HD: An elaboration of neurodevelopmental characteristics. *Neuroscience and Biobehavioral Reviews*, *27*(7), 593–604.
Spencer, T. J. (2006). ADHD and comorbidity in childhood. *The Journal of Clinical Psychiatry*, *67* (8), 27–31.
Spiegel Online (2019, April 9). Lehrer bemängeln die Handschrift ihrer Schüler. https://www.spiegel.de/lebenundlernen/schule/deutschland-lehrer-bemaengeln-handschrift-ihrer-schueler-a-1261939.html
Spielberger, C. D. (1989). *State-Trait Anxiety Inventory*. Consulting Psychologists Press.
Staats, A. W. & Eifert, G. H. (1990). The paradigmatic behaviorism theory of emotions: Basis for unification. *Clinical Psychology Review*, *10*(5), 539–566.
Stanovich, K. E. (2005). The Future of a Mistake: Will Discrepancy Measurement Continue to Make the Learning Disabilities Field a Pseudoscience? *Learning Disability Quarterly*, *28*(2), 103.
Statistisches Bundesamt. *Zahl der Pensionierungen von Lehrkräften 2017 erneut rückläufig.* Pressemitteilung Nr. 509 vom 20. Dezember 2018 [Press release].
Statistisches Bundesamt. (2018). *Schulen auf einen Blick*. Statistisches Bundesamt.
Statistisches Bundesamt. (2019). *Sterbetafeln*. Statistisches Bundesamt.
Steenbergen-Hu, S. & Moon, S. M. (2011). The Effects of Acceleration on High-Ability Learners: A Meta-Analysis. *Gifted Child Quarterly*, *55*(1), 39–53.
Stein, J. (2001). The magnocellular theory of developmental dyslexia. *Dyslexia*, *7*(1), 12–36.
Steinhausen, H.-C. (2019). *Psychische Störungen bei Kindern und Jugendlichen*. Amsterdam: Elsevier.
Stern, E. (1992). Warum werden Kapitänsaufgaben »gelöst«? *Der Mathematikunterricht*, *38*(5), 7–29.
Stiensmeier-Pelster, J. & Schöne, C. (2008). Fähigkeitsselbstkonzept. In W. Schneider & M. Hasselhorn (Hrsg.), H*andbuch der pädagogischen Psychologie* (S. 62–73). Göttingen: Hogrefe.
Still, G. (1902). Some Abnormal Psychical Conditions in Children. *The Lancet*(159), 1008–1113.
Stumpf, E. (2012). *Förderung bei Hochbegabung*. Stuttgart: Kohlhammer.
Subotnik, R. & Arnold, K. (1994). *Beyond Terman: Contemporary longitudinal studies of giftedness and talent. Creativity research*. Ablex Publishing.
Sutton, J., Smith, P. K. & Swettenham, J. (1999). Social cognition and bullying: Social inadequacy or skilled manipulation? *British Journal of Developmental Psychology*, *17*(3), 435–450.
Swanson, H. L. (2016). Working Memory and Strategy Instruction in Children with Learning Disabilities. In R. Schiff & R. M. Joshi (Eds.), *Interventions in Learning Disabilities: A Handbook on Systematic Training Programs for Individuals with Learning Disabilities* (Vol. 13, pp. 227–241). Springer.

Swanson, H. & Alloway, T. (2012). Working memory, learning, and academic achievement. In K. R. Harris, S. Graham, T. Urdan, C. B. McCormick, G. M. Sinatra & J. Sweller (Eds.), *APA educational psychology handbook, Vol 1: Theories, constructs, and critical issues* (pp. 327–366). American Psychological Association.
Szűcs, D. & Goswami, U. (2013). Developmental dyscalculia: Fresh perspectives. *Trends in Neuroscience and Education*, 2(2), 33–37.
Terman, L. M. & Oden, M. H. (1959). *Genetic studies of genius. Vol. V. The gifted group at mid-life*. Palo Alto: Stanford University Press.
Thapar, A., Cooper, M., Eyre, O. & Langley, K. (2013). What have we learnt about the causes of ADHD? *Journal of Child Psychology and Psychiatry, and Allied Disciplines*, 54(1), 3–16.
Thomé, G. & Thomé, D. (2014a). *OLFA 1–2: Oldenburger Fehleranalyse für die Klassen 1 und 2*. Oldenburg: Institut für sprachliche Bildung.
Thomé, G. & Thomé, D. (2014b). *OLFA 3–9: Oldenburger Fehleranalyse für die Klassen 3–9*. Oldenburg: Institut für sprachliche Bildung.
Thompson, P. A., Hulme, C., Nash, H. M., Gooch, D., Hayiou-Thomas, E. & Snowling, M. J. (2015). Developmental dyslexia: Predicting individual risk. *Journal of Child Psychology and Psychiatry, and Allied Disciplines*, 56(9), 976–987.
Timmermans, M., van Lier, P. A. C. & Koot, H. M. (2009). Pathways of behavior problems from childhood to late adolescence leading to delinquency and academic underachievement. *Journal of Clinical Child and Adolescent Psychology*. 53, 38(5), 630–638.
Torppa, M., Lyytinen, P., Erskine, J., Eklund, K. & Lyytinen, H. (2010). Language development, literacy skills, and predictive connections to reading in Finnish children with and without familial risk for dyslexia. *Journal of Learning Disabilities*, 43(4), 308–321.
Tosto, M. G., Petrill, S. A., Halberda, J., Trzaskowski, M., Tikhomirova, T. N., Bogdanova, O. Y., Ly, R., Wilmer, J. B., Naiman, D. Q., Germine, L., Plomin, R. & Kovas, Y. (2014). Why do we differ in number sense? Evidence from a genetically sensitive investigation. *Intelligence*, 43 (100), 35–46.
Trainin, G. & Swanson, H. L. (2005). Cognition, Metacognition, and Achievement of College Students with Learning Disabilities. *Learning Disability Quarterly*, 28(4), 261–272.
Tse, A. Y. H. (2015). To Be or Not to Be Superstitious –That's the Question. *Procedia – Social and Behavioral Sciences*, 208, 5–12.
Ttofi, M. & Farrington, D. (2009). What works in preventing bullying: effective elements of anti-bullying programmes. *Journal of Aggression, Conflict and Peace Research*, 1(1), 13–24.
Ttofi, M. & Farrington, D. (2011). Effectiveness of school-based programs to reduce bullying: a systematic and meta-analytic review. *Journal of Experimental Criminology*, 7(1), 27–56.
Vaughn, S. & Fuchs, L. S. (2003). Redefining Learning Disabilities as Inadequate Response to Instruction: The Promise and Potential Problems. *Learning Disabilities Research and Practice*, 18(3), 137–146.
Vieira de Melo, B. B., Trigueiro, M. J. & Rodrigues, P. P. (2018). Systematic overview of neuroanatomical differences in ADHD: Definitive evidence. *Developmental Neuropsychology*, 43 (1), 52–68.
Wagner, R. K. & Torgesen, J. K. (1987). The nature of phonological processing and its causal role in the acquisition of reading skills. *Psychological Bulletin*, 101(2), 192.
Wakschlag, L. S., Perlman, S. B., Blair, R. J., Leibenluft, E., Briggs-Gowan, M. J. & Pine, D. S. (2018). The Neurodevelopmental Basis of Early Childhood Disruptive Behavior: Irritable and Callous Phenotypes as Exemplars. *The American Journal of Psychiatry*, 175(2), 114–130.
Wasserman, J. D. (2018). A history of intelligence assessment: The unfinished tapestry. In D. Flanagan & E. M. McDonough (Eds.), *Contemporary intellectual assessment: Theories, tests, and issues* (pp. 3–55). New York: Guilford Press.
Watson, J. B. & Rayner, R. (1920). Conditioned emotional reactions. *Journal of Experimental Psychology*, 3(1), 1–14.
Weber, J.-M., Marx, P. & Schneider, W. (2002). Profitieren Legastheniker und allgemein leserechtschreibschwache Kinder in unterschiedlichem Ausmaß von einem Rechtschreibtraining? *Psychologie in Erziehung und Unterricht*, 49(1), 56–70.
Wechsler, D. (1939). *The measurement of adult intelligence*. Baltimore: Williams & Wilkins.

Weinert, F. E. & Zielinski, W. (1977). Lernschwierigkeiten-Schwierigkeiten des Schülers oder der Schule. *Unterrichtswissenschaft*, *5*(4), 292–304.

Wettstein, A. (2008). *Beobachtungssystem zur Analyse aggressiven Verhaltens in schulischen Settings: BASYS*. Bern: Huber.

WHO. (2018). *ICD-11 for Mortality and Morbidity Statistics (ICD-11 MMS)*. https://icd.who.int/browse11/l-m/en

Wieczerkowski, W., Nickel, H. & Janowski, A. (2016). *AFS: Angstfragebogen für Schüler*. Göttingen: Hogrefe.

Willard, N. E. (2007). *Cyberbullying and cyberthreats: Responding to the challenge of online social aggression, threats, and distress*. Champaign, IL: Research Press.

Wolpe, J. (1948). *An approach to the problem of neurosis based on the conditioned response: an experimental and theoretical study*. Johannesburg: University of the Witwatersrand.

Wong, B. Y. L. & Butler, D. L. (2012). *Learning about learning disabilities*. Cambridge, MA: Academic Press.

Wuppermann, A., Schwandt, H., Hering, R., Schulz, M. & Bätzing-Feigenbaum, J. (2015). *Die Aufmerksamkeitsdefizit-Hyperaktivitätsstörung (ADHS) bei Kindern und Jugendlichen in der ambulanten Versorgung in Deutschland*. Versorgungsatlas.de.

Yerkes, R. M. & Dodson, J. D. (1908). The relation of strength of stimulus to rapidity of habit-formation. *Journal of Comparative Neurology and Psychology*, *18*(5), 459–482.

Yovell, Y. (2000). From Hysteria to Posttraumatic Stress Disorder: Psychoanalysis and the Neurobiology of Traumatic Memories. *Neuropsychoanalysis*, *2*(2), 171–181.

Zeskind, P. S. & Ramey, C. T. (1981). Preventing Intellectual and Interactional Sequelae of Fetal Malnutrition: A Longitudinal, Transactional, and Synergistic Approach to Development. *Child Development*, *52*(1), 213.

Stichwortverzeichnis

A

Absentismus 133
ADHS
– Arbeitsgedächtnis 102
– Diagnostik 96
– Erblichkeit 101
– Facetten 92
– Fehldiagnosen 95
– Fehlkonzepte 113
– historische Belege 89
– Intervention 106
– Interventionsprogramme 108
– Kernsymptomatik 93
– Komorbidität 104, 156
– Modediagnose 91
– Multiple-Pathways 102
– Neurologie 101
– Prävalenz 94
– Umweltgifte 101
– Verlauf 99
– Verzögerungsaversion 103
Adrenalin 119
Aggressionen 147
– Formen 148
– Geschlechtsunterschiede 148
Aggressionsausbrüche 157
Angst
– Aufregung 134
– Besorgtheit 134
– Chronifizierung 122
– Entwicklung 121
– Exposition 137
– Fight-or-Flight-Syndrom 119
– Fremdeln 136
– Häufigkeit 123
– Komorbidität 123
– Konditionierung 128
– Phobien 122
– Preparedness 130
– Trait-Ängstlichkeit 118
– Vermeidungsverhalten 129
– Zwei-Phasen-Theorie 129
Angstkognitionen 134
antisoziale Persönlichkeitsstörungen 156

Arbeitsgedächtnis 29, 53, 102
Attributionsprozesse 153

B

Basisemotionen 117
Befriending 166
Big-Fish-Little-Pond-Effekt (BFLPE) 50
Bobo-Doll-Studie 151
Bootcamp 166
Bullying 158
– Bystander 158
– Opfer 159
– Rollen 158
– situationale Faktoren 161
– Täter 159
– Täter-Opfer 160
Burn-Out 14

C

Computerspieleabhängigkeit 18
Cyberbullying 162, 167
Cybermobbing 162

D

delinquentes Verhalten 144
Deprivation 103
Disinhibition Effect 163
Disruptive Mood Dysregulation Disorder 154
Dopamin 101, 105
Dopaminmangelhypothese 101
DSM-5 18
Dual-Route-Cascaded-Model 55
Dyslexie 57

E

Empathie 156, 164
Epidemiologie 17
Epikur 120
Erythrophobie 136
Evolutionspsychologie 149

F

Frustrations-Aggressions-Hypothese   150
Furcht   118

G

Gewalt gegen Lehrkräfte   147
Gyrus angularis   61

H

Hochbegabung   36
- Akzeleration   50
- Enrichment   48
- Förderung   48
- Grouping   49
- Häufigkeit   40
- Messung   41, 43
- Modell   41
- Probleme   46
- Prodigy   36

I

ICD-11   17
Inhibition   97, 102–103
Intelligenz
- CHC-Modell   37
- IQ-Wert   39
- Konstrukt   37
- Messung   37–38, 40
intermittierende explosive Störung   157
INVO-Modell   23

J

Jugendalter   15
Just World Belief   152

K

Karmalehre   152
Katharsis   149
Kausalattribution   29, 125–126, 135, 139
Kognitive Dissonanz   151
Komorbidität   14
körperliche Bestrafung   124
Kortikosteroide   120
Kortisol   119

L

Legasthenie   57

Lernbehinderung   26
- sozialer Hintergrund   30
- Ursachen   28
Lernstörung   24
- Ausschlusskriterien   34
- Definition   33
- LRS   58
- sonderpädagogischer Förderbedarf   25
- »Wait-to-fail«-Problem   27
Lese-Rechtschreibstörung
- Diagnosekriterien   59
- Entwicklungsverlauf   62
- Erblichkeit   61
- Fehlkonzepte   60
- Intervention   65
- Legasthenie-Fehler   58
- neurobiologische Korrelate   61
- Prävalenz   63
- Prävention   65
- Schulgesetze   66
- Sprachwahrnehmung   61
Life-Skills   164

M

Matthäus-Effekt   29
Mengenverständnis   73
Mentoring   167
Methylphenidat   91, 111
Minderwertigkeitskomplex   128
Mobbing   158
Modelllernen   150
Mortalität   15
Mutismus   136
Myelinisierung   30

N

Normwert   19
- Normalverteilung   33
- statistische Grundlage   32

O

Oppositional defiant disorder   155
oppositionelles Trotzverhalten   154, 157
Orthografie   55
Outgroup-Homogenität   151

P

Paraphilie   21
Phobien   118
phonologische Bewusstheit   53

phonologische Informationsverarbeitung 54
polizeiliche Kriminalstatistik 143
post-traumatische Belastungsstörungen 156
progressive Muskelrelaxation 137
Prüfungen 125
Prüfungsangst 136
psychische Gewalt 146
Psychoanalyse 127, 149

R

Rechenstörung
- Diagnosekriterien 77
- Diagnosestellung 83
- Erblichkeit 81
- Geschlechterverhältnis 78
- Intervention 84
- Komorbidität 77
- neurobiologische Korrelate 82
- Prävention 85
- Subtypen 82

relationale Gewalt 158
Ritalin® 92

S

Schriftspracherwerb 53–54
- Phasen 54
- Phonemfehler 60
- Regelfehler 60

Schulangst 133
Schulphobie 132
Selbstinstruktionstraining 108
Selbstkonzept 125
Sensation Seeking 152
Sex-Power-Link 152
Shifting 103

Skalenniveau 72
soziale Informationsverarbeitung 153
soziale Kognition 105
Störung des Sozialverhaltens 156
sympathisches Nervensystem 119
systematische Desensibilisierung 137

T

Täter-Opfer-Ausgleich 167
Tatverdächtigenbelastungszahl 143

U

Underachievement 29, 42, 44
Updating 103

V

Verhaltensauffälligkeit
- erstes Auftreten 16
- Kriterien 18

W

Wait-to-Fail-Problem 28
Wutsyndrom 157

Y

Yerkes-Dodson-Gesetz 131

Z

Zahlbegriff 75
zentrale Exekutive 97, 102

2., aktual. Auflage 2019
172 Seiten mit 23 Abb.
und 7 Tab. Kart.
€ 24,–
ISBN 978-3-17-035017-5
Lehren und Lernen

Die Schriftsprache ist eine der faszinierendsten Errungenschaften der Menschheit. Der Prozess des Verstehens beim Lesen ist sehr komplex und wird von vielen Einflussfaktoren bestimmt. Im Buch werden diese Faktoren, ihre Entwicklung und ihr Zusammenspiel systematisch erarbeitet. Hierdurch eröffnet sich eine Perspektive auf die Frage, an welchen Punkten Diagnostik und Förderung ansetzen können. Dieses Buch bietet dem Leser einen Einblick in Theorien und Modelle und zeigt aktuelle Forschungsergebnisse und die Entwicklung im deutschsprachigen Raum seit der ersten PISA-Untersuchung auf.
Darüber hinaus beleuchtet es die Frage, wo die besonderen Bedürfnisse schwacher Leser liegen, schildert Diagnosemöglichkeiten und geht auf systematische und evidenzbasierte Fördermöglichkeiten ein.

Auch als E-Book erhältlich.
Leseproben und weitere Informationen: www.kohlhammer.de

2., erw. und überarb. Auflage 2019
396 Seiten mit 31 Abb.
und 6 Tab. Kart.
€ 36,–
ISBN 978-3-17-032930-0
Urban-Taschenbücher
Grundriss der Psychologie

Die Kindheit ist ein Lebensabschnitt, dem in jüngster Zeit immer mehr Aufmerksamkeit gewidmet wird. Zu Recht, denn ihr kommt eine zentrale und grundlegende Bedeutung für den weiteren Verlauf des Lebens zu. Aber wie und wann entwickeln sich welche Fähigkeiten, wodurch wird die Entwicklung beeinflusst und wie entstehen Unterschiede zwischen Menschen? Und was bedeuten aktuelle entwicklungspsychologische Erkenntnisse für die professionelle Arbeit mit Kindern? Das Buch bietet einen prägnanten und breiten Überblick über den aktuellen Stand der Forschung und Theoriebildung hinsichtlich zentraler Bereiche kindlicher Entwicklung von der Zeit vor der Geburt bis ca. zum zwölften Lebensjahr. Zudem zeigt es praxisnahe Möglichkeiten für entwicklungsorientierte Förderung und Intervention auf.

Auch als E-Book erhältlich.
Leseproben und weitere Informationen: **www.kohlhammer.de**

2., überarb. Auflage 2020
168 Seiten mit 7 Abb.
und 7 Tab. Kart.
€ 36,–
ISBN 978-3-17-034174-6

Welche kritischen Lebensereignisse belasten Kinder und Jugendliche, und wie gehen sie damit um? Durch welche Besonderheiten ist die Krisenbegleitung in dieser Lebensphase gekennzeichnet?
Anhand ausgewählter Krisensituationen (Scheidung, Verluste, chronische Erkrankung sowie Suizidalität) werden Möglichkeiten aufgezeigt, wie die betroffenen Kinder und Jugendlichen in altersgemäßer Form unterstützt werden können. Dadurch trägt dieses Buch aus der Perspektive der Klinischen Entwicklungspsychologie dazu bei, eine eklatante Forschungslücke zu schließen.

Auch als E-Book erhältlich.
Leseproben und weitere Informationen: www.kohlhammer.de